JN411348

이세상 모든 동물에게도 행복할 권리가 있다

사랑할 수밖에 없는 이유

허 신 지음

사랑할 수밖에 없는 이유

초판 1쇄 발행 2017년 5월 1일

지은이 허 신
발행인 윤미경
발행처 도서출판 다인아트
주소 22314 인천광역시 중구 개항로 14 2층 다인아트
전화 032-431-0268
팩스 032-431-0269
이메일 dainartbook@naver.com

ISBN 978-89-6750-039-9 13800

사랑할 수밖에 없는 이유

허 신 지음

서문

나는 인천출신이다.

가까이 작약도와 영종도가 한눈에 들어온다. 간만의 차이로 조석으로 밀물과 썰물이 교차하는 출렁이는 바다가 코 앞이며 거대한 유물의 석상같은 대한 중공업의 하늘을 찌를 듯한 굴뚝과 화수부두가 한눈에 보이는 개건너 변두리 가좌동 168번지 일대가 내 고향이다.

대농으로 많은 농사를 지었다. 고단한 농군의 자손이다.

가축도 골고루 기르고 키웠다. 알게 모르게 어려서부터 동물과 교감을 키워온 셈이다.

지금은 유화적인 언어로 동물이라 칭하지만 그 당시만 해도 동물이라 하기 보다는 짐승으로 치부하던 시절이었으니 부단한 언어로 정서적이지 못했으며 시대와 현대를 가시화 할 수 있는 모형적인 시절이 아니였나 싶다.

우리집은 늘 작은 동물농장이었다.

백조라 일컫는 거위가 있었고 벼슬이 붉은 토종닭과 토끼 그리고 얼룩 암소와 개가 있었다. 먹을 것을 달라고 입을 벌리면 피처럼 빨간 입을 가진

뻐꾹이는 유일한 내 어린 날 친구이기도 했다. 나는 매일매일 내친구 뻐꾸기에게 줄 일용할 양식 메뚜기와 개구리를 찾아서 들판을 헤맸다. 날 제 어미로 착각한 뻐꾸기는 양 날개를 후두둑거리며 늘 나를 반겼고 개구리 다리와 메뚜기를 넙죽넙죽 잘도 받아 삼켰다.

이렇게 나는 성장기를 동물과 함께 정하며 살았다. 그러나 늘 행복한 마음일 수는 없었다. 수시로 당해야했던 골깊은 사연은 이놈들이 죽어야했거나 집을 떠날 때 나는 늘 가슴아파했고 서운하고 슬픈마음이었으니 그 안타까움은 해 묵은 병처럼 내 가슴 한구석에 늘 남아있었다. 그 당시로서는 마음주어 아끼고 사랑스런 애완동물이라는 개념보다는 길러서 팔아 잔돈푼을 쓸 수 있는 유일한 우리집의 소득원이 될 수 있었고 손님이 오거나 특별한 날에 잡아서 부실한 몸보신용이거나 귀한 영양알 생산을 얻기 위한 수단이었다. 이렇게 키운 녀석들이 더불어 없어지고 죽어야 할때마다 철없던 그때도 불쌍한 마음에 가슴 아파 하기도 했다. 수 십 년이 지난 지금도 그때를 생각하면 그 진한 멍이 망령처럼 되살아나 죄인인양 우울하다. 그때를 살아온 기성세대 지금의 나이 4~50대 이후의 나이라면 다 겪었고 경험했으니 두 말이 필요 없겠다만 그때나 지금이나 쥐라는 동물은 인간과는 악연이다.

서로가 친화할 수 없는 천적이다.

사랑해 줄 수는 있지만 사랑할 수는 없는 것이 쥐고 사랑받고 싶지만 사랑받을 수 없는 것이 쥐다. 이미 오래전부터 인간과는 쪽이 난터다.

징그럽고 혐오스럽고 훔치는 약삭빠름이 가증스럽고 질병을 유발한다는 더러운 개념 그런 것이 이유다.

자잔한 매끄러운 잿빛털과 뾰족한 주둥이에 송곳니 새까만 눈알과 긴 수염 두발로 움켜쥐고 오물오물 갉아먹는 그 모습은 천진하고 귀엽지만 농작물에 피해를 준다는 그런 그런 이유로 미움의 대상으로 낙인이 찍혀버린 것이 쥐다.
어차피 태어났으니 먹어야하고 먹어야 사는 것이 생명이니 사심을 앞세워 우리는 쥐에게 얼만큼의 양보를 해야 할것인지 열대의 나라 인도 사원에서 인간에게 존경받는 인도 사원의 살찐 쥐들은 얼마나 행복할까.
빠른 임신과 다산으로 많은 새끼를 수태하는 쥐는 그 수가 기하급수로 늘어나는 것이 특징이다. 쥐 잡기 캠페인을 정부차원에서 벌이고 온 국민이 쥐잡기에 혈안이 되던 때가 있었다. 아마 50~60년대 이후까지도 그 운동은 지속됐으리라 생각된다.
동회(지금의 주민센터)에서는 주기적으로 무료로 쥐약을 집집마다 배급했고 특별히 전국동시 쥐잡기 날을 선정하기도 했다. 전국적으로 한날 한시에 일제히 놓는 쥐약 살포에 무참히 죽어간 쥐의 숫자는 아마 산을 이루었을거라 상상된다. 그 잔인한 북새통에 애매하게 수난을 당한 건 죄 없는 사랑스런 개들이었다. 사람도 굶주리던 시대였으니 개또한 늘 배가 고팠고 미처 수거하지 못한 죽은쥐를 집어 삼키고 억울하게 죽어간 개들의 운명은 어쩌랴. 지금도 아물지 않은 상처처럼 남은 내 어린날의 시각속에 마음 아픈 현실을 너무 많이 겪었다.
고통으로 펄펄 뛰다 구석진 곳이거나 마루 밑에서 최후를 맞는 그 슬픈 광경이 내 어린가슴을 아리게 했었다.
개발과 투자바람이 붐을 이루면서 고향땅이 깎이고 산이 헐렸다. 평생을 함께 하리라던 이웃들은 저마다 살길을 찾아 어디론가 가 버리고 이런 와중에 친구가 되어 뛰어놀던 동네 개들까지도 서로 헤어져야 하는 슬픈 어린 날의 기억들.

정든 집을 폐가로 버리고 남의 집 신세를 지는 입장에서 동물을 기른다는 생각은 아예 접어야했다. 이렇게 인연을 끊고 살아가던 어느 날 오래도록 잊고 있었던 인연의 끈을 다시 이어준 건 딸아이였다.

전라도 광주에서 거처하던 딸아이가 오랜만에 집에 오면서부터다. 샛노란 개 가방속에 흰 털을 가진 두 놈이 빼긋이 고개를 내밀며 딸아이의 어깨에 매인 채 집안에 들어온다.

외가 쪽 고모와 가까이 있어 의지는 되지만 객지에서의 일상이 허전했던 모양이다.

암수를 50만원이나 주고서 사서 콩과 뭉치로 이름을 지어주었단다.

아직은 부모그늘에 있어야할 어린나이에 세속에서의 외로움이 발길을 멈추게 한 건 동물병원 유리 상자에 머물렀단다.

여러 날 서성이고 망설인 끝에 딸과 두 놈 사이 텔레파시가 통했나보다.

설렘으로 품에 안고 곧장 인천으로 올라왔단다. 딸아이의 일상은 두 놈에게 헌신적이었다. 잠시도 눈을 떼지 않는 깊은 인연으로 빠져들었다.

사랑은 또 다른 사랑을 불러들였다.

인연은 점점 불어나 급기야 아홉 마리가 된다. 사람보다 개 숫자가 더 많다. 처음 우리 집에 들어온 뭉치는 결국 3년 전 홍역 아닌 이상한 증세로 저세상 인연 밖이 되었지만 그녀석의 장례식은 김포 하성면에 위치한 엔젤스톤 애완동물전문장례식장에서 성대하게 거행됐다.

거금 50만원이 장례비용으로 쓰여 졌다.

3000℃ 고온에 뼈를 녹여 마치 냇가의 바둑돌처럼 매끄럽게 덩어리진 네 개의 뼈뭉치가 앙증맞은 유리병에 담겨져 보관중이다. 수시로 들여다보며 딸아이는 그 비극적인 날을 가슴아파한다.

딸 가진 부모로서 할 소리는 아니다만 개에게 정붙여 살면서 시집은 안가겠단다. 서른을 훌쩍 넘긴 나이가 되었으니 그 말은 공연히 해 본 소리는 아닌듯하다.

이르는 말

맛깔스럽게 빚어낸 시루떡처럼 우리들 가슴에 한줄기 빛이 될 감동적 동물사랑 이야기

작가 자신의 개사랑 이야기로 지독한 유머와 사랑이 어우러져있다.

개에게 혼을 빼앗긴 사람

아마 나는 전생이 개였나 보다.

나 혼자 가슴앓이로 오래도록 잊혀 질 수 없는 그 아픈 기억을 지우기 위해 지면에 그 환영을

네 죽음의 시

행복으로 태어나

주어진 목숨 다 하지 못하고

빨리도 가버린 이별의 아픔

너와 교감하며 지낸 어제가

이젠 옛일이 되어
놀란 슬픔 삭아가는
세월이 널 잊게 하려는가
달아나듯 가는 세월
오 앙가슴 찢어지던 그
6월 27일

목차

1장

2장

3장

4장

5장

6장

7장

제1장

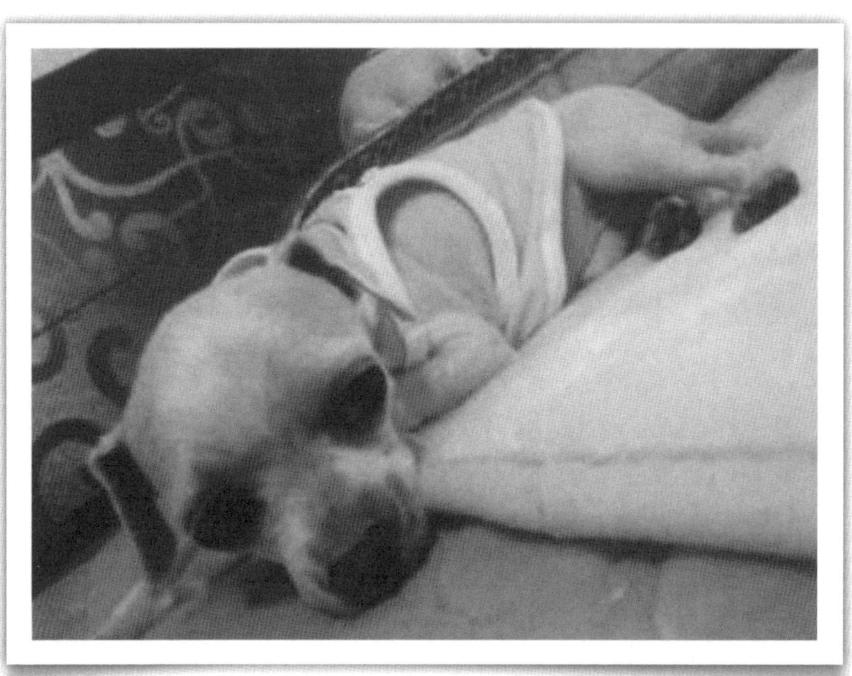

개의 기원과 역사

개는 동물 중 인류와 가장 오래된 친구다. 그러나 그 조상이 어떤 동물이었으며 언제부터 사람과 함께 살게 되었는지가 흥미거리다. 개의 조상에 관해서는 여러 설이 있으나 그중 가장 신빙성이 있는 회색 늑대가 조상이라는 설이 유력하다. 개와 늑대는 교배가 가능하므로 본능적 번식으로 인해 잡종이 태어날 수 있는 점에 근거를 두고 있는 점이다.

과학적으로 DNA를 분석한 바로 개의 뿌리는 동아시아의 늑대라고 보고되고 있다. 현대 개들의 족보를 따져보면 그들의 조상이 10여종이나 된다고 한다.

2004년 미국 오하이오 주 개 연구소 연구팀이 개의 생리와 행동 역사적 기록과 유전 정보를 조사해서 밝힌바 15000년 전 동아시아 늑대가 처음 개로 가축화되었고 1만 2000년 후에 10여종의 선조 개들이 생겨났으며 3000~5000년 동안 300여 종류의 개들이 생겨났다고 발표했다.

그러므로 우리는 동물학자들의 연구 발표를 믿어야하고 그토록 오랜 세월을 인간과 함께 흘러온 개들을 지극정성으로 보살피고 아끼며 사랑해 주어야 할 의무가 있다.

2008년 현재 전 세계 개의 종류는 105종으로 보고되고 있다.

주인을 향한 우리들의 기도

사랑하는 주인님 저를 다정스럽게 대해 주세요. 이 세상 어느 것도 나보다 더 당신의 친절에 감사하지 못 할 겁니다.

당신이 날 때리려 하실 때 제가 당신의 손등을 핥는다고 회초리랑 들지 마세요. 제 가슴이 터질 듯 아프니까요.

인내와 이해심으로 절 가르치신다면 저는 더욱 빨리 당신의 뜻을 헤아릴 겁니다. 제게 자주 말을 걸어주세요. 당신의 목소리는 세상에서 가장 감미롭고 아름다운 음악입니다.

당신을 보면 발자국 소리만 들어도 제 꼬리는 반가움으로 절레절레 춤을 춥니다. 추우면 따뜻하게 감싸주시고 비가 오면 털이 젖지 않게 집안으로 불러 주세요.

우린 야생동물이 아닌 사람들에 길들여진 추위에 약하고 허약하므로 난로가 있는 당신의 발치에 머물게 해 주세요.

그건 특권이 아닌 제겐 더 없는 주인님의 사랑이자 영광이니까요.

저는 따뜻한 실내의 보드라운 베개를 원치 않아요. 당신의 열렬한 숭배자로서 이 목숨을 다하는 날까지 당신을 따르겠어요. 제게 깨끗한 물과 먹이를 주세요.

제 몸이 건강해야 당신의 지시를 따르고 당신의 옆을 따라 걸으며 당신이 위험에 처했을 때 지켜 드릴수가 있지 않겠어요.

사랑하는 주인님! 하나님이 제게서 건강과 시력을 거두어 가시더라도 절

멀리 하지 말아주세요. 부드러운 당신의 손길로 어루만져 주시며 휴식을 위한 자비를 베풀어 주시길 소원합니다. 저는 마지막 호흡까지도 당신을 느끼며 당신 곁을 떠날 겁니다.
살아있던 제 생명과 운명은 당신의 마음과 보살핌 속에 있을 때 가장 행복했고 안전했었다는 기억과 함께 영원함의 저 높은 세상에서도 기억해 낼 지극했던 당신의 사랑이 있었다는 것을...

인간이 인정해 주는 너희들의 경사 날

동물을 버리는 행위 벌금 50만원, 동물 사육장소에 대한 검사 거부 또는 방해 50만원, 학대 위생상태 시정명령 불이행 30만원, 애완견 인식표 미부착 20만원, 애완견 목줄 배설물 방치 10만원, 애완동물의 소유자, 권리자가 지켜야할 동물 보호법이 2008년 1월28일 발효됐다.
그러므로 애완견을 키우는 사람은 의무적으로 시군 구청에 사실을 등록해야 한다. 사람의 주민등록 번호와 같은 동물 등록번호가 부여되는 것이다. 애견 숍이나 판매업자 동물 장묘 업자도 시군 구청에 등록하도록 되어있다. 대략적 통계로 서울에서만 애완동물이 65만 마리나 되며 고양이도 3만 마리나 되는 것으로 추정하고 있다.
그러므로 어느 동물이건 우리 사람들은 그들을 보호하고 사랑하고 보살피며 함께 공생하는 여유로움 속에 행복한 삶을 누려가야 할 것이다.
당신과 함께라면 본격 내용에 이르기 전에 유머가 있는 지은이의 우스운 이야기 하나 하고 넘어가자.

교감 나누는 인간과의 준법협약.

존경하옵는 쥔장나리 나를 잘 보세요.
개는 개구먼 하시지 마시고 실눈 뜨지 마시고 미소 있는 눈으로 다정스럽게. 옳치 그래요. 그렇게 내가 정이 많은 동물이라서 당신의 손등과 얼굴을 할찌작 거린다고 드러워 썅 하며 냅따 발로 차거나 때리지 마시옵고 인내와 가르침으로 가르치고 나무라세요.
우리들 대가리가 호박은 아니걸랑여. 꾀도 없고 야비도 없구 배신도 없고 질투도 없구 다만 충성스런 본능하나만이 가득 든 진짜진짜 골든 캡틴이죠. 똥오줌 아무 데나 깔기는건 둔한 대가리 타령으로 미워할게 아니라 주인님의 가르침이 없는 무식에서의 소치로 뭘 알아야 면장을 헌다고 가르쳐줬어야 배운대로 써먹지. 그냥 더러운 밥그릇에 때 됐으니 처먹어 하며 사료나 한 웅큼 털 푸덕 던져주고 그게 끝이니 사람은 않그렇습니까? 못배우면 또라이짓 허는거 그저 먹고 배부르면 자빠져 자고 일어나 눈꼽이나 띠는걸로 세월을 보내니 나 이거야원. 좋은 머리 안쓰니까 점점 아둔해지는거 전적으로 주인님 책임이예요. 그러니까 까불지마요.
다음 부드럽게 아주 우아하게 다정스럽게 아무개하고 이름을 불러주세요. 건방떨면서 어이 허면서 둘째 손가락 꼬부려 손짓 허지 말구요. 재수읍걸랑여.
앞으로 그따위로 부르면 서있는 구두에 노랑내 나는 오줌 한바가지 쏟아 불테니께. 벼락 맞은 후 개소리엔 똥이 약이네. 씨벌느무 개새끼 으쩌구 허면서 씩씩거리며 잡아 먹을 딕기 눈에 핏발끄라구요.
개꼬리는 괜히 습관적으로 살랑살랑 흔드는 게 아녀요. 우리들 특유의 본능이고 더 나아가서 개념적으로 볼 때 섬긴다는 뜻. 예의적 인사법 그런거지. 뭐 얻어먹을라구 알랑대는게 절대 아니라는거 아는겨 모르는겨 썅 냅따 물어뜯을까부다. 개꼬리는 사람으로 말하면 손이야. 손 흔드는거라구 뜯어 먹고 난 뼉다구나 휙 던져준걸로 됐다구 생각허면 진짜루 섭하지. 암만 지푸라기 덤불 헛간이래도 잠자리 마련해 주는 정성 선입감으로 고기 덩어리가 있을 때 먼저 한.점 떼어주는 미덕 그게 바로 인간이 해야 할 선견지명이자 도리며 따라 낼랑은 감동 먹어 가지구, 야 우리 주인이 어지간이 날 생각해 주는구나 하고 경의적인 마음이 생겨 매사에 능동적 처사로 기분 끌끌허지 않게 처신허걸랑여. 아 오는게 있으면 가는게 있다는게 세상이치거늘 하물며 우리가 멍텅구리유. 세상사는 어차피 교류로서 주고받으며 그렇게 둥글둥글 한세상 굴러가며 생을 마감하는게 아닌감? 흐이 잘 암시로 우리들도 엄마뱃속에서 나와 세상구경할 때 금이야 옥이야 용의 알로 귀염받으며 젖 빨고 엉기면서 채 한달을 엄마곁에 못있을 정도로 태어나 엄마 곁에 고작 있어야 20~30일 긴장된 그 짧은 시간속에서 엄마 사랑 겨우 정들고 익어갈 때 젖떼어 이리 저리 사람손에 흩어져 어데로 간다는 기약도 없이 서운한 우리엄마 생각은 조금도 하지 않고 쓰레기 주워가듯 그렇게 돈 몇푼 주고 데려다가 여섯달 정도되면 우리들은 다 크다시피하는데 주인 잘 만나면 호강하고 죽을때까지 보살핌 속에 호강하고 살지만 재수없이 걸리면 한평생이 겨우 여섯달 꼴태꼴가는 처량한 신세. 개패듯 패서 잡아 처먹구 에이 드런. 내 기가 막힌 한마디 허리다. 기르다 돈들어 간다고 누굴 주거나 멀리 차에 실어 갖다버리거나 귀찮으니 자네 갖다 잡아먹게. 이런 씨벌 이런 개같은 경우가 어디있어. 아 승질나 진짜 벌렁 누워 주댕이 사타구니에 처박고 씩씩 코골구 허리 쭉쭉 늘리며 야비다리친다구 행복해서 하는짓 개팔자 상팔자 아니걸랑여. 가둬놓고 목 잡아매어 놓고 뭘 으쩌라구. 헐일 없는 놈이 부자지나 주물럭 거린다고 헐일이 있어야지. 얄팍한 인간들의 심리를 들여다보면 우리들에게 돈 처들이며 이뻐해 주는건 순전히 우릴 가지고 노는 놀이감 입장에 서라고 생각할 수도 많이 하고 있거든요.

저 기분 나쁘면 괜히 소리 지르고 으쩌구 저쩌구 일시적 위안으로 맨 날 술처먹고 돈도 못 벌면서 집에 들어와 마누라 닦달에 신물이 난 서방기피증대용으로 저런걸 서방이라 섬기느니 차라리 똥개나마 개를 기르며 정주는게 일백번 타당하지. 하여 장날에 쪼르르 달려가 고르고 골라서 씻기고 닦이고 먹이고 건사하면서 진짜 사랑을 독차지하는 놈도 있긴 한데 그게 과연 몇 마리나 될까 그겁니다.

쉽게 어림짐작으로 열 마리 중 일곱이 그 지경일테니까요. 드런 주인한테 잘못 걸리면 똥친 막대기 신세로 일찌감치 청량리 중량교 가는게 훨신 낫

다니께. 더러 주책맞게 행복한 개 팔자도 있어 떨떨한 주인만나면 손에서 가슴으로 푹신한 깔방석에 진짜 흙 밟아 볼 새 없이 호강한다구. 어쩌다 얻어먹을까 말까한 고기덩어리 육포를 먹다먹다 남는걸로 골프치듯이 가지고 뒹굴리고 논다니까.

주인이 냄새나는 주둥이로 맨날 입맞춰 주지. 대가리 쓰다듬어 주지. 빨개 벗겨 고급 샴푸 찌그려 박박 닦아주지. 뭐 눈 흘길 일이 없을 정도라니까. 게다가 너무 잘 먹어 구두 설사라도 내 뿜으면 어 맛 뜨거라! 웬 고장이야 얼굴색이 똥색이 돼 가지고 택시 태워 병원으로 냅따 나르고, 에이그 이년에 팔자도 한번 그래 봤으면 부모 잘못 만나 부모덕도 못보고 개 서방이라 만난 것이 글자 그대로 개판이라. 서방덕도 낫가리요, 사는게 웬수인데 게다가 주인이라는게 노상 술에 취해 흔들고 다니는 오방난장이라 제때 밥을 주나 씻기길 허나 쇠줄에 묶여 말뚝 주위에서 맷돌처럼 뱅뱅 돌다가 해 저물면 그 자리가 아랫목이구 소나기가 쏟아져야 그게 목욕이니, 아 진짜 골 뽀개진다니까. 에이그 이 개년의 팔자...

내가 예전엔 이랬지

예전엔 나는 동물사랑을 몰랐습니다.

징그러운 뱀을 보면 그놈은 결국 내 손에 죽었습니다. 징그럽고 살벌함에 살인의 대상이 나에겐 뱀이었지요.
지금도 뱀과 쥐는 나에게는 제일 징그럽고 싫은 파충류 일종이죠.
혐오감에 소름이 끼칠 정도니까요. 날름거리는 피뢰침 같은 혀가 정말 무섭고 싫지요. 그러나 지금은 잔인하게 죽여 버리는 뱀도 쥐새끼 미물인 버러지 하나라도 함부로 할 수 없다는 걸 알았다.
생명의 소중함 그리고 살아가는 과정 그들의 법칙 규율 그런 것들이 세월이 거듭될수록 내 마음을 빼앗아간다. 지혜와 본능 종족 보존의 위대함 고행적 삶의 여정. 예전엔 미처 몰랐던 그 신비로움을 보면서 나는 모든 살아있는 것들에 대한 삶에 경의를 표하고 싶어집니다.
길을 걸으며 행여 발밑에 개미 한 마리 밟을까 싶어 조심히 디뎌 걷습니다. 수많은 살아있는 것들을 길러내는 위대한 자연의 이치도 함께 생각하게 됩니다. 세상은 이렇게 살아가는 거야. 그들이 우리를 가르칩니다. 그 생각이 느낌을 가져오고 그 느낌이 사랑으로 연결되어 내 가슴속 행복으로 되돌아 옵니다.

웃으며 보너스 하나 더 드릴까

친애하는 여러분! 여러분은 개에 대해서 얼마나 알고 계십니까?
개뿔이나 알긴 뭘 아냐구요?

그러면 그렇치, 알긴 뭘 알겠어요.

거. 임자도 잘 모르면서 그따위 말이 어드메 있네. 개뿔이나 음마 개뿔난 거 보셨시유. 아직까진 못왔지만 앞으론 보게될겨. 워터케 본대유. 개는 조상부터도 뿔이 읍찌라이. 이그려 읍써브러. 그러니께 나서기 좋아하는 쫑뿔난 개는 있씨유. 그거는 우리집 누렁 수캇이 증인이어라. 아주 드럽게 잽싸당께. 휙 허면 척이어라. 그놈이 주인 영감택이 빼닮아서 허는 행동머리가 가관여. 동네 암캐는 다 지꺼고 어지간히 늙어 잘 혀지도 못허면서 눈이 헤 해가지고 노냥 허리만 끕적거리지 왕년엔 종자개루 아랫도리가 쉴날이 읍씨 기어올랐는데 저것들두 세월속엔 별볼일 읍구먼. 사람이나 개나 늙으면 다 젬병이여. 기운 펄펄 헐 땐 새끼 딸 손녀 며느리 증손녀 사돈의 팔촌까지 지가 다 깝족거려 망쳐놨시유. 그러니께 촌수고 항렬이고 나발이고 읍씨 도매금으로 개 잡종이지요. 개는 개여. 아주 드러 죽겠어. 젊어 하두 오입질에 나이 몇 살 안먹었는데두 늙은이 본양 흘흘허잖어. 엥 쯧쯧쯧. 에그머니나. 저건 또 뉘집개여 홀레붙네. 동네에 개 천지다. 보니께 별거다 본다니께 흐으.

아, 순자 아부지가 맨날 저런것만 보구 나만 보면 찝쩍거리구 들러붙잖어. 그냥 기분상 나쁘지는 않지만 말여.

참말로 저 아래 김 선생 과부댁 개는 참말로 호강혀. 사랑받고 잘 먹여 배지에 기름 끼고 궁뎅이 살이 투실투실 허니 사장님 뱃대기맹이로 아 그런가허면 어떤놈은 해전 한끼도 못먹고 예가 기웃 제가 기웃 가게 집 마당에서 소주먹는 낮술자백이들이 씹다만 멸치꽁대기나 노가리대가리 휙 던져주면 그거나 얻어먹을까하고 턱받치고 올려다보구, 그러다가 술췬놈이 발로 걷어차면 죽는다고 깨갱거리고 절름발이 신세가 되어 주접을 떨고 돌아다니다가 재수 드럽게 개고기에 환장한 놈 한테 눈에 띄어 이리와 허니까 뭐나 줄줄 알고 꼬리치고 응댕이 실룩대며 맘 놓고 갔다가 올개미에 묶여 나무에 매달려 몽둥이 찜질에 죽어 된장발라 똥이 되는 염라대왕 극락세계 왔다갔다 그런 개팔자두 있씨유.

세상 개들이 불상해 죽겠씨유.

으쩌면 인간들이 그렇게 악독헌지, 산짐승 쳐다보며 입맛 다시는 건 사람밖에 읍씨유. 특히 저 송 씨 영감탱이 그 작자는 개만 보면 아이구 조놈 맛있게 생겼다구 놀리는 입주댕일 그저 주먹으로 냅따 확 쥐어질렀으면 싶다니께유.

그집구석 나부랭이들이 죄다 개고기면 눈에 불을 켜고 환장허드라구요.

참, 처먹는것두 염치가 있지 개는 싫어 허면서 고기는 왜 그리 밝히나 몰라. 그렇키 처먹어대니까 뱃때기에 모가지에 개기름이 번지르르 허지. 그런데 이게 아랫도리에는 전혀 영양가가 안 가나봐. 안된대 처지고 삐뚤어지고 늘어져 고무줄 같대나 으쨌대나. 허면서 마누라가 무섭대. "흥" 잘해줄까 하고 디리 과 멕이더니 말짱 황이야. 머지않어 서방질 허것구먼 그랴. 아서,아서. 개 먹는다고 빵빵허니 잘되는게 아녀. 체질이고 타고나는 거지. 아 날봐. 난 개고기 입에 안대도 이나이에 해도해도 모자라서 새새딸딸이꺼정 치잖어. 더구나 뱃때기에 기름이 끼면 작대기가 감퇴 되는 것이여. 하물며 조상이 실해야 끝꺼정 꽂지. 네 조상처럼 좀상좀상허니 부실해가지고 서는 엥... 카아악 퇴 이 군상아. 어리굴젓 가래나 드셔.

교감

대답없는 대화
저놈들이 알아듣거나 말거나 나는 신들린 듯 눈 높이를 맞추고 마주보며 이야기를 시작합니다.
차렷(그러나 멍허니 있지만은) 오줌쌌어. 통 뭔소린지 쌌다는 소리인지 눈을 새쭉이며 혀를 날름거리는 녀석 야 호두 왜 지랄이야. 엉 곁눈질에 꼬리가 먼저 사타구니에 꾸부리면서 뒷다리가 낮아지면서 항문이 질질 끌릴 정도로 쩔쩔매는 꼴이다.
나는 이 광경이 너무나 신이 나고 재미있어 더 큰소리로 이썅 방울이 이 노숙자 개새끼 악의는 없고 익살이 들어간 욕이다. 동그라미 서글서글한 잘생겨먹은 눈이 바람빠진 공 찌그러지듯이 샐쭉 해지면서 휜창이 기암을 헌놈모양 허예지면서 고개가 모루돌며 구석을 본다.
뺏뺏이 서던 양귀는 새색시 눈 내리뜨듯 있는 듯 없는 듯 귀를 덮고 헛기침을 허는지 쿵쿵거리며 콧물을 튀긴다.
아무런 이유나 잘못도 없이 야단을 맞으니 기분 개 엉망일테지만 이놈들이 장난삼아 그러는지 진짜 화가나서 그러는지 알게 뭐냐지만 아무튼 나는 가끔 이유없이 세놈을 홀딱아 세우며 장난질을 친다.
한동안 세놈은 겁에 질려 숨소리도 안들일 정도로 마냥 새색시 놀음을 한다. 넙죽 방바닥에 배를 깔고 두발을 뻗어 턱을 고이고 눈은 나를 보는지 눈치를 보는건지 사팔뜨기가 되어 꼭 한물간 동태눈이다.

이놈들이 천방지축 안하무인으로 까불댈 때 위협용으로 만든 신문지를 돌돌 말아 매를 만든게 있는데 이놈을 번쩍 들어 매질할 폼을 잡으니 진짜 겁먹은게 확실하다. 옆에 두놈 콩과 호두가 합세로 항의의 표시인지 으르렁 껑 냅다 느닷없이 소리를 지른다. 내 생각으로는 덤벼 기죽지 말자고 여차하면 물어버려 이런 빌어먹을 종자들이 있나 뭐시가니 물어뜯어 그래 한번 뜯어먹어 봐라.
쥔 괴기가 맛난가 짠가 요놈의 종자를 그냥 칵 닐랑은 이정도로 미안혀요이. 굿바이 미안한을 표시하며 콩 이리와 오길랑새루 오금을 못 펴고 오뉴월 개 떨 듯 달달거리며 벽만 바라다 보고 있다.
사람으로 보면 여자라서(암캐) 수컷 호두보다 겁도 많고 잘 삐지고 골도 잘낸다. 한번씩은 홀딱아 세우고 나서는 그 재미가 너무나 쏠쏠해서 만면에 웃음을 흘리며 히 웃는다. 그래 놓고는 언제 내가 그랬었냐는 듯 살살 녹는 목소리로 이놈들을 부르며 미안혀 미안혀 내사랑 미안혀 시뻘건 고기덩어리 간식을 육포하나씩을 옜다 먹어라 주면 살찐 몸뚱일 굽실대며 꼬랑지는 뵈지도 않게 날래 후드르고 캑캑거리며 잽싸게도 먹어치운다.
나는 엄청 재미난 사람이며 유머만큼이나 짓궂을땐 짓궂다.
입술 얇은 사람이 말을 잘한다고 허지만 난 입술이 두꺼워도 말은 청산유수다. 실성헌 놈모냥 혼자 웅얼거리며 재미와 함께 느느니 말만 느는가.
대답못하고 듣기만 하는 요놈들의 말에 대한 세놈녀석들의“기” 가 다 나한테 송사리떼 모이듯 모였다냐. 에이이 나 몰라이이 한참이나 골려 먹었으니 죄스럽고 미안스런 마음에 점이나 봐야지. 점두점두 점이요 개 점도 점이라 오호 내 불쌍한 강아지.

어떤 개놈이 이 이쁜놈을 골렸다냐 쯧쯧 울었쩌. 그러게 말을 잘 들어야지. 따뜻한 손길은 어느새 세녀석들의 머리통을 번갈아가며 쓰다듬어주고 흔드는 꼬랑지 바람이 시원해 좋다 이봐 임자 에어콘이 세 개니 올 여름엔 꾸정물 질질 흘릴일은 없겠네 그려. 고것이 개복이여. 암만 그렇겠구먼 그랴. 휘이익 휘이익 개 꼬리 살랑 부채가 있어 좋은 우리집. 얘들아 가난해서 미안해. 부자가 아니어서 미안해. 호주머니가 거지라서 그 좋아하고 맛나게 먹는 육포 실컷 못 먹이고 편식하는 아이처럼 진력나게 사료나 먹고 대신 주인으로서의 미안함에 뭐든지 나누고 싶고 나누는 이 아저씨의 심성에 이의있습니까?

합! 없습니다. 음 용감해 좋다. 내 너 마음에 든다. 돈 있으면 육포나 사먹어라. 으이씨 너 죽을래 아니.

개가 바라본 잔인한 인간세계

우리들의 외침이 들리십니까

건방진 개 주제에 뭔 연설을 하려고 뜸 들이느냐구요 아아 그게 아닙니다. 투쟁의 결과는 밝은 웃음과 함께 옵니다. 사람들이여 비개인 오후 청명한 하늘만큼 산뜻하고 아름다움으로 가득한 그 어떤 것을 보신적 있나요.

비 개인후 오묘한 일곱색깔 무지개 그 화려함의 프리즘은 곧 사람들의 아름다운 마음이라고 단언하고 싶습니다.
인간은 분명 우리들에게 있어서는 하늘 같은 존재이며 우상이자 숭배 천상의 영장으로서 어떻게 더 높임의 의미를 극찬으로 설명을 드려야할지 무식한 개대가리로서는 요정도밖엔 못미치는 생각에 가슴 저미는 부끄러움에 몸둘바 몰라 볼기짝 골짜기에 꼬리를 사려 감추며 죄송의 연발을 넙죽 조아려 미력하나마 깊은 감사의 예를 올립니다.
이정도면 저희들의 인사치레 흡족하십니까. 됐냐구요 아 됐다구요 그럼 그렇다고 빨리빨리 말 해야지 왜 그렇게 느려 거북이 모양. 분명하게 하나 짚고 넘어갈게 있는데 금방 겸손으로 감사의 뜻을 표한 인사치레는 모든 사람을 다 대상으로 조아린 머리가 아님을 아셔야해. 왜냐 공과 사 물과 기름 똥과 된장도 다르다는거맹이로 우리들을 지극정성으로 돌봐주는 사랑의 전도사님들께만 해당되는 오리지널 올바름표 감사표시라는거.
지성이면 감천입니다. 축구선수 박지성이 아닙니다. 물은 물이요 산은 산이로다.
이거 어떤 중이 한말인지 아는사람. 이런 이런 이거야허군 전부 눈만 껌벅거리지 손하나 드는 인물이 없네 그려.
맨날 술이나 먹구 흔들구 게걸거리니 알수가 있나. 세상 그렇게들 살들말어. 아는게힘 체력은 국력 우두머리 입장에 그렇게 개판으로 한세상 세월 보내면 자식놈이 보고 따라 배울게 있나.
그따위로 살면 마누라가 서방알기를 개얼랠래루 취급해 뱁새눈에 찬밥취급이야. 아 그뿐인감 자식놈이 애비알길 똥친 막대기로 알고 고분고분 말이나 듣남. 엎어서 헐떡거려 자식만 내질르면 애비가 되남. 서양말로 노오.

그게 아녀. 아니랑게. 처자에게 신뢰받고 근엄함의 이미지로 추상적인 어버이가 되어야 그놈이 진짜 가장이구 애비여. 그리구 개 사랑에 인색허지 않은 애비가 일등애비라는거.

참. 오늘 별거다 가르쳐주네. 생기는것 없이 오늘따라 왜 이렇게 예수님 같은 말씀만하지 어머 주책바가지.

여러분 재미나시죠 계속 읽고 싶으시죠

절구통에 겉보리 찧어 빠서 개떡을 찌면 별맛이 없죠. 껄끈 껄끈허니 그러나 거기다가 색깔도 이쁜 강낭콩을 드문드문 섞어 쪄 보슈. 한결 맛이 입맛 땡기지 그렇듯이 가만히 보면 사람두 여러가집디다. 똑똑한 놈 미련한 놈 잘난사람 못난이 얌전이 극성쟁이 얼간이 칠뜨기 얌체 머저리 또라이 근데 왜 내가 이렇게 무식하게 막나가냐.

이 죄를 다 어떻게 받으려고 아냐 이게 아냐. 내가 누구냐 조상의 내력과 족보가 있는 씨족의 윗대 개조상의 근본있는 뿌리로서 오만의 풍채로 근엄과 위엄으로 메이커 값을 해야지 앗 실수 아이구 남부끄러 워척켜 워척켜. 나 시방 뱃때기가 출출해서 덜익은 막걸리를 연거푸 서너사발 들어붰더니 맴도 울렁거리고 눈도 게슴츠레 쬐끔 갔다. 개가 술퍼먹고 개수작 부리면 개 꼬라지가 말이 아닌데 에라 옘병헐 밥본김에 제사지낸다고 술취한 김에 사람들 흉이나 봐야겠다. 술 먹으면 다 지랄하니까 그래서 먹으면 지랄하는 옘병주라 아니했던가. 막걸 리가 좋으냐 사람이 좋으냐 사람도 좋고 막걸리도 좋지만 홀레 붙어 사랑하는 암캐가 더 좋드라.

엥헤야 엥헤 으흐 흐하하하 오늘 기분 북북 틑어지누나. 씨뻘건 야 기분나이스. 야 인간아 나 잡아 먹구 싶을래 말래 된장발러 아귀적거리며 처먹구 싶지. 잡아 먹어봐 잡아먹어봐. 빨랑빨랑 잡아 먹어봐. 이게 뒤질라구 어이 고고한 척 얼버무려 가며 위장으로 가면쓰고 사는 인생 너 너 저기쟤. 차렷. 열중쉬엇 바로 앞으로 나란히 카아악 퇴 갑자기 웬 가래가 들끓어 고뿔이나 자 어멈아 나 고뿔이 온다. 쌍금탕 냉큼 한병가져오니라. 네에 개아버님 끄르륵 푸 얼큰허니 취헌다. 며느리가 둘로 보이네.

씨벌 오줌이 이렇키마려 귀찮게 저기 멍허니 서있는 여편네 다리에다 벼락으로 찍 갈기고 내 튀어야지. 오늘은 기왕에 망가진거 생긴대로 놀다가 술깨면 다시는 이러지 말어야지. 맹세 알았어. 이새끼야. 거 가만히 보면 말야 사람들이 개만 못할때가 있어. 밥술이나 꺼적거리는 졸부에게 굽실거리고 아첨하고 벌벌기며 저보다 약하다 생각하면 두드려 패동구리구 그저 으리부리 뜰땅이다 싶으면 묶은여우 꾀듯 살살구워 삶아 응근히 엿멕이면서 다 긁어내고 처먹구도 안처먹은척 행맹이 빠진 짓거리로 야비한 늑대몬양 제대로 살어 인마. 인간본연의 심성 그대로 살아도 한이 많은게 한평생인데 자네 팅팅 부어 죽을래남. 그리고말이야 우리들 개가 날만 더워지면 애말러 죽어. 공포의 땡칠이 우리들의 수난기 여름이 미워 인간들 미워 대한민국 대통령님 달력에 초복 중복 말복 그 진저리나는 복자 좀 찍지말아요. 왜 여름만 되면 우리들이 생으로 없어져야 됩니까. 당신도 어쩌면 청와대에서 야금거리며 우리들을 맛나게 먹을지도 모르지. 나 시방 이빠이 뿅 갔걸랑요. 우리는 목청높여 권리를 주장하고 싶다구요. 지구가 생겨나면서부터 사람과 근접하며 동거해 온 동물이 우리들인데 그 돈독한 정을 겨우 잡아 먹는걸로 원수를 갚습니까요. 먹을게 그렇게 없습니까. 노냥 못먹어 안달을 허게. 에이드러워. 진짜 모가지 엮어매는 그 악독한 짓거리 몽둥이 세례 불에 태워 털 끄슬리고 아파서 싫고 뜨거워서 싫고 배를 갈라 간부터 빼먹고 칼로 각을 뜨고 도끼로 뼈를 부셔 김씨도 한근 서씨도 한근 토막난 몸뚱아리 가마솥에 텀벙 들어가 갖은 양념에 대파넣고 토란대 넣고 들깨 마늘 생강 된장 지저분하게 주섬주섬 집어넣고 열나절 고아서 땀 삘삘흘리며 소주마시고 뜯어먹고 꺼어억 트림을 하시는데 그거 꺼억 그소리 개가 욕하는 드럽게 재수없는 소리라는거 알면 되게 똑똑하다고 할텐데 흐이그 어리석은 중생 나두 드럽게 재수없이 잘못걸려 가지고 우리주인도 날 먹으려고 있는거 없는거 죄 주워다 먹이면서 내년 여름엔 이놈을 하면서 마른침을 꿀깍삼키드라니까요.

미운생각 야속한 생각으로라면 한입에 그냥 팍 달려들어 피맛을 보겠지만은 그래도 최후가 오는 그날까지 싫어도 좋은척 꼬랑지라도 한들거려야 밥이나마 제때 얻어먹겠다는 영리한 내 생각에 그야말로 내가 내 똥에 주저앉은 꼴이지요. 산다는게 이렇답니다. 아무튼 먹지말어 때리지말어 발로 차지 말고 목줄매 묶어 놓치말구 쉬어터진 음식 주지말구 어째 행동이 이상하다 예감이 들면 즉시 병원에 데려가 주사놓고 약주고 쓰다듬고 안아주고 희고 아름다운 털 빗질로 골라주고 청결은 기본상식 귀찮다 생각버리고 고급샴푸로 야무지게 멱 감아주고 습진이나 피부병 안걸리게 따끈한 바람으로 젖은 털을 말려주고 이발 자주시켜. 잘난 개꼴 고대로 보이고 손발톱 깎으면서 아프게 살 자르지 말고 사람이건 짐승이건 먹는 일은 소중한 것. 위생적인 싸구려가 아닌 메이커있는 회사 제품의 사료로 때 거르지 말것이며 간식은 부드럽고 맛난 것으로 하되 요일별 날짜 유통기한 정신차려 보고 모르고 사와 변질된 제품은 즉시 반품하여 설사나 배앓이에 신경을 써야하며 요즘 중국산 먹을거리 돈에 눈먼 중국놈들 뭘 넣어 쭈물덕 거려 만든것인지 의심스러우므로 맛대가리나 영양면에서도 노갓뎀 안먹어 싫어 드러서 안먹어 너나 먹어 개라구 아무거나 먹냐 먹을게 흔해터져 내버리는게 태반인데 그런것두 모르구 싼맛에 그런거 자꾸 먹으라구 디밀면 알지? 촌스럽게 중국산이 뭬라 그따위 싸구려 중국산 먹이려거든 차라리 날 잡아먹던지 딴사람 기르라구 주던지 양단결정을 해 이봐 쥔장 싼맛에 중국산 먹은개들 다 영양실조 걸려서 씨릿씨릿해 먹으면 뭘해 똥만 부허니 똥량만 많고 마르고 비루먹어 꺼칠하다니까 이보슈 그리고 이빨이 누렇걸랑 뭐가 잔뜩 끼인거같이 이빨새가 갑갑해. 스키일링 그것 좀 해줘. 오복중 하나가 이빨인데 좀 깨끗이 청소해서 해가 떠도 번쩍 해가 져도 번쩍 비오는 날도 번쩍번쩍 삐까삐까 번쩍 알지 네 그럼요. 어따나 대답은 아주 막내둥이 모양 퐁당 잘두 씨브려 요새 내입에서 걸레 냄새가 나는데 개가 스스로 이빨닦는거 봤습니까?

주인이 빡빡 닦아줘야지 엊그제 한번 닦아주고 이틀 걸렀어. 그따위로 정성이 부족해서 그 느려터진 행맹이 빠진 행세 봇다리 너 네 스스로 버릴래 한 대 얻어맞고 버릴래? 그건 네 맘이야.

금강산도 식후경이라고 잘먹고 잘사는 법 요새 시장에 보면 똥터미지 쌓이듯 시장 좌판대에 개옷이 지천이더라. 이쁜놈으로 몇벌사설랑에 얼굴에 찐허게 뻥끼 바르고 폼좀 내고 싶은데 돈좀 팍팍 쓰셔. 왜 그렇게 짜게 놀아 새놈으로 쏙 입혀놔봐. 옆집 봉남이 에미가 대뜸 어머 이게 누구네 개야? 이쁘기도 해라. 어쩜 바로 이거야. 새롭고 고상허다는말이 거 머리통깨나 돌아가는줄 알았더니 오늘보니 아주 오밤중이네. 잔소리가 길어서 미안한데 하나만 더 지껄이자. 새끼적엔 이쁘다고 안고 얼르고 지극정성이 아니꼬울정도로 지나치다가 짜증나고 싫증난다고 야 너 갖다가 키울래 털 떨어지구 성가셔 못기르겠다 키우고 싶으면 가져가 이런이런 나쁜새끼 중에 제일 더 나쁜새끼.

가져가는 사람 조차 없으면 차에 실고 멀리 나가 떼어버리고 걸음아 나 살려라 도망치고 무릎에 앉혀 어화둥둥 내사랑으로 정성들여 버릇 드럽게 가르쳐 놓고 갔다 버리면 그 습관을 어떻게 이겨나가라고 일부러 고통을 주는거야.

기가 막혀 여보 거기 알대가리로 서 있는 아저씨 왜 그렇게 서서 벌벌 떠슈. 죄졌구만 개 갖다버렸지 그렇지 뻔해.

세상이 미치니까 사람이 미치고 사람들이 미치니까 개가 미치네. 이 지구상에서 개들이 하나같이 싹 모습을 감춰야 개의 소중함을 알고 그따위 짓들을 안하지.

에이 생각하면 성질만 나고 아까 먹은 술이 쫌 깨는데 맛뵈기로 한사발만 더 마셔볼까 땡기기도 하고 또 횡설수설 실수할까봐 자렴도 들어가고.

오늘 체통이 영 말이 아니네. 빌어먹을

짧은 인연

2006 초겨울 날씨치고는 차고 맵다. 들판이나 다름없는 한 대에서 일하는 나로서는 해가 중천에 오르기 까지는 종종걸음에 추위와 싸워야했다. 바람이 불면 돌풍처럼 날리는 톱밥. 눈 건강이 걱정될 만큼 현장여건이 엉망진창이다.
일할 시간은 아직 수십 분 남아 여유로운 체조로 아침운동을 하는데 고슴도치인양 잿빛털이 소복한 강아지 녀석이 쩔쩔매는 폼으로 안절부절 못한다. 행색이 남루하니 털손질이 아니된 개로 집 나온 개로구나 하면서 측은한 생각이 들어 먹다남은 참치를 나무판에 쏟아 입가에 대주니 냄새만 맡을 뿐 전혀 먹을 기미가 없이 연신 꼬리만 흔들어 대고 가라고 야단쳐도 태도는 여전히 처음 그대로다. 다음날 알게 되었지만 그놈은 노숙개가 아닌 바로 밑에 공장 개였다. 잠시 그시간에 윗공장으로 마실 나온 터였으리라. 괜히 걱정하고 불쌍해 하고 나는 조바심을 했었다. 정확히 사흘 후 아니 그 녀석이 이젠 아예 공장에 들어와 있지 않은가. 우리팀 공장장이 밑에 사장한테 허락을 받고 그 녀석을 데리고 온 것이다.
순해터져 말썽도 안부리고 사람으로치면 차분한 성격에 나무랄데 없는 진국 그런 개였다. 어차피 이젠 우리들과 한공장에서 기거하는 처지가 되었고 우리가 남긴 밥 아니면 사료를 먹으며 좋은 조건이건 아니든 간에 공동생활자의 일부로 돌보아야 하고 애틋한 정성과 사랑으로 돌보아야 한다는 생각으로 데리고 온 주인보다도 내가 더 서둘러 비닐로 바람을 막아 줄 양으로 이리저리 내가 바쁘다. 복돌이라는 이름은 데리고 온 주인이 아무렇게나 부른 첫 이름이 진짜 이름이 되어버렸다.

아침에 만나 해가 지는 밤 여덟시에나 헤어지는 나날속에 나를 잡아 끄는 그놈의 힘은 당할 수가 없다. 점심때 생선 튀긴 돈까스가 나오면 또한 생선구이가 나오면 나는 그것을 종이에 싸서 종이가 없을때는 그냥 맨 주머니에 넣어가지고 오면 용케도 마중을 나와 꼬리를 치며 먹을 걸 달란다. 네놈 때문에 내가 영양실조 걸리겠어. 이놈아 너는 늘 먼지 나는 공장에서 네 주인옆에 자리를 깔고 파수꾼처럼 웅크리고 앉아 밥값을 하고 있었지. 무슨 이유에선지 일에 열심인 나로서는 그 이유를 모르지만 어떤 때 보면 너는 벌을 서고 있었다. 조금의 미동도 없이 그 정도로 순둥이에 지혜가 깊어 주인의 꾸중에도 인내로 힘겨움을 지키느라 바보같았음을 너에게 관심많은 나는 겨우 알게 된 거지. 그런저런 이유속에 겨울을 나고 봄을 맞으며 태양이 뜨거워지는 여름날쯤 너는 성견이 되어 행동도 달라졌고 털빛깔도 멋진 늠름한 수컷이 되었지. 조금은 부산스러워졌고 공장 밖을 떠나는 횟수가 늘면서 이웃개들과도 친구가 되어 행복한 나날들이 계속되었지. 건사도 제대로 못하면서 욕심있는 네 주인은 며칠 후 털이 복슬복슬한 진도견 새끼 한 놈을 데리고 왔단다. 너 혼자 외로우니까 친구하라고 말이지. 처음엔 그 놈은 너보다 꽤 어린 강아지였고 너는 다 큰 성견으로 강아지라고 얕보고 몸을 부딪쳐 뒹굴리고 하루가 다르게 진순이라고 이름 지어진 백구는 콩나물 자라듯이 자고나면 다르게 커 버려 네 몸 세배는 되게 살찌고 컸다. 이젠 힘도 덩치도 너를 능가하는 꽤나 걸걸거리며 다부진 놈으로 쑥쑥 컸다. 암컷 진순이는 다 컸다 싶은 어느 날 이웃 공장 외국 아이가 지게차를 잘못 몰아 공장 문과 지게차 뒷꽁무니사이에 끼어 뼈가 부러지는 불상사가 났다. 이쁜 놈이 그리되니 어찌나 떨리고 겁이 나던지 놀라고 측은해서 이삼일 식사를 설친 경험이 있다.

이놈은 일어나기는커녕 아예 뒤쪽은 질질 끌며 내는 신음소리가 소름이 돋는다. 주인은 두고 보자는 식으로 내남보살이었다. 내가 알기로는 병원에 안데려 가고 그냥 약만 사다 먹인 것 같다. 세월이 약이어서 몇주일이 지나니 거동도 수월해 졌고 다시 밥도 잘 먹어 아무는 상처의 속도는 신속했다. 얼마 후 상처뿐인 진순이는 남동쪽으로 갔다는데 종자가 좋으니까 서로 교환되어 갔다고 들었다. 아마도 지금까지는 살아있다면 몇 순배 새끼도 낳았을꺼다. 복돌이의 유일한 친구였고 의지의 일부였던 진순이의 이별로 엄청 쓸쓸했을 복돌이의 곁엔 내가 있을 뿐 진순이와 생이별을 한 갑작스러운 충격을 넌 어떻게 표현했는지 어떻게 울먹이는 가슴을 짓눌렀는지 알고 싶지만 알 수 없는 내 가슴이 답답하다. 네 생의 일부에 있어 주인 아닌 제 3자의 입장에서 보았을 때 호강은 못했어도 주인한테 학대를 당했거나 때리기를 했다던 가 그런 건 전혀 없고 별 관심이 적었던 건 내가 보증할 수 있지. 네 주인에겐 같이 일하는 여자가 있는데 그 여자가 애인이었거든. 무슨 이유로 자주 다툼이 있다 보면 그 불똥이 가끔 너에게 튀어 엉뚱한 벌을 받고 소리 지름을 당하고는 했지만 불행으로 제가 힘들거나 소외됨은 없었지. 9월이 오는 어느 날 쯤 이런저런 이유로 처음 네가 있던 그 공장으로 이사를 하게 되어 처음 본래의 집으로 가는 거지. 몇날 며칠을 이사로 지쳐 갈 그 여름날 9월 너는 지게차에 상감처럼 올라 앉아 네 주인과 이삿짐을 나르는데 지게차 위에 납쭉 올라앉은 네 모습이 멋있었던거지. 화물차 기사가 핸드폰 카메라로 앙증맞은 네 모습을 찍더구나. 그러면서 엄지를 치켜 세우며 최고라고 칭찬 해주던 모습. 안그래도 예쁜 네가 오늘따라 더 멋지고 폼 나는거 있지. 이미 성견이 된 너 숫캐지만 아직 한번도 숫캐다운 행동을 보이지 않고 쑥맥처럼 얌전하기만 하던 네가 어느날 발정난 암캐를 보고 느닷없이 본능을 드러내는 참 가관이더라. 식음을 전폐하고 늘 붙어다니던 주인도 멀리하고 심지어 아예 이삼일씩 집에도 안들어 오고 불러도 힐끗 돌아보고는 냅따 뛰어 달아나기 일쑤고 심지어 준 물도 안마시고 사랑에 빠져 몇날며칠을 그러다가 어느날 아침 출근길에 길바닥에 죽어 늘어진 네 모습에 나는 사색이 되어 벌벌 떨었지.

가슴은 찢어지게 아팠고 눈물이 고였지. 진짜 주인이 아닌 내가 널 들어안고 울어버렸지.

네 주인은 말없이 네가 묻힐 구덩이를 팠고 나는 널 안고서 울먹여야 했으니 이런 가슴아픈 비극적인 아침이 있을까. 결국 너는 사랑도 해 보지 못한체 정신적 고통과 죽음으로 본능을 맞바꾸고만 안타까운 객사의 원혼이 되고 말았지.

그것도 인간으로 하여금 차에 치여 유명을 달리 했으니 이제 너와함께 있던 방울이마저 혼자가 되었다.

이제 너는 잊어야하고 아파하지도 말아야 할테지 그간 너에게 쏟던 정성과 사랑은 이제 홀로남은 방울이에게 네 몫까지 모두 주어야 되겠지. 네가 죽기 며칠전에 나는 네 몸의 부실한 털을 깎아주었지. 아주 빡빡 추워서 벌벌 떨드라. 아직은 겨울이 남아 있는 이른봄이었으니까. 아마 난생처음 이발을 했을 거야. 그래서 더 떨리고 무섭고 추웠을 거야. 복돌아 미안해 그러나 그건 사랑이었어. 부디 하늘나라에서 행복하길 바래. 그동안 사랑했어. 많이 사랑했어. 널 그렇게 만든 인간이 미워죽겠다. 아주 잡아서 박살을 내고 싶다구. 웬 못된놈 조심좀 했더라면 그놈은 아마도 평생 죄인이 되어 살께다.

이제 모든건 끝이 났다. 그것도 네 팔자이고 운명이려니하자. 너는 평소 소심한 성격의 개였어. 친절했고 착했고 잘생겼고 말도 잘들었어. 반면 겁이 없었어. 낯선이도 무섭지 않았고 달리는 차도 무섭지 않았어.

모든걸 네마음 성격대로 믿었지. 그 소심한 네 천성이 늘 내 가슴을 졸였지. 그래서 더 신경을 썼고 더 눈길을 주지 않으면 안되었지.

다른 놈보다도 더 위해주고 사랑해 주었지. 그런 네가 내 가슴을 아프게 할 줄이야. 오늘 이런 비극을 하늘 만이 알았을까. 난 너 때문에 할말을 잊었다. 세상이 무너진 듯 허전했고 외로웠다. 슬퍼서 눈물을 흘렸고 너무 가슴이 아파서 몇날며칠을 배가 고픔도 잊을 만큼 식욕도 떨어지고 싱숭생숭한 정신적 흐트러짐에 일손도 잡히지 않았지. 나를 낳고 길러주신 부모님을 잃은 슬픔 같았고 둘도 없는 친구를 잃은듯한 아리고 쓰린 애틋한 슬픔 그런거였었지.

네 주인은 너에게 커피를 먹을때마다 땅바닥에 조금씩 부어주었지. 짝짝거리며 잘도 핥아먹었으니까. 나중에 안일이지만 커피는 너희들에게 있어 독약이나 다름없이 상극이라하던데 너희들이 먹어서는 아니될 금기된 먹을거리. 그것은 커피 쵸코릿. 사람이 먹는 양념류 포도 오징어 등 먹어도 소화를 못시키는 것도 있는데 그것은 땅콩과 옥수수 귤 아무튼 견과류는 소화를 못시켜 먹은 그대로 색도 변하지 않고 예쁜 색깔 그대로 나온단

말이다.

너희들을 기르면서 터득한 것이라면 요런 것 밖엔 사람도 마찬가지로 먹어서 독이 되는것과 생명을 해치는 위험한 것이 있듯 먹을거라고 아무거나 먹어서는 큰 화를 부르는 경향이 잇거든 그래도 너 복돌이나 진순이는 아무런 사고가 없었던게 다행이었건만 어떤날 네 놈이 상당히 불쌍해 보이던날 복돌아 왜그래 털을 쓰다듬으며 머리을 만져보다 유난히 점잖을 뺀다. 내가 보았을땐 분명하 어딘가 몸이 안좋은 상태로 느릿느릿 걷다가 멍허니 서서 처다보고 힘없이 내 젓는 꼬리가 시원치 않다 장난을 걸어도 시큰둥하다.

평소엔 제가 먼저 슬며시 와서 내 뒷다리 알통을 살짝 물어 놀자고 유도하던놈이 너는 무는 방법이 특이했지. 바늘로 찌르듯이 따끔따끔하게 물었어. 무는 방법도 참 귀엽고 예뻤는데 나쁜놈 지극 정성 사랑으로 돌봐준 공을 그런식으로 갚는 것이 네놈들 개이더냐. 고얀놈 사람이 죽어가는 곳은 극락이라 하더라. 너희들이 죽어 이승을 떠나 가는곳도 극락세계 일런지는 모르나 티없이 정직한 본능의 동물로서 극락이던 어떤 세계이든 다시는 개로 태어나지 말고 복 많아 평생을 호의호식하고 존경의 대상이 되는 인간으로 환생하여라. 복돌이 너와 이별한지 벌서 두돌이 다가오는 6월의 오후 토요일 이글을 쓰면서 또 서운한 마음이 꿈틀대는구나.

너를 묻고 3일이 되던날 아침부터 나는 공장일보다는 네 삼오제날에 관심이 더 컸더란다. 즉시 주머니엔 사료와 과자를 넣고 삽을 가지고 너를 찾는다. 복돌아 아저씨 왔어. 울음섞인 목소리로 널 부르며 먼저 사료와 소세지등을 네 머리가 누운 쪽에 놓아주고 땅이 차갑지 밥먹어 아저씨를 이렇게 슬퍼지게 만들었어야 했니. 나는 흙을 파서 복돌이를 더 덮어주며 꾹꾹 땅을 밟아 행여 비가 오더라도 물이 스미지 않도록 다재비를 한다. 그러면서 나는 또 중얼거린다. 복돌아 넌 평소 착했고 생을 얼마 살지 못했으니까 죄지은 일도 없고 아마 좋은 곳에 갔겠지. 그래야 내 슬픔이 빨리 가실 거야. 그래 안그래 복돌아. 시간이 나는대로 가끔 널 찾아볼 거야.

일할 시간이 다 돼서 나는 간다. 그럼 안녕. 사료 소세지 과자 맛있게 먹고 편히 쉬어. 나는 너무 슬픈 나머지 뒤도 안돌아보고 산을 내려왔습니다. 쫓기는 시간에 아쉬움으로 산을 내려와 하고 싶은 말 못다한 말들을 나는 복돌이가 누워 잠자던 녀석의 집을 보며 네가 아저씨의 소원처럼 인간으로 태어나면 그때도 이 아저씨와 친구하자. 자 약속해. 환상속의 복돌이를 나는 와락 안아주며 교감으로 목덜미를 툭툭 처주었습니다.

그리고 손으로 복돌이의 앞발을 힘있게 움켜쥐어 굳은 약속의 악수를 했습니다.

복돌이의 약속은 지켜질 것이고 꼭 그렇게 할 것입니다. 내 사랑의 분신이었던 복돌이 아멘!

하늘에서 온 편지

복돌이 사망 2주기가 되어 올 즈음 6월 어느날 하늘나라에 있는 복돌이에게서 파란종이에 예쁜 글씨로 나에게 메시지가 전해왔습니다.
비록 먼지나는 공장 구석에서 한데 잠을 잤을망정 아저씨가 있어 행복했습니다. 끔찍한 생각으로 맛있는 성찬에 절 거두시느라 체면도 잊으시고 남들이 알게 모르게 죄인처럼 절 생각하신 그 진심어린 아저씨의 천성에 뜨거운 눈물이 흐릅니다. 이승에서의 화로 천상에 오르니 외롭고 슬프고 가슴이 찢어지게 아팠습니다. 제일 보고 싶고 그리운건 아저씨였고 이름만 주인이었던 주인생각도 간간히 하면서 눈물로 이승을 그려보면서 천상의 세계에 접하여 무던히도 애쓰고 노력하지만 아저씨로 하여금 행복했던 이승생각에 오늘도 잠 못이룹니다. 아저시 건강하시고 행복하시지요?
늘 아저씨의 행복을 건강을 하루 세 번씩 기도드리고 있어요.
이제는 울지않을래요. 그리고 이제는 아저씨가 계신 이승을 잊어야할까봐요.
갈 수 없는 나라 너무도 먼나라 가지못함에 애끓는 아픈 마음은 나를 병들게 합니다. 이승을 잊어야하겠다고 다짐을 하지만 아저씨마저 잊겠다는 고약한 뜻은 아닙니다. 겸허히 현실을 받아드리는 제 자신의 아량이 필요함을 뒤늦게 깨달았으니까요. 주어진 생명이 다하여 그 불꽃이 꺼지는 날까지 사랑해 주신 그 의미깊은 아저씨의 사랑은 잊을 수가 없습니다. 흐느낌으로 쓰는 천상에서의 아저씨에게 쓰는 마지막 편지는 아니지만 하나

밝히고 싶은게 있습니다. 구름을 타고 하늘에 오르면서 저는 아저씨의 모습 그 미소 정성 그리고 체취까지도 아무도 모르게 훔쳐왔지요. 그래서 저에게는 늘 아저씨가 함께 하고 있어 이제 숨겨두었던 아저씨의 요술장자를 풀어 외롭거나 쓸쓸하지 않은 하늘나라의 생활을 적응하도록 애를 쓰렵니다.

이 세상에 태어나 아저씨를 사랑하고 의지하고 기대던 이 미련한 것이 은혜를 원수로 갚고 불행을 안고 떠나온 복돌이라는 이름의 이놈을 이젠 잊으세요. 이런 이런 나쁜놈 널 잊으라니 아니 미안스러우니까 그러지요. 진심이 아닙니다. 그럼 그래야지 복돌아 내 영혼이 쓰러질때까지 너는 내 안의 그리움이고 사랑이고 친구임을 서로 잊지말자.

제2장

그리움에 부쳐

아침에 피어나 해지면 지고 마는 나팔꽃 같은 짧은 네 이승에서의 삶. 아저씨가 무식해서 너와의 짧은 시간들을 멋지게 승화시키는 재주는 없지만 아는대로 생각나는대로 애절한 절규를 너와 둘 만이 알고 넘기기엔 아쉬움이 크기에 많은 이승사람들과 오붓한 한때 친구가 되자는 의미에서 이런 이야기 보따리를 풀어놓게 되었음을 너는 알까 모르겠다.

보살피고 사랑해 준 그 잘난 댓가가 겨우 이거냐고 책망하기에 앞서 나는 두 번씩이나 네 몸의 털을 깎아주면서 너로 하여금 배운 것이 있단다. 충성심을 배웠다. 복종과 정도 알게 되었고 대화는 안되지만은 말없는 교감이 통함 또한 배웠단다. 나를 놀려 즐거웠고 너희들 특유의 재롱에 웃었다. 꼬리치고 몸부림치며 반기는 네 본능에 감동받아 좋았다. 아무나 좋다고 꼬리치지 않는 근엄함에 매료되었고 아주 낯선 사람이면 몸사리지 않고 짖어대던 꾸밈없는 수컷다움에 대단함을 알았다. 주인이란 작자가 이유없이 제 애인과 싸우고 그 화풀이를 너에게 하노라면 영문도 모른채 상기된 얼굴로 세우는 벌을 끝까지 받아야했던 그 네 참을성에 감탄도했다. 이유불문 반항없이 꾸짖음 당하는 참을성으로 불안스러웠던 시간들이 이제 너에겐 오지 않을 것이고 있지도 않을것이니 과거사는 한폭의 추억같은 것. 당하고 억울함에 분통 터지지만 후한 인내로 배려하고 보듬어 참회의 기회를 주는 용서의 아름다움을 선물하라. 사랑은 스스로 내가 만들어 내는 신의 은총 같은 것 모나지 않는 차분하고 진정된 느긋한 성격과 타고

난 본능적 무한을 살려 천상의 세계에서도 주목받고 사랑받는 복돌이 네 놈의 행복한 세상이어라.

소개팅

나는 방울이입니다. 지금의 우리 주인님이 붙여준 이름이지요. 명랑하고 힘이 넘치는 수컷이지요. 흰 백색털에 귀를 위시한 머리 위쪽엔 노란털이 나 있고 몸 두곳 점박이처럼 꼬리 부분에도 노랑털이 있지요. 주인님의 사랑과 인자함으로 다 죽게 생긴 나를 병원으로 데려가 살려준 평생의 은인이기도 하구요. 나는 참 엄청나게 운이 좋은 놈입니다. 복불복이라더니 날 두고서 한 말같습니다.

나는 태어난 곳이 어디며 아버지는 누구고 엄마는 누구였는지 알지 못합니다. 설사 안다한들 말을 할 수 없으니 어쩌지요. 주인 아저씨도 알턱이 없지요. 한심한 놈입니다. 어쨌건 태어났습니다.

엄마의 뱃속에서 지루한 65일 꿈틀꿈틀 커가다가 세상구경을 나왔을 때 아무것도 볼 수가 없었지요. 우리들은 태어나 근 20여일이나 돼서 겨우 실눈을 뜨지요.

처음보는 세상은 아름다웠습니다.

따뜻한 젖을 물리는 엄마가 곁에 나를 보듬었고 우리 형제들은 젖다툼에

쥐처럼 찍찍대며 실하고 젖이 많이 나오는 유두를 차지하기위해 밀고 당기며 싸움질을 했지요. 60여일 정도되면 인간들은 매정하게 젖을 뗀다는 이유로 엄마곁을 떼어놓습니다. 어데로 가는지도 알지도 못하면서 우리 한배 형제들은 제각각 헤어져 이산가족이되어 버립니다. 억울하고 슬픈 현상이지요.

아마도 어린 생각으로 볼 때 내가 태어난곳은 아마도 경기도 김포 어느 허름한 공장이 저의 모태가 되었던 아지트같습니다. 몇 마리나 태어났을까 아무튼 구더기처럼 오물거리는 우리형제들은 며칠사이 하나둘 어데론가 사라지고 맨 마지막에 나는 어떤 총각의 손에 들려 엄마와 이별을 하고 집을 떠났습니다. 엄마와 헤어지는 것이 마지막이라는 슬픈이별의 눈물도 흘리지 못한체 바보가 되어 정착된곳이 바로 복돌이가 있고 지금의 주인님이 계신 공장이었지요.

처음이라 낯설고 많은 사람들이 무서워 맨 바닥에 오줌을 질질 싸며 배를 질질 끌면서 벌벌기었지요. 나를 가져온 총각은 나를 공기돌처럼 가지고 놀더군요. 이틀후 나는 다시 지금의 주인님이 계신 공장에 오게 되었지요. 나를 기르기가 싫었던지 복돌이가 있는 여기서 같이 기르라고 주는 것 같았습니다.

나를 받아준 사람도 주인될 사람도 없이 그야말로 얼떨결에 처량한 꼬락서니가 되었는데 처음부터 나를 안아오고 접근해준 지금의 주인님이 내몸 건사해 줄 주인이 될줄 나는 전혀 몰랐지요.

오늘부터 저는 복돌이형과 한 집에서 같이 먹고 같이 자며 가족으로서의 첫 출발을 내딛은 것입니다. 내가 어려서 그런지 복돌이 형은 으르렁거리거나 물려고 하지 않았습니다. 오히려 제몸을 핥아주고 격려해 주는 듯 다정다감하기만했지요. 아저씨와 보살핌 복돌이형의 정 속에서 저의 작은 몸둥아리는 퍽 커졌습니다.

어린볼 것 없던 잔털은 다 벗어버리고 성인이 되어감에 내몸의 털은 멋지고 희었지요. 먹는것도 덥석 덥석 복돌이형이 먹을새도 없이 뺏어먹고 오히려 질투하며 으르렁거리며 오만방자함을 보이기도했지요. 내가 그러거나 말거나 형은 날 어리광으로 받아줬고 싫은 내색 한번도 없었지요. 나는 늘 형을 따라다니며 하루하루를 좋아라 뛰기만 하면서 형과 뒹굴며 우정과 사랑을 다져갔습니다. 얼마후 형은 자주 나를 떼어놓고 혼자 외출이 잦았습니다. 나는 따라다니다 지쳐 외톨이처럼 집에 들어앉아 옆에서 일하는 지금 주인님의 모습만 보면서 잠이오면 자고 배가 곯으면 먹어대고 신선이 따로 없었지요. 복돌이형은 항상 주인이 목줄없이 풀어놓아 자유롭게윗공장으로 아래로 어슬렁거렸지만 나는 지금의 주인님이 목줄을 매서 집에 묶어 놓았기에 갑갑하긴 했지만 천방지축 달달 까부는 내가 안심치않아 되도록 잡아매두고 점심시간쯤 잠시잠시 공장 마당에 풀어놓는 시간제 자유로움으로 그래도 불만은 절대 없었지요.

저는 엄청 먹어댔습니다. 주는대로 닥치는 대로 맛이 있거나 말거나 먹을거면 다 먹어줬습니다. 그러다보니 나는 갑자기 몸이 다 커버린 성견으로 어른이 되었고 복돌이형과 씨름을 해도 지지않을 만큼 튼튼한 젊은이로 기고만장이었습니다.

성격도 형과는 정반대로 나는 까불이에 촐싹대는 촉새에 안하무인처럼 행동이 거칠었습니다. 명랑하고 쾌활한 성격이었지요. 점심시간에 주인님이 나를 풀어 놓으면 나는 미친놈처럼 좋아라 뛰고 뒹굴고 앞발을 들어 허공을 그으며 마치 성난말이 포효하는듯한 행동도 거침이 없었지요. 지금의 성격은 그때 그대로 사람으로 말하면 자발스럽다고 해야할까? 아무튼 정서하고는 거리가 먼 별볼일 없는 성격이 평생 이대로 살아야 할까하옵니다. 개과천선은 없을 것 같구요. 내가 나를 생각해도 누구한테라도 큰 사랑받는건 불가능하다고 봐요. 지금 우리 주인님이나 하니까 내가 대우를 받고 있지 성격상 거들먹대고 지랄이거든요.

맨날 회초리감인데 무던히도 주인님은 인내로 견디어 주시는 듯하여 죄스럽고 미안스럽지만 좀체 못고치겠네요.

그래서 세 살버릇 여든간다는 우리나라 속담이 가슴에 와 찐하게 닿네요. 잠깐 분위기 쇄신하여 나는 주인님께 아무것도 해드린게 없어요. 주인님은 나에게 사랑을 주시고 맛있는 음식과 정을 주셨지만 저는 등신처럼 당연한 듯 받기만 했으니 이게 어디 개같은 경우입니까. 참 나라는 놈두 어지간히 한심한 놈입니다.

그래서 개인지 모르지만 단 주인님 큰소리나 나무람에 움츠리고 무서워하고 쩔쩔매는건 사실이거든요. 아무튼 뭐라시면 오금을 못피니까요. 사실 그대로를 실토한 것으로 누구든 제말이 못믿기면 직접 우리 주인님께 물어보세요. 사실임을 알게되고 정직한 놈임을 아시게 될겁니다. 성격상 오방난장일뿐이지 기본적인 본성이야 다를수가 없지요. 베푼 공을 모르고 주인을 물고 엿먹인다면 그건 개도 아니지요.

내가 어지간히 크고 개꼴을 갖추었을 때 주인님은 내목에 방울을 달아주셨습니다.

개똥같이 빼고 찔렁대고 시끄러워 스트레스에 짜증이나 진짜 열받았거든요. 그때 그딸랑이 방울 달랑달아주고 날 방울이라고 이름지어 주었으니 우리 주인님도 엉뚱한데가 있더라구요.
제 소개가 너무 길어 지루하시지요. 사연이 많다보니 내용도 길고 그 긴 내용속엔 제 과거가 드러나니 유쾌하지는 않지만 기분은 그런대로 끌끌합니다. 시방부터 빨랑빨랑 하려고 하는데 이거 한국사람 빨리빨리 병 그거 잘못하면 매사 일 그르칠 수 있는 원인제공의 씨앗이 될수 있거든요. 그럼 시작합니다. 저의 인적 신상명세와 생김생김 뜀박질은 타고났고요. 짧은 다리일망정 튀는데는 일본말로 이찌방이구요. 먹방울같은 새까만 눈 근데 휜창이 없어요. 눈알이 정상이 아닌 장애가 있구요.
밤톨 같은 까만 콧등 넙데데한 듯 하면서도 약간 세모꼴이랄까 잘생긴 머리통 여우처럼 탐스러운 꼬리 너무 많이 먹는 바람에 짜귀가 났는지 약간 벌어진 다리. 펑퍼짐한 궁둥이에 짜리몽땅 작은키 성질은 급하고 오줌은 기회있으면 아무데나 찍 기운이 황소에 주책없이 시도때도 없이 껑껑 짖어대고 수컷인 부랄은 일찌감치 거세시켜 빈대콩처럼 쪼그라 붙고 여자생각도 할 수 없는 내시랍니다.
히히 부랄 어쩌구하니까 웃음이 다 나오네 그려. 웃는데는 부랄얘기가 최고라니께 이그려. 맞당게 딱 맞어부러야. 그런데 참 이상하지요. 왜 거세를 하면 여자생각이 없을까요? 난 그런데 복돌이형은 안그런가봐요. 그 동네 암캐가 교미가 났는데 그 수태하려는 처녀에게 미쳐서 밤에도 낮에도 형은 밖으로 돌고 내곁엔 없었지요. 그런일로 정신을 팔다가 형은 비명횡사 하지 않았나 싶구요 비극의 그날 아침에도 날이 밝으면서 어슬렁거리며 나갔는데 그것이 마지막이 되었던것이지요.
나는 지금도 모릅니다. 그 사실을 글을 쓰는 주인님 생각이 그대로 전해지니까 그랬었구나함을 알게 된거고 나는 그것도 모르고 어정어정 걸어들어올 형만 집에서 기다렸지요. 형은 끝내 모습을 감춘채 나에게 아무말도 없이 그렇게 허무히 하늘나라에 갔습니다. 흐느낌없이 나는 주먹같은 눈물을 뚝뚝 흘렸습니다. 짠한 슬픈 심정을 억제하면서 형의 마지막 무운을 빌고 이제 생각이 나지만 형이 죽은 3일이 되던 삼오날에 주인님은 나를 데리고 싸늘히 묻힌 형을 보러 같이 갔었지. 무섭고 떨리고 혐오스럽고 슬픈 생각에 솔직히 뒷걸음질을 쳤는데 아마도 직감이 안좋아 본능적으로 피하지 않았나합니다.
나는 얼른 형이 묻힌 산을 내려왔고 또 그렇게 혼자가 되었습니다.

형을 바라본 방울이의 이미지

형과 한식구가 되어 몸불려 커가면서 밤이나 낮이나 형과 많은 이야기를 주고 받았거든요. 지금부터 이세상에 이제 없는 복돌이형의 모습 제가 평소 보아두었던 형의 이미지를 이야기 할까합니다.
어느날 나는 형을 비행기 태워주기로 마음먹었습니다. 형 왜그래 배 고프잖아 밥먹어 왜 그렇게 조금씩만 먹는거야 살찔까봐 그래 에이 수염이 석

자래도 먹어야 양반이라는데 형 형은 나의 분신이야.

철없는 나의 응석과 미운 투정 다 받아주고 내성장에 길잡이가 되어줘 정말 고마워. 형 사랑해. 난 형이 너무 좋아. 이말은 입 바른 소리가 아닌 진짜 내 진심을 말한거야. 형의 그 자태와 매력에 내가 홀랑 반해 버렸거든 잘 놀아 주는 것도 최고지만 형은 점잖은 영국신사에다가 은백색 빛깔의 잘고 고운 털가죽 탐스러운 꼬리는 탐이 나도록 아름다워. 우수어린 검은 두눈 그속에 빨려 들어갈 정도로 근사하고 매력적인 눈과 결코 서두르지 않는 두둑한 뱃장의 늠름한 사나이기질 아무나 보고 함부로 짖어대지 않는 절도있는 품위 등짝의 말갈기 같은 은회색의 털은 비단 나비처럼 아름다웠고 둥근원을 그린 목덜미의 털은 아프리카 밀림의 제왕인 사자의 갈기처럼 그 모습이 호사스러웠지. 착한 성격에 배려와 양보가 넉넉했고 인정이 있어 좋았지. 다만 씨도둑은 어찌 할 수 없는 일. 작은 덩치 하나가 흠이면 흠이지. 형의 본능적 영역표시도 숫 잡개들처럼 아무데나 뒷다리를 들고 내갈기는 것이 아니라 사람눈에 뛰지 않는 후미진 곳에서 은밀히 생리현상을 해결하곤했지. 눈나리는 날 소복하고 하얀 눈위에 형이 걸어간 발자욱을 보면 보폭이 일정하고 앞발자욱에 뒷발자욱이 하나로 도장을 찍은 듯 정확한 걸음걸이는 정식으로 교육받은 걷는 패션의 그 모델이었어. 형은 언제나 체면과 점잖음을 앞세워 자신의 품위에 누가 되는 일은 결코 하지 않았어. 먹는 것 앞에 나는 늘 걸귀가 되어 허겁지겁 염치와 체면따위는 잊은채 싹싹 소리가 나게 쓸어 먹어치워 비워진 빈밥그릇을 멍허니 바라다만 보는 형의 느긋함. 그러면 그것마저도 먹으려고 몸을 곤두세우고 발광을 하면서 껑껑대지 난 웬 식탐을 그렇게 하는지 알다가도 모르겠어. 형은 언제나 양보와 느긋으로 늦은식사를 하고 물몇모금 마셔대고는 이내 정갈한 곳을 찾아 몸을 눕혀 우수에 젖지.
형의 그런 모습을 가만 놔두고 볼 수 없는 나는 콧방귀를 끼면서 절래절래 흔드는 고갯짓에 버리적거리고 아양을 떨며 속뵈는 짓거리를 자주해댔지. 좋은 말도 세 번 반복하면 듣기싫은 공해여서 그런지 어떤날은 형도 기분을 잡친 듯 한번쯤 얼굴을 찡그리며 웅하고 나무라듯 돌아 눕기도 하지. 이철딱서니는 눈치도 없이 계속 귀찮게 굴다가 급기야는 으르렁 껑하며 기습공박을 주는 형의 헐크같은 모습에 나는 놀라 오금아 날 살려라 줄행랑을 치지. 눈치없는 나의 주접이 일대 개망신을 당하는거지요. 난 늘 내 오만방자 성격탓으로 스스로 내 처신을 깎고 제꼴 남 뵈는 염치와 추태를 부린다니까요. 사람으로 말하면 극성스러운 놈 인성교육이 덜 된놈 다혈질 성격장애 줏대와 체면불구 정서적이지 못한 산만증 조급증 잠시도 가만히 있지 못하는 좌불안석 그저 왼 못된 성격장애만 잔뜩있는듯 하니어라 내가 이거 청량리 정신병원에 한번쯤 엠알아이 뇌 X-레이라도 찍어서 판독해야 하는거나 아닌지 나도 내심 엄청 걱정이어라. 넌 이름마저 갈아야되겠다. 방울이에서 촐랭이로 호적에는 천방지축 개나발로 입적시키고 주민등록상엔 어라 왜 이지랄이야로 임시고처야 할 것 같다.
에이 주인님 그러지 마요. 뭘 그러지마. 이 웬수야. 열에 아홉은 노갓뎀이샤나마 배추니 이걸 으쩌면 좋우 어떻게 그냥 호르륵헐수도 없구. 매사 따블 주책에 그냥 내가 너보다 먼자 죽게 생겻어. 저 나으리 엇쭈리 이젠 놀리기까지. 있잖아요 세상엔 이런년도 있고 저런놈도 있다고 하듯 복돌이 형과 나는 출생지가 다르고 종자가 다르고 조상또한 다르다보니 생겨먹은

DNA가 다른데 으찌 같었으면 하십니까?

말도 아니되지요. 날보고 좀 닮아봐라 하시면 그건 엄청 무식한 처사의 소치로 일말의 가치없는 말로 허나마나한 진짜 개소리지요. 헤이 안데스텐(여보 아시겠수) 그래 알만하다. 이 구린내 똥개야 야 이제야 무식이 드러나는구나. 무식대학 몇학번이요 쥔장 얼러리 쥔장 그나마 이제 노무현이 말맛다나 막가자 이거지 쌍 넌 오늘부터 정식금지 단식투쟁의 기회를 주마. 주인 곯린 농담의 죄가 형법 제몇조에 해당되는지 무식하여 모르나 최고 서울고등법원까지 가야하는 엄청난 실수를 저질러 최고법정형으로 무기내지 사형이 아니될까말까한다. 알것냐 이 지랄쟁이야! 으으뜨셔 내가 잘못했나 그럼 잘못했지 어따대고 네형 복돌이 칭찬하다 느닷없이 날 도매급으로 개똥을 만드냐 한마디로 희롱죄야 에이 희롱이구 부랄이구 제가 잘못했으니까요 나랑 술한잔해요. 그리고 풀자구요. 술좋아허네 너랑 술안먹어 새꺄. 술처먹구 횡설수설 게걸거릴라구 그러지 아나이 고랑말코야. 에이 폭삭 곪은 새우젓같은 놈의 새끼. 신경질 나는네 네 이야기 여짓껏 쓴거 다 찢어내버릴 거야. 그러니까 시방 열받었걸랑. 개소리말구 구석에 가서 자빠져 자. 남의 오장 뒤집지 말구 알았냐 아이구 네네 그래 그렇게 시방처럼 쩔쩔매야지. 아 그러면 누가 눈을 흘기냐. 아휴 십년감수 순간의 선택이 십년을 좌우한다고 물렁하게 보았는데 성질나니까 불이네 아무튼 팍하는 순간 폭발이 사나이 기질다워 따봉이다. 굿아~ 굿, 오, 베리, 굿. 여러분 죄송해유. 잘나가다가 삐딱하니 삼천포로 빠졌시유. 이것두 자발스런 내 성격이 저지른 이유이지요 뭐. 아무튼 잘했거나 못했든간에 욕먹고 나니까 나도 기분 상하네요. 얼른 끝맺음해야겠시유. 아무튼 우리 복돌이형은 뭐든지 여느 잡개들과는 다른 근엄한 신사임엔 틀림없어요. 그런 잘난형이 이젠 제곁에 없으니 나는 슬픈 마음을 간직한채 언제까지 외로워 해야 할는지 모릅니다. 비가 오는 날이면 더 슬퍼지겠지요. 눈이 오는 날이면 형의 묘를 덮은 하얀 눈을 쓸어내려 줄것이고 바람부는 날이면 하얀 백지에 방울이의 슬픈사연을 써서 형의 묘지앞에 날려 보내고 물오르고 땅지기 오르는 봄이면 형의 묘지에 따뜻한 떼옷을 입히고 천년만년 사후 세계에서의 형의 행복을 기원하는 이승의 방울이가 될래요.

불꽃처럼 살아야 해.

아주 먼곳에서 형이 사랑했던 내동생 방울이에게 전한다. 방울아 불꽃처럼 살아야 해. 형과 인연이 된게 불과 3개월여 그러나 20년지기 형제 내동생처럼 나는 너를 아끼고 사랑했단다. 방울아 너와 내가 처음 만난 날이 2006년 2월 중순경일 거야 겨우 엄마 젖 떨어진지 불과 며칠이나 됐을까 걸음도 부자연스러운 벌벌기는 정도의 네 활동량이 전부였던 어떤 총각 손에 들려 우리 집에 온 너 오줌똥 못가리는 작고 형편없었던 녀석이 너 방울인데 너는 내가 네 어미인줄 아는지 자꾸 사타구니로 파고들며 낑낑거리고 젖을 찾았지. 난 솔직히 그때 네가 자꾸 엉겨 붙으며 성가시게 구니까 귀찮았거든. 그러면서도 측은한 마음에 내심 엄마같은 행동으로 널 받아들이고 거두며 사랑하기로 마음을 굳혔지. 나는 기회만 있으면 네털 여기저기를 핥아주고 콧등으로 밀며 정을 붙여 나갔지. 초고속으로 너와 난 모자지간이 되었지. 네가 올때만해도 2월이라 추울때니까 자꾸 내 품으로만 파고들었지. 나는 네가 추울세라 사타구니에 네 작은 몸을 감싸고 엎드려 포근한 엄마의 품에서처럼 새근새근 아기잠을 자게 했지. 실제 나는 오줌이 몹시 마려워도 곤히 자던 네가 깰까봐 참고 그러다가 몇 번이나 오줌을 생으로 지린지 넌 아마 모를거다. 이런식으로 나는 처음 본 너에게 몸을 헌신하고 마음을 주며 반 엄마가 되어 너를 환영하며 지냈지. 날마다 너를 향한 사랑이 샘물처럼 솟았지. 그런데 그게 이상하더라. 정을 주다 보니까 진짜 내 자식 같은 느낌으로 가슴이 뜨거워지고 찐한 부성애같은 느낌이 오는거 그래서 사람이나 짐승도 어려운 환경일 때 거두어 돌보고 지킴이가 되어 주나봐. 나는 졸지에 네 보모가 되어 팔자에도 없는 난관을 선물로 받았는데 성질 급하게 빨빨거리고 뒤뚱뒤뚱 말썽꾸러기다보니 통제가 실상은 어려웠거든. 네 엄마에게서 배워야할 세상살이의 지침과 교육을 내가 대신해야 하는데 그게 제일 고민이었거든 나의 과거도 정상은 아니어서 배운 것 아는 것 없고 그저 다 컸기에 본능 하나로 이렇게 사는 게 우리들의 한평생이구나 함을 겨우 알았는데 내 교육 방식을 그대로 전수시켜 정상적 세상적응에 내 책임과 네 한평생을 가르친다는 나의 막중함이 실은 부담스러웠거든. 때론 너에게 준엄한 교육자 선생님이 되어야 하고 자식의 심정을 헤아리며 사랑으로 가르침을 줘야하는 따뜻한 엄마가 되기도 해야하고 용맹과 신의 동물적 감각 우리들의 세계에서의 처신 주인을 섬기는 충성심 따위를 아버지로 하여금 배워야 정상적 네 평생의 지침으로 살아갈텐데 그런 생각을 하니까 온 세상이 까매지는거 있지 천길 낭떠러지 어지러움으로 갈등도 있었지. 그러면서 나는 알게 모르게 널 이건 이렇게 이럴땐 저렇게 하라며 그렇게 얼렁뚱땅 가르쳐 나갔지. 모름지기 피 한방울 섞이지 않은 남남끼리 인연이 되어서 굳이 선생님이 되어 가르친다는 사명감과 도의적인 책임감에 정신적 치유같은 나 혼자만의 고민이 있지만 나는 널 위해서라면 모든걸 비우고 처음부터 차근차근 하나하나 가르치고 연습하고 답습하며 꼭 널 여봐란 듯이 교양과 노련미 생의 열망을 참교육으로 쇄뇌시켜 큰 인물로 키워낸다는 파워적 자신감으로 마음속 파이팅을 외쳤지. 너는 날 잘따라 주었고 하나를 가르치면 둘을 알 정도로 눈치빠르고 재치있고 영리했단다. 나는 맹수에 쫓기는 개처럼 공연히 마음이 바쁘고 불안하고 한시라도 빨리 네가 알고 배워야 할 모든 것들을 재촉하여 교육하고 싶은 조바심이 생겨나기 시작했단다. 이 조급증이 후일 있을 화의 근원을 미리 예고라도 하는 듯 나를 계시하는 신의 텔레파시였었는지도 모를일 이런 불안이 행여 어린 너에게 화를 미치면 어쩌나 싶어 너를 챙기는 마음이 어제보다 남달라야 했단다. 재수가 없으면 자빠져도 코가 깨진다고 하찮은 일에 나나 너에게 어떤 불똥이 튈까 싶어 주인 눈치도 보고 공장 사람들의 동태도 살피는 이중적 정신 몰두에 원형 탈모 생긴거 알기나 허냐? 스트레스는 뜀박질로 이겨냈고 열등의식은 먹는 걸로 달랬지. 세상에 뿔난개는 없지만 개뿔이나 내가 왜 저런 뜨내기 노숙자 때문에 얽매여 묶이지 않는 죄인처럼 주눅이 들어야 하고 뇌졸중의 하나인 정신적 몰두에 혈압을 올려야 하는지 이게 내 팔자에 태인 보너스도 아니고 살다보니 이런일도 생기는구나 하는 아량으로 덮고 넘어가야 내속이 편하지 하는 선의의 미덕도 너를 위해서 아낌없이 주기로 했단다. 불의의 사고를 당하던 보름 앞전에 프로그램처럼 계획해 둔 너에 대한 교육을 마친셈인데 더 배울것이 없느니라 하산하거라 하는 가르침 끝의 환송식같은 내 안의 뿌듯함에 나는 속으로 울었단다. 자애로운 마음 담아 뜨거운 혀로 너의 신성한 몸을 여기저기 핥아주며 잘했어 아주 잘했어 넌 나보다 더 잘할 거야 방울이다운 이름값 톡톡히 할 거야 격려와 칭찬으로 나는 방울이의 뜨겁게 뛰는 가슴에 살며시 내 두볼을 대어봅니다. 그리고 생각에 잠깁니다. 어떤 사랑이든 사랑은 세상을 밝히는 등불이라고.

형이 없는 날 아침

인천에서 멀리 강화땅이 근처인 김포 통진 가현리로 출퇴근하기란 매일 고역이다. 차는 밀리고 샛길로 앞질러 가려면 길은 험하고 털썩거리는 흔들림에 엉덩이가 아프다. 진저리 나는 이런 길을 오간지도 벌써 6년이 다 된다. 복돌이가 가고 없는 어느 화창한날 아침 고된일에 지친 찌뿌드드한 불안한 느낌이 갑자기 온다. 공연히 달리는 차안에서 조바심으로 마음이 상기되어 혹 혼자 있는 방울이에게 무슨일이라도 있는게 아닐까 빨리 갔으면 하는 동동거림으로 차는 어느덧 공장에 멈추어 섰다. 여느때같으면 어김없이 쫓아나와 반겼어야 할 방울이의 모습이 안보인다. 이곳저곳을 이름 부르며 뒤져도 없던 놈이 조금후에 뒷문에서 두리번거리며 애가 타는 내 앞에 나타났는데 이게 웬일인가 숨도 헐떡이며 다 죽어가며 걸음도 제대로 못걸어 기고 있다.
문옆 나무쌓아 놓은 틈에서 누었다가 부르는 소리에 겨우 몸을 추슬러 내 앞에 나온 것 같다. 등은 찢어져 피가 낭자했고 앞가슴은 밤새 곪아 피고름이 주르르흘러 버린다. 아마도 이 곪아 터진 것을 보면 사고는 어제 저녁에 있었다. 어제 퇴근때 밥과 물을 잘 챙겨주고 왔는데 어제준 밥이 그냥 남아있고 먹지도 못하고 밤새 얼마나 고통에 시달렸을까 생각하니 마음이 아프다. 평소에 털이 붉은 누런 수컷이 덩치만큼이나 포악스러워 보이는 놈이 하나 길을 오르내렸고 윗공장 정문에 송아지만한 검정개 두놈 중 한놈의 짓임을 확인하나마나 뻔하다. 어쩌랴 보지 않았으니 짐작으로 알았고 풀어 놓은 죄 또한 내 잘못이니 원망인들 하늘에 할까. 임시 화장지로 고름 주머니를 감싸쥐고 양곡 가축병원으로 차를 달렸다.
마취를 시키고 남은 고름을 짜고 주사맞고 꿰매고 계산은 현금 7만원을 지불했다. 그 이튿날도 병원에 가야했다. 약을 타고 소독을 하고 주사맞고 또 3만원을 계산했다. 7월이 다가오는 여름이라 더워 상처가 곪지 않을까 걱정을 많이 했는데 다행히 상처가 말썽없이 아물어 가 내 힘든 마음을 안정시킨다. 이런 아픈일이 있은후부터 이녀석에 대한 나의 열망은 가히 전염병같이 집중적이었다. 이생각 저생각 심란함에 일을 하는지 마는지 생각따로 일따로 고민에 고민을 거듭한 나머지 최종 결론은 방울이를 아예 집으로 데려가야겠다는 생각으로 굳혔다. 집에는 몸이 성치 않은 아내가 있다. 안그래도 콩이라 부르고 호두라 부리는 마르티스 두놈이 있어 개를 별로 좋아하지 않는 마누라는 언제나 못마땅한 표정에 입이 서른댓발 쑥 나와 불만인데 엎친데 덮친격으로 공장 바닥에서 제풀로 자란놈을 집에 데리고 온다는 건 어쩌면 도화선에 불을 붙이는 격이라서 고민이 컸다. 이 놈을 집에 입성 시키는데는 전략이 필요했다. 머리통이 복잡하다.
머리를 쓰다보니 문제는 간단했다. 일단 이런 저런 상황인데 어떻겠냐하는 일차 떠보는 방법, 어떤 물물교환같은 조건부 협상, 알랑거려 마누라의 좋고 그른 기분을 봐가면서 살살 꾀는 릴레리 협상방식, 알랑거려 마음을 사는 포획 작전, 아니면 서방이라는 미명하에 윽박지르며 밀어 붙혀 불도저식 억지방식은 아니야 아니야 어거지로 데려다 놔 본들 방울이가 아니 데려옴만 못한 구박에 빛좋은 개살구꼴이 될수 있거든.
내가 날 생각해도 영리하다할 만큼 기발한 발상이 줄을 잇는데 이것저것 방법은 많아도 좋은 쪽으로 마누라 마음을 누그러뜨려 OK 사인을 받아내는 협상이 제일 신빙성있고 어른다운 합으로 데려다 사랑주며 돌볼수 잇게 하는데는 이 방법외엔 없다고 생각되어 나는 침묵을 지키며 여러날을 두고 묶은 여우 꾀듯 마누라를 꼬드기며 한얘기 또하고 한얘기 또하고 한보름여를 끈질긴 구애적 꾀임에 어렴풋이 수긍이 가는듯하자 안도를 하고 퇴근시간이 가까워 오는 시간에 집에 전화를 했다. 무턱대고 오늘 방울이 데리고 가니까 그런줄 알라고 말한 뒤 잽싸게 딱 끊어 버렸다. 이제 결정은 났다. 데리고 가서 싸울망정 이제 방울이는 먼지나는 더러운 공장에서 외롭게 살지 않아도 된다는 생각이 먼저였고 출퇴근 조석으로 걱정하지 않아도 되는 내 마음의 평화가 하나 찾아 오는듯하여 기쁘고 설렌다.
나는 금세 방울이 앞에 쪼그리고 앉아서 넌 이제 여기 더러운 이곳에서 영원히 탈출하는거야 너를 싫어하는 공장 사람들 안봐도 되고 행여 돌아다니다 얻어 맞거나 물리지 않아도 된다구. 널 유난히 못마땅하게 생각하는 그런 놈이 있는가 하면 내 체면봐서 말못하고 눈총주는 웬 못된 깡패같은 놈두 있거든. 그놈들 눈에서 사라지니 너 아마 기분 째질거다.

그놈들은 속아지가 시원허니 얼음을 분 듯 속이 시원타 못해 냉기가 흐를 것이고 나 또한 널 이곳에서 빼내니 어떤 난관에서의 성공보다도 값진 승리감 같아서 하늘을 날을 것 같더라. 드디어 2006년 광복절 그 이튿날 그러니까 8월16일 퇴근길에 너를 안고 차에 오른다. 먼지가 있는 공장도 소음에 귀따가운 짜증도 미워하던 사람들도 또한 그간 내가 자라 조금은 정이든 동네와 동산에 고히 묻혀 잠든 형의 묘지를 이제는 다 아쉬움으로 남긴채 내 품에 안겨 방울이는 그렇게 집으로 왔다. 처음 맞는 마누라의 얼굴이 똥 씹은 얼글이다. 마네킹처럼 굳었고 입이 대여섯발 나와 있다. 나는 겸연쩍어하며 자신있게 이놈이 내가 보살피고 기르던 놈이야. 이름은 방울이고 수컷인데 자 봐. 털이 멋지잖아. 그럭저럭 얼버무리며 나는 방울이를 핑크빛 창살로 만들어진 개장에 방울이를 들이 민다. 콩과 호두 두놈이 냄새를 맞고 킁킁대며 난리다. 새로운 종족을 만남 기쁨의 표시인지 경계의 방어적 호들갑인지 두놈은 우왕좌왕 좌불안석이다. 이제는 마누라 입장에서 싫으나 좋으나 때되면 밥을 줄것이고 거들것이니 걱정을 하면서도 출근길은 가볍다. 대부분 집에 장식으로 걸어두는 하면된다는 가훈은 그말이 글자 그대로 하면되었다.

시작이 반이고 첫걸음이 천리길을 간다고 다 의미있는 진리적 명언들이다. 나는 퇴근시간만 되면 얼른 집에 가고 싶어서 안달이 났다. 잘있나 하는 하나의 생각과 얼른 그 환영을 눈으로 확인하고 싶어서다. 애인 만나는 시간도 귀찮을 정도로 나는 방울이에 대해 몰두해 있다. 바닥에는 깨끗한 신문지가 깔려져 있고 오줌받이판과 밥그릇이 나란히 날 보란 듯이 갖춰져 있다. 신경쓴 마누라의 흔적이 보인다. 나는 속으로 그러면 그렇지 너는 연약한 여자요 잘나빠진 마누라니 별수있간 나는 속으로 웃을 수밖에 없었다.

마누라가 있을땐 나는 일부러 방울이에 관심없는 듯 홀대하는듯한 태도로 일관한다. 겸연쩍은 내 감춤의 행동을 굳이 보이면 다시 방울이를 미워할 것 같은 내심 걱정해서다. 그저 덮어놓고 얼른 세월이 가서 서로 정들고 당연하다는 쇄뇌가 필요한건 세월만이 해결해 줄 일이다.

나는 지금 방울이와 마주보고 앉아서 원고를 쓰고 있다. 널 데려오기가 하늘에 별따기 만큼이나 어렵고 갈등이 있었음을 상기시키는 듯 까만눈 방울이가 날 쳐다본다. 난 인마 지금 네 이야길 쓰고 있는거야. 창밖엔 비가 질척거리며 내리고 있다. 자칫 빼먹을뻔한 이야기 하나 더 하자면은 방울이가 오고 나서부터 그러지 않던 호두가 여기저기 방안에서 영역표시로 오줌을 갈겨댄다. 둘다 수컷이다 보니 암컷 콩하나를 두고 또한 여기는 내 구역이야 하는 호두의 발빠른 생각이 방울이를 견제한 동물적 본능으로 행해지는 답습같다. 방울이 역시 집에서 나오면 제 구역을 표시하듯 여기저기 싸 붙인다. 그런 이후로 짜증나는 일이 생겨 마누라가 성화라 아예 방울이란 놈은 집에 가두기로 했다. 이제는 서로 2년이라는 세월을 동거동락이다보니까 그런일은 없는데 가끔 서로 으르렁대며 힘을 과시하려 드는 본성을 드러내 시끄럽다. 이제는 시간 맞춰 대소변을 본다. 여섯시에 일어나면 밖에 나가 쉬하고 내가 없는 낮에는 마누라가 시간시간 쉬를 시키고 내가 퇴근후 집에 오면 아홉시가 다되는데 데리고 나가면 항상 9시경에 똥싸고 습관화되어 이젠 기계적이다. 본래 사람에게도 인내(냄새)가 난다. 개에게서는 누린내가 나고 그런데 방울이 몸에서는 사람 겨드랑이 암내같기도 하고 똥냄새 같기도 한 괴상한 냄새가 나 자주 목욕을 안시키면 냄새가 역겹다. 마누라도 이제는 방울이에 대한 편견 따윈 없지만 냄새나는 그 역겨움엔 아직도 못마땅하고 짜증이다. 역풍이 불고 비바람이 치고 천둥번개가 벼락같이 치던 그 혼미의 시간은 지나고 물결마저 잔잔한 호수같은 평온이 왔다. 이세상 모든건 한때요 잠시 왔다가는 것 방울이로 하여금 부부간의 갈등으로 차거운 남 같았던 그런 날이 이젠 옛날이야기처럼 사라져 갔고 어떤 것 하나에도 다 적응이 된 이제 방울이의 삶에 있어 남은것이라면 행복하게 해 주면 되는거 하나 네가 이젠 우리집 가족으로 입성한 그 경로가 퍽이나 순탄치 않았음을 다시 한번 강조하면서 그런 어려운 여건으로 내집에 온 이상 넌 이제 행복해야 할 권리가 있다.

너를 불행에서 구했다해서 공치사이거나 자만은 아니지만 천만다행으로 날 만났으니 오늘 너에게 이런 경사가 있는거고 재수없이 엉뚱한 곳에 네 삶이 마련되었다면 넌 아마도 이세상에 지금 없을런지도 몰라. 인간들은 너희들을 때론 먹거리로 즐기니까.

그러나 내집 내가 있는 곳에서의 삶에 있어 네 평생은 책임질 거야. 생명을 다해 늙어 죽음은 어쩔 도리가 없지만 너를 해치거나 다른 곳으로 보낼 일은 없다는 거지 만약 네가 늙어 이세상을 하직한다면 최고급으로 장례 치뤄줄테니 걱정안해도 되고 사는동안 아프지 않고 건강하게만 살면돼.

너에게 바랄 것도 요구할 것도 없으니까 주고만 싶지 받고 싶은건 없어. 우리 사는날까지 아주 오래 오래 행복하자 방울아.

언제나 토요일이면

방울이가 2006년 2월경 나를 만났으니까 이제 겨우 어린티를 벗은 2년생으로 사람으로 치면 겨우 아장걸음이나 걸을까 말까한 시간들이다. 6개월 내지 1년이면 성장이 다하는 쉽게 크는 동물이고 보니 방울이로서는 지금 한창 피끓는 젊은 청춘이랄까 어쩌다 밖에 목줄풀어 내놓으면 그 달리는 기백이 말발굽 소리같고 힘차며 잽싸다. 한참 뛰고 나면 한자나 되는 새빨간 혀를 내밀고 핵핵 거리면 나에게 달려들어 오줌을 지리며 아양을 떤다. 방울이를 데려오기전 평일은 몰랐는데 하루 일요일 공백기가 있는 토요일 세시만 되면 불안하고 걱정스럽다. 천방지축 어린 것을 복돌이도 없이 혼자 내버려 두어 적적하고 무서워할 일요일이 마음에 걸려서다. 토요일 저녁밥과내일 종일 먹어야 할 사료를 듬뿍 담아놓고 깨끗한 새물과 주위에 줄이 걸려 짧아지지 않게 장애물을 말끔히 치워주고 머리를 쓰다듬으면 이놈도 아쉬워서인지 낑낑대며 내 품으로 파고든다. 남겨둔채 집으로 와야하는 무거운 발길은 매주 토요일마다 이어져 나는 늘 평일만 같은 날이었으면 했다.

집엘 와도 방울이 생각에 괜히 서성대며 실언한 사람처럼 넋이 나간 듯 멍해 있다. 그순간은 만감이 교차하는 방울이로하여금 어떤 혁명같은걸 일으키려하는 나의 공작이 이루어지는 결정적 순간이기도 하다. 내 마음의 상처를 아물게 하는 비법중 하나라면 오로지 방울이가 내집에 오는 방법만이 치유의 만병통치약이라는걸 결론지으면서 나는 거사의 그날을 점찍어 두는 비밀스런 나만의 스파이가 된다. 야밤의 도둑고양이가 쥐를 덮치려고 몸을 웅크려 숨어노려보듯 나는 늘 방울이 구제에 신경을 쓰며 그 기묘한 방법을 찾느라 노심초사 심사숙고로 긴장된 나만의 궁리시간이 비밀스레 행해졌다. 내가 젊은 날 내 자신의 출세나 안위에 대한 생각을 지금처럼 머리를 싸매고 고민했다면 나는 아마도 지금쯤 누구보다도 위에 있는 명사가 되어 있었을 것이다 하는 생각을 한다. 나는 뒤늦게 너무나 똑똑한 생각들을 쉽게도 생각해 낸다. 내 빛이 나는 인생을 내가 길을 만들지 못하고 모른체 비켜서서 나 지금 이런지경에 처한 늘그막에 먹고사는 문제에 직면하여 뼈가 아프도록 힘겨운 일에 내 삶을 고스란히 내 맡긴 한심한 현실이 어느누구에겐들 자랑할 수 없는 인생살이 그 주인공이 바로 방울이를 사랑하는 이사람이다. 사람이건 짐승이건 짝이 되어 어울리던 친구이거나 애인이거나 우정이 좋은 이웃집 친구일 때 어느날 갑자기 사망하거나 이사를 하거나 외국으로 이민을 떠나고 말때의 헤어짐이라는 가슴시린 현실앞에 신이나서 기분으로 술을 마시거나 덩실덩실 춤출일은 없을 것이다.

과거의 아름답던 기억을 더듬게 될것이고 어제와 오늘의 우정과 사랑을 비교하며 잘잘못을 헤아려 보고 후회하고 눈물흘리며 숙연해지는 본능의

이면을 못벗어나듯 운명으로 만나 서로 정을 나누며 나름대로의 행복한 룰을 건널 즈음 복돌이는 혼자 홀연히 그렇게 가버리고 망연자실 외로움으로 남은 방울이 복돌이가 몹시도 그리웠던가보다. 하루를 기다리고 또 다음날을 눈 빠지도록 기다려봐도 오지 않는 형 복돌이의 그리움이 사무치는 듯 아니면 그 누구도 말해주지 않아 모르는 사실을 직감으로 알았음일까. 그토록 주는대로 달게 먹어대던 걸귀가 몇날며칠 밥그릇에 밥이 그대로이고 강뚝에 서서 시장에 간 엄마를 기다리는 막내둥이처럼 멍허니 시름이 가득한 얼굴로 먼곳을 바라보며 미동않는 그모습에 내 가슴살을 한점한점 저미는 듯 나의 신경은 까맣게 타 노을처럼 타들어 가는데 네 심경이 그 정도이면 너보다 먼저 사랑으로 정을 나눈 복돌이와의 관계된 내 심정은 오죽하랴. 너는 못보았지. 아무것도 못보았지. 사랑했던 그놈 복돌이가 길바닥에 피를 흘린채 길게 누워버린 그 끔찍한 광경을 내 두눈으로 똑바로 보았고 죽은 그놈을 손수 안고 산으로 가 구덩이를 파고 내 손수 묻은 장본인이 나인데 넌 고작 3개월여의 정으로 네 생이 무너지는 듯한 지금의 초라하고 처량한 네 망상이 이해 안되는건 아니지만 내 심정만큼이나 하겠냐는거지. 그러나 이젠 이미 가버린 복돌이 생각으로 너나 나나 매일 그리워하고 안타까워만 할게 아니라 잊지는 말되 기억하는 추억같은 것 하나로 치부하고 안타까움의 틀에서 벗어나자. 죽은 자와 산자의 삶은 다른거니까 산자의 입장에서 네 형을 추모하고 아름다웠던 것만 기억하며 행복했던 어제를 계기로 그 뜻 기리는 마음으로 열심히 사는게 네 형을 생각하는 진정한 의미의 네 임무가 아닌가 싶다. 복돌이와 너와 나 사이는 오징어다리 찢어 놓듯 이제는 둘이 되어 버렸으니 다시는 겹치고 하나될

수 없는 안타까움의 다리가 놓여 있고 잘보이지 않는 안개마저 자욱하니 이건 아마도 네 형 복돌이가 놓은 이승과 저승 사이의 징검다리 임을 뜻하는것이니 건널수 있지만 건너지 말자는 깊은 뜻의 다리가 아니겠니 방울아 이젠 잊자. 아름다웠던 것들만 기억하면서. 그리고 가끔씩만 기억하자. 조금씩만 기억하자구.

느낌이 있는 아침

방울이가 우리집에 오기전 외롭기만 했던 여러날이 혼자기억하기엔 너무 가슴아파 그 아픔을 나누기위해서 방울이의 아픈 마음 절반을 내가 갖기로 마음 먹었죠. 방울이는 아침이면 제일먼저 복돌이를 기억했을겁니다. 그리고 왕방울만한 까만눈 속엔 눈물이 가득했겠지요. 같이 놀아 줄 아무런 친구도 이젠 없다는 생각에 하염없는 눈물은 슬픈 아침을 만들어 버렸습니다. 아저씨는 일에 열심이고 나는 홀로 집에 들어앉아 말없는 침묵하나로 매일 매일을 이렇게 살아가야한다니 또 눈물이 나려고 합니다. 형과 같이 뛰고 놀땐 그 행복에 젖어 형의 존재에 대한 의미조차도 잊고 살았지요. 뼈저리게 이제야 형의 존재성을 알게 되었고 형앞에 언제나 오만으로 귀찮게만 굴었던 내 자신을 되돌아보고 후회라는 것도 해봅니다.
저에게 있어 유일한 낙은 아저씨가 빈컵에 담아오는 불고기나 생선따위를 목빠지게 기다리다 받아먹는게 유일한 낙이 되었고 희망이었지요. 형과 같이 있을땐 서로 똑같이 나누어 주면 내것부터 게눈감추듯 먹어치우고 형의 입에 문것까지 뺏어 먹는 얌체이기도 했지만 그래도 형은 마음씨 좋은 아저씨처럼 허허 웃는 낯으로 뺏기고도 의젓하기만 했지요. 형은 늘 양보만 하는 바보같았으니까요. 그리고 난 늘 못말리는 떼거지가 되었었구요.

방울이는 어제도 한잠 못자고 들랑날랑 형만을 기다렸답니다. 형아 나 미치겠다. 아침마다 형과 나란히 서서 아저씨 출근하면 꼬리를 똑같이 흔들며 인사하곤 했는데 형이 없이 혼자 하려니 신도 안나고 쑥스럽다고 방울이는 멋쩍게 뒷통수를 긁었습니다. 형은 비오는 날을 아주 싫어했습니다. 비오는 날엔 아예 집에서 나오지도 않았고 갑갑하면 비안맞는 문앞에서 빗줄기만 감상하다가 배를 넙죽 깔고는 무언가를 열심히 생각합니다. 아저씨가 주시는 맛잇는 점심을 형과 나눠 먹고 형과 나는 오수를 즐기며 누웠습니다. 등구부리고 또아리틀고 사타구니에 코박고 잠자는 것이 아니라 후질근히 비 쏟아지는 축축한 날씨에도 우리들의 뽀숑뽀송한 잠자리가 너무 좋아 체면이구 염치고 팔자 늘어지게 하늘을 보고 벌렁 누었으니 저꼴좀 보라고 손가락질 하는 공장 아저씨들. 아저씨는 자주 내 까만 콧등을 만져 주시고 형의 배를 북북 두손을 갈퀴로 긁어 형을 무아지경으로 만들곤 하십니다.

그때마다 형의 행복은 넘칩니다. 공장안의 불이 꺼지고 황량한 밤의 공장안에 형과 나 둘만이 남습니다. 들쥐가 우리 밥그릇 주위로 어슬렁 나타납니다. 두귀를 세우고 경계를 하면서도 가만히 내버려 둡니다. 공장에 사는 쥐들은 먹을것이 귀하기 때문에 행여 남기지 않으면 몰래 왔다가 입맛만 다시다가 가야 하는 수고로움이 있기에 가끔 남겨 놓지요. 실은 배가 부르니까 남겨 놓은 것이지만은 아무튼 수고롭게 왔다가 헛방치고 그냥 가면은 우리가 좀 미안스럽걸랑요. 밤이 이슥하면 멀리서 아련히 들려오는 우리 동료들의 짖음이 들려옵니다. 혹 형의 목소리가 아닌가 싶어 정신을 차리고 귀기울여 들어 보지만 영 낯선 음성일뿐 그리운 형의 목소리가 아닙니다. 찢어진 천막쪽을 부릅뜬 눈으로 노려 보지만 밤만 깊어 갈 뿐 형은 끝내 이 밤도 나를 찾아 주지 않았어요. 방울이는 형에 대한 그리움을 시로 남겨 두기로 했습니다. 눈가에 맺힌 이슬을 앞발로 쓱 훔치고 이렇게 쓰기 시작했습니다

형 그리운 내 목숨같았던 형
말없이 간 이유도 모른체 날 왜 이렇게 외롭게 하는 거야
그 겨울에 만나 이 여름을 나를 떨게 하는 형
슬며시 나간 그날 그 아침이
마지막이라는 걸 알았다면
난 벌써 형을 잊었겠지
길이 멀어 못 올까 내가 싫어 아니오나
아저씨가 있는 여기보다 더 좋은 곳에 있을까
형이 표시해 놓은 영역을 따라
그래 그렇게 오라구 제발
형아 얼른 돌아와
쓸쓸하고 텅빈 이 방울이의 가슴에

형의 마음을 채워줘

형이 사랑하던 나 방울이를

슬프게하지 말아달란 말이야

내게 둘도 없는 나의 형아

고백

사람인 내가 사람에게서 느끼지 못했던 정과 사랑을 너희들에게서 느꼈단다. 네덜란드 출신 축구감독 히딩크는 박지성을 스카웃했지만 난 너 방울이를 스카웃하겠다. 그러나 연봉은 1원도 없다. 왜냐 다만 먹이고 재우고 입히고 보살피고 사랑하는 치다꺼리로 연봉을 대신하며 아프면 병원가고 약사먹여 네 건강은 내가 책임진다. 이외 더 바라는게 있다면 넉살좋은 개주제에 건방지기가 하늘꼭대기니 미움과 눈총속에 스카웃은 빠꾸로 물건너 갈것이고 네 복을 네 스스로 차버린 망나니로 간주 다시는 보지 않을 이별의 부르스가 될 것이다. 아이고오 내 팔자야 잣지발고 잘해줄 때 수구리고 기어 엉 붙으란말이다. 기회는 단한번 지나간 버스엔 손들지 말어. 말짱 황에다 꼴이 우스워지니까. 그걸 이름하여 글자 그대로 개꼴 정수리에 새겨들었남. 아무럼요. 뉘 말씀인데 으찌 감히 개 주제에 옹야 그래 그렇게 겸손할줄도 알아야지. 이 미천한 것을 가족으로 데려 가신다니 저에게 있어 주인님은 구세주이시고요 근데 언제쯤 날 데려 가실건데요? 개소리 말구 가만히 있어. 다 때가 있는거야. 호랭이마누라하고도 상의도 해야하고 이미 우리집엔 두놈이 있는데 그것들과도 의논해서 OK싸인이 떨어져야 최종적으로 넌 내집에 가게 되는거야. 미국가는것만치나 어려워 인

마. 빵떡 먹듯이 그렇게 아무렇게나 되는게 아니여 알건남. 야쓰 대답일랑 아주 막내둥이 모냥 퐁당퐁당 집에 가서 맘에 안든다고 야밤 도주로 가출하면 그땐 안본다.

노숙자 되거나 말거나 어떤놈한테 강제로 잡혀 술안주 개고기가 되든 아저씨는 나 안잡아 먹을꺼죠. 야야 내가 개고기 먹는거 봤냐 개고기 이야기만해도 그놈 주댕이가 미워지는 내가 네 몸뚱일 뜯어 먹어 안심놔. 동물사랑론자로 지금 먹고 있는 돼지나 소고기 먹기도 죄스럽고 먹어야될까 말까 생각이 분분한데 너 날 뭘로 보고 그따위 정떨어지는 개소릴 늘어놔 쌌냐 이 개같은 놈아 으히 욕한번 하고 나니 속이 뻥 뚫리네. 아유 이제 보니 아저씨도 욕 잘허시네 아 내가 뭐는 못허냐 국내에서나 세계적으로두 날 따를자 모르면 몰라도 아마 있거나 말거나 할까말까 그렇다. 야 그나저나 너 술한잔 사라. 요새 복돌이두 없구 속이 싸헌게 쾡헌이 눈들어 간것맹이로 출출하다 아유 아저씨두 아 개가 술사는거 봤씨유? 너 고향이 충청도냐 씨유씨유허게. 아 아저씨가 헛소리 지껄이니께 낸들 가만있것씨유. 같이 씨부려야지유. 으 그러니까 아저씨가 물로 보인다 이건데 너 이따위로 하면 스카웃이구 나발이구 물건너 간 줄 알어. 이거 공갈 아니다. 살껴말껴 천원짜리 소주 한병으로 날좀 한번 울려봐. 싫으냐 아나이런 답답허긴 쇠귀에 경일길세. 말귀를 못알아 들어 쪼글쪼글 늙어가지군 달팽이관이 고장났냐 왜그렇게 오밤중이야 개생전에 이런 꼴은 처음이야. 어머 진짜 별꼴이 콩튀듯해 홍 오늘 내가 너한테 소주 한병 얻어먹으려다 완전히 오뉴월 복중 늘어진 엿이 되는구나. 말은 해야 맛이고 고기는 씹어야 맛이라고 했듯이 스카웃이 빵꾸가 나도 할말은 해야지. 내가 왜 곯려. 내가 사람을 물어 뜯는 개인데 사람은 개를 못물잖아 그러니까 개가 한수위지. 요요런 싹바가지 없는느무 자식. 터진 주댕이라구 아무렇게나 씨부려. 안되는걸 자꾸 우기니까 핏대나잖아요. 가만히 보면 또라이같애. 누가 누군누구야 당신이지. 개주제에 아저씨더러 당신이라 차라리 이 염병할 너라구허지 그러냐 이봐 허씨 날두 더운데 자꾸 시비 걸 거야. 확 그냥 와 이거 이놈이거 완전히 호로네 호로새끼야. 아이정말 오늘 드럽게 재수없는 날이네. 알고보니 깐족거리는 성격에 질기기가 고래힘줄이시구만.

인간성이 여실히 드러나는데 가고 안가는건 내맘이니까 어거지로 데려갈 생각은 마셔. 내 팔자에 호강은 무슨 얼어죽을 야 너 골났냐 아주 공갈염소똥 일원에 열두개 쌩이야. 네놈 속아지를 보려고 내 일부러 그랬느니 열받은 방울이는 노여움을 풀지어다 아멘 꽈르릉. 내일은 짐보따리 싸자 데려다가 되지게 팰라구 그러죠 뚜드려 잡아도 되지지 않을 정도로 팰테니까 되지면 되지드레도일단은 가자구. 우선 때빼고 광내야 하니까 목욕부터 하고 히야 몰골이 훤허구나 우리마누라보다 백번 이쁘나. 우리 마누란 이빨만 멀쩡허지 다 늙어 빠져 가지구 버려야돼. 잔업까지 12시간의 노동을 끝내고 나는 방울이를 안고 차에 올랐다.

휘양찬란한 도심의 불빛에 놀란 듯 방울이는 내게 딱붙어 미동도 않은채 큰눈을 더 동그랗게 뜨고 창밖을 두리번 거린다. 드디어 방울이가 문을 열고 들어선다.

환영의 팡파레나 폭죽은 없어도 콩과 호두 두녀석이 낯선 이방인의 갑작스런 출연에 당황을 했는지 반김의 인사인지 두 놈이 연신 짖어댄다. 방울이는 죄인처럼 방바닥에 엎드려 절절 맨다. 난생처음 사람이 사는 방에 들어온 우주에 당도한 최초의 우주인처럼 당황하고 설레임의 표시일게다. 방울이눈에 들어오건 같은 동료가 있어 잘왔다는 선입감과 깨끗한 몸에 예쁜 옷을 입고 칼라로 머리에 염색을 하고 밥그릇에 맛있는 밥이 수북히 놓여 있음을 봐도 금방 호강하고 있구나 하는걸 본 것이다. 주인님의 사랑이 대번에 느껴지는 황홀한 순간이었을것입니다.
멋진집과 예쁜 물병 둥근스펀지 잠자리가 너무도 포근해 보였고 심심풀이 장난감과 개사진이 여기저기 상표처럼 장식돼 있었구요. 주인이 앉자마자 넙죽 주인의 무릎에 안기는 부러움을 보았지요. 방울이는 꿈을 꾸고 있는것만 같았습니다.
딴세상에 새로히 태어난 느낌이었습니다. 먼지나고 지저분한 더러운 잠자리의 공장이 아니고 아저씨와 한집에서 더구나 한방에서 같이 숨쉬며 행복한 잠을 잘수있게 된 것에 대한 감사 그 감사함은 지금없는 복돌이형에게도 해야하겠습니다. 왜냐하면 형이 없어 외로워하는 나를 불쌍한 마음으로 데려와 주신 것이 여기오게된 동기이니까요. 지금의 이행복은 온통 복돌이형이 몸바쳐 만들어준 형이 나를 생각한 사랑의 증표인것입니다. 이제는 해가 져도 쓸쓸하지 않습니다. 적막한 밤이 돼도 무섭지 않습니다. 주인님이 안계신 낮에는 곁에 콩과 호두가 있어 외롭지 않고 심심하고 무료하면 잠을 퍼자도 깨우는 이도 싫어하는 이도 없어 행복합니다. 뒤늦은 느낌하나 이야기 하지요. 내가 처음 오자마자 콩 언니와 호두형이 보금자리를 차지한일말입니다. 날 데려온 주인님은 미리 내 성격을 아시는터라 오자마자 남의 집에 날 먼저 밀어 넣은 것입니다. 이곳이 이젠 평생의 내 집이 되어지겠지만 대신 콩언니와 호두형이 쫓겨난 꼴이니 굴러 들어온 돌멩이가 박힌돌을 빼낸격이 되고 말았으니 그게 제일 마음에 걸리지요. 지금은 완전히 내 집이 되어 버렸지만 호두형도 나도 수컷이다 보니 본능적으로 영역표시를 하려고 장롱귀퉁이나 냉장고 모서리에 다리 하나 들고 노랑내나는 오줌을 싸붙이는데 안그러던 호두형이 내가 오구부터 더 적극적이어서 주인엄마성화가 머리끝까지 뻗쳐 개장에서 내놓으면 나까지 똑같은 곳에 오줌을 싸대서 나를 아예 변보는 시간외엔 집에 들어가 있어야 한다며 가둬둔 것이 이젠 만성이 돼서 아무렇지도 않구요. 더구나 따로 분리돼 있는것도 아니고 한방에서 같이 있으니까 불만없습니다. 이대로 도 이상 아무것도 바라거나 이대로 더 이상 아무것도 바라거나 희망사항 또한 없습니다. 부족함이 없으니 욕심도 없구요. 욕심이 없으니 편안하고 행복하기만 합니다.

쉿, 조용히

너희들 때문에 밤이 편치않아. 여기는 나혼자 사는 단독주택이 아니고 다세대라서 벽하나 사이를 둔 이웃이 있고 앞뒤로 서로 창문 마주 바라다보고 사니 너희들 멋대로 껑껑 짖어대고 소리지르면 입장 곤란한건 누구이겠니. 언젠가 네놈들 때문에 이웃사람과 얼굴 붉히며 언쟁을 부린적도 있거늘 다툼으로 이기기는커녕 언제나 지고 사과하는 입장이었지. 열도 받고 실망도 해보지만 그건 일시적 감정에 의한 노골적 투정일뿐이며 동물 세계의 본질적 서열과 영역 다툼으로 시비가 되는 그런것들은 함께하는 사람의 몫이고 잘못된 버릇과 행동도 가르치고 교화 시켜 서로 성내지 않는 편안함으로 유도해야 하는데 그럴 시간이나 가르칠수 있는 교육적 방법도 무뇌한이니까 그냥저냥 습관으로 해결하려하니 더러 너희들로 하여금 감정이 날때가 있거든. 이럴땐 참 너희들을 혼내고 노려보며 네놈들 기를땐 서로가 좋은 처지에서 행복해보자고 함인데 이렇게 개판칠 거야. 시무룩허니 구석에 몰려 고개도 못들고 뭔가를 깊이 뉘우치는 모습 같아 이내 마음이 차분해지기도 하지만 아무리 성인군자라 해도 참는데는 한계가 있다는걸 알아 먹으면 얼마나 좋겠냐만 하나에서 열까지 성의와 인내와 노력이 게으르면 너희들의 처지가 한심한 처지가 되어 행복은커녕 오지게 마음먹지 않으면 이별이라는 슬픈환경이 될수도 있거든. 주인의 생각여하에 따라 행복과 불행이 서로 바뀔수가 있기도 하지. 얘들아 세놈다 모여라. 옳지 그래 얌전히들 앉아. 잘들어. 너희들 주인인 나는 인내로 많이 이해하고 참고 성인군자 같은 마음을 지니려고 노력하고 있는 사람이거든. 그러나 늘 장담만 할수없는 것 또한 나이고 보니 우리서로 마음편히 사랑으로 한집에서 살아가기 위해서는 협력이 필요하거든. 서로 돕고 사는 나라 우리나라 좋은 나라 너희 세놈은 좋은 종자의 혈통과 자식들이므로 더 이상의 사고나 말썽은 생이별의 발상 시초임을 명심할 것 사람의 세계에서 아랫도리 잘못 휘둘러 집구석 드러내고 마누라와 생이별하는 괴변이 있듯 네놈들 아무데나 오줌 내갈기다 그짝난다는거 명심 또 명심.

세놈 좋은 우정으로 집안에서 개소리 안나는 조용한 집으로 만들 것 야 방울아 그쪽에 뭘보냐 암캐라도 지나가남 꼴에 뿡알 달렸다고 쯧쯧 냉큼 고개이리 못돌리냐 어제 잠을 잘못잤더니 고개가 아유 사기도 지능적이예요. 아 진짜 오늘 똥개 훈련받네. 늙으면 저렇게 잔소리가 하고 싶을까? 아 졸려 갈비나 한 대 뜯고 한잠 푹 잤으면 얼굴에 살 좀 오를텐데. 오늘따라 난리야. 치매왔나 빌어 먹을 야 방울이 "소나기 맞은 땡중모양 뭘 그렇게 혼자 중얼거리나 얼래 귀구멍까지 꽉 막혔구먼. 다됐어 다됐어 엊그제만 해도 총각모양 팽팽허드니 곯기 시작하니까 금방네 썩네. 젊은 내가 이해해야지. 나 이거야 원. 끝으로 쉬나 똥싸는 일은 제 시간에 딱딱 한치의 빈틈도 없이 일렬 종대 앞으로 나란히 뒤도 돌아없이 직방 싸붙이는 방식을 도입하겠다. 숙련된 조교처럼 실수없도록 알겠냐 껑껑껑 이상이다. 오늘 저녁은 특식으로 삼겹살로 설사가 나도록 먹여주겠다. 내일 아침 구두 설사에 조심할 것 차려엇 충성 해산

방울이 엄마

내가 뱃속에서 태어나 솜털이 거의 가실무렵 이세상에 태어남을 행복이라고 생각했습니다. 강아지티를 못 벗은 어리고 어린 입장에서의 행복을 말한거지요. 땅같에 붙어 벌벌기는 우리들 주위엔 키가 엄청 큰 사람들이 우릴 들여다보고 낄낄거리고 등허리를 쓰다듬기도 했습니다. 두손으로 안

아 뽀뽀를 해주는 사람도 있었구요. 그러나 그 행복도 잠시였습니다. 이런 기막힌 슬픈날이 오리라는걸 알 리가 없었지요. 엄마의 맛있는 젖맛을 알 즈음에 난데없는 남의 손에 안기어 엄마와의 이별인 줄도 모르면서 엄마 곁을 떠났습니다.

덜컹거리며 달리는 차안에서 멀미로 젖을 토하고 이내 초죽음이 되어 늘어지며 울었습니다. 우리 엄마의 슬픔이 얼마나 컸을까요 하나둘 없어진 우리들을 찾느라 엄마는 울면서 몸부림 쳤겠지요. 영양분을 우리들에게 다 빼앗긴 야윈 몸으로 식음을 전폐하고 온 동네를 울고 헤매였을 울엄마를 생각하니 가슴이 찢어집니다. 야윈 몸에 털만 앙상하니 젖이 퉁퉁불어 늘어져 아픈 고통도 잊은채 망연자실 눈 빠지고 애타는 기다림으로 하루하루를 이겨 나갔을 엄마를 생각하니 또 눈물이 납니다. 모정은 위대하고 거룩합니다. 이제는 엄마를 잊으리만치 세월도 갔고 나도 철나고 다자라 성견이 되었지만 죽는 날 까진들 엄마를 어찌 잊겠습니까? 하늘처럼 높고 태산처럼 높은 고운 우리 엄마새끼은공 함번 받지 못하고 하루 아침에 생이별로 슬픈 어머니가 되어 진물이 나도록 하염없이 울었을 우리엄마 지금은 어느곳에 계시온지 저 세상에 계신지 알 수 없는 슬픔에 가슴이 메입니다. 드넓은 하늘밑 그어데에 계심도 모르지만 늘 자식된 도리로 엄마의 무운을 방울이는 빕니다. 부디 복되시고 평안한 엄마의 일상이었으면 바라는 엄마의 자식 이 방울이의 염원이고 소망이고 사랑입니다 우리엄마.

주인님 우리엄마 생각하니까 나 너무너무 가슴이 아파요. 방울아 너 뜨거운 엄마의 사랑 그 심정 일백번이 해가 가는데 동물의 세계에는 본능적 기본 질서가 있으며 종족 번식의 룰에 있어 네가 가슴아파 하는것처럼 낳아서 언제까지나 다 한집에서 엄마와 함께하는 예는 없단다. 젖을 뗄때가 되면 어미 스스로 새끼를 멀리하여 스스로 어미 떠나 살아 갈 수 있는 능력을 길러주는 교훈의 법칙이고 정작 때가 되면 야멸차게 채찍질하듯 새끼에게 냉정해지는게 동물의 삶에 방식이란다. 오물오물 엄마 곁에 젖빨다가 어데로 가는지도 모르게 서로 헤어져 자라면서 수태하고 낳아 기르니 그래서 세상은 온통 네 종족들로 번성하여 오늘날 동물천국이 됐음을 상식으로 알아야 한다. 방울아 이제 다소 이해가 가니 이저봐 뼈다귀만 어기적 거리지 말구 알어 들었냐구 아유 말시키지마요. 시방 갈비뜯는데 근데 왜 이렇게 질겨요. 턱어리 아퍼 죽겠네. 그리워만 할게 아니라는 그 이유 들었냐 대강여 질긴 갈비에 신경쓰다보니 한쪽귀로 듣고 한쪽귀로는 흘리고 대강 들었죠. 불효새끼 먹는데는 개도 안건드린다고 먹는데 말시키면 누가 먼저 잘못이예요? 더 이상 잔소릴랑은 한가한 제삿날 밤에 하시고 오늘 잔소릴랑은 끄읏 노 땡큐 방울아 너 공장에서 있을 때 그옆 공장에 짱이라고 털이 붉은 사냥개 포인타 같은 주둥이 넓적한 너석 이아 짜리 몽땅하니 살찌고 기운 센 형아 그형 진짜 보고싶다. 복돌이형이랑 셋이서 같이 어울려 잘 놀았는데 먹성 좋고 힘좋고 순해 터지고 착하고 아저씨가 뎀뿌라를 주면 염치없이 후딱 한입에 삼키고 또 안주나 싶어 짧은 꼬랑귀를 잘래 잘래 흔들며 졸졸 따라 다니던 그 짱형 그래 그래 그짱을 나도 꽤 이뻐했거든. 따르는 것이 좋아서 먹을걸 갖다가 주고 친해졌지. 윗공장에서 같이 있다가 너희둘은 아래공장으로 이사를 왔고 그래서 놀던 정으로 아랫공장 너희들에게 자주 놀러 오르내리고 그렇게 착해 빠진 녀석이 애석하게도 화재로 불에 타 죽었단다. 예에 아니 왜요 2007년 초봄 공장에 불이

난거야 아침에 출근하면서 불난걸 알았지. 공장은 거의 전소됐는데 나중에 들은 이야기로는 불이 나니까 이리뛰고 저리뛰고 불속을 드나들며 발광을 하더란다. 주인이 아무리 불러대도 들은체 않고 날뛰더라는거야. 그러더니 결국 연기에 질식 되어 목숨을 잃었다는거야. 애석한 마음에 주인사장은 짱이 불났음을 주인에게 알리는 것으로 제몸 아끼지 않다가 죽었다고 불쌍해서 산에 잘 파묻어 주고 삼오제 막걸리까지 부어줘 보냈다는 서운한 이야길 듣고 가슴이 많이 아팠단다.

네형 복돌이가 묻힌 그 산에 같이 친구 되어 살고 있어. 나는 짱의 주인의 마음씀이 너무 감격스러워 짱주인의 인간성을 되뇌어 보았지. 참으로 사람된 도리로서 말못하는 동물에 대한 지나침없는 배려였어. 이세상 모든 사람이 다 이런 사람들처럼이면 동물의 천국은 바로 인간이 사는 지상임을 천명하겠건만 그게 아니니 죽고 싶을 만큼 마음이 아프다.

그 사실을 알고 며칠을 짱을 생각하며 다음 세상엔 더 좋은 곳에 태어나라고 명복을 빌어본다. 그리고 짱 주인에 감사드린다.

기막힌 이야기

두녀석의 행방 이건 또 무슨 이야기냐구요? 글쎄 세상엔 인간도 많지만 별의 별난 인간도 다 있습디다. 지금 이야기속의 이야기가 있기전 너무너무 열받어 내 머리통까지 아파 약을 먹어야 했던 기억이 있기에 세상사람들에게 경종의 고발장을 던지나니 사람들이여 마음 잘 써야 내게 행운이 옴을 모르시면 당신은 바보 쌀가마니나 축내는 밥벌레 소리 안들으려거든 인간됨됨이 바로 잡아 몸도 마음도 생각도 인간만이 할 수 있는 인간적 심성으로 세상태어남을 값지게 살다 갈지어다. 하찮은 이름없는 들풀도 주어진 천연의 제임무 충실히 이행하여 뿌리와 근본을 땅에 영생하여 제 몫을 다함이니 어찌 사람이 되어 도리에 어긋나고 잘못된 처사임을 알면서도 나 싫다는 이유하나로 여리고 약한 동물을 학대도 모자라 차에 태워 멀리 낯선곳에 내다 버리다니 시킨놈이나 갖다 버린 놈이나 뒤집어 쓴 죄는 매일반 불가마 지옥행을 미리 예약해 놓은 어리석은 벌레 같은 탈바가지 인생.

나이살이나 직수긋헌 늙은이가 경비를 서면서 적적하니까 마르티스를 회사상무라는 자가 기르다 털빠지고 귀찮으니까 경비를 데려다 준 모양인데 이늙은이 하는짓이 목욕시킨다고 더러운 또랑물 퍼서 목욕시키고 물에 떠내려온 팅팅 불어 터진 라면 국수발을 건져서 먹이고 그러더니 어느새 그놈은 피부병이 들었다. 어느날 공장입구에 이놈은 목에 팻말을 건체 길가에 매어져 있었다. 들여다 보니 누구든 데려다 키우라는 글귀와 개밥이 옆에 놓여져 있었다. 해가 져도 데려가는 이 없자 다시 데려와 며칠을 같이 지내더니 어느날 물건 나르는 회사 아이를 시켜 그놈을 실고서 멀리가서 내려놓고 오라고 시키더란다. 이 멍청한 놈이 늙은이 말대로 김포에 어딘가 버렸단다. 이에 앞서도 이 늙은이가 두어차례 경비실에서 멀리 데려가 떼어 놓고 왔으나 번번히 찾아 오더라고 터진 입으로 자랑삼아 지껄이는 소리를 들었다. 세상에 다 늙어 언제 관속에 들어갈지 모르는 그나이에 그렇게 차갑고 인정머리 없고 둔한 처사는 나는 나이는 많으나 사람은 아니올씨다. 개만도 못하다구요. 그따위 무서운 늙은이의 음모가 숨어있음을 모른체 이놈은 아래위로 돌어다니며 경비를 서는 늙은이 꽁무닐 졸졸 따라다니며 핵핵거렸으니 세상에 이런 약한 무지의 소치가 또 있을까? 그래서 그런지 내다버려 보이지 않는 그놈은 늘 해가지면 청승으로 짖어댔었다. 잠재적으로 알고 자신의 슬픔을 토해내는 해질녘의 절규같은 것이었는지도 모를일이다. 목소리는 카랑카랑했고 크지도 작지도 않은 그녀석 그 버려진곳은 어데이며 어떻게 살아갔으며 생겨난 피부병은 나았는지 어느누구에 구조되어 좋은 환경에서 사랑받고 귀염받으며 나름대로의 행복은 누리는지 어떤사람 잘 만나 잘 살고 있겠지 내자신이 나를 위로하며 못돼먹은 늙은이에게 저주의 눈길을 주고 싶다. 그런 비운을 맞는 녀석들을 내 건우지 못함이 실로 애석하고 가슴아플뿐이다.

또 한 녀석의 이야기가 있다. 지금도 보면 공장마다 개없는 공장이 없다. 직원이 여럿이다보니 남는 밥도 많고 하다보니 애완으로 기르기보다는 나중 복중을 겨냥으로 몸보신용 식용개가 많이 길러진다.

벌써 구역질이 난다. 이세상에서 제일 추하고 먹쇠같은건 인간뿐이다. 세상에 쥐약만 빼놓고는 다 주워먹어대니 참 뱃속이 걸기도 하다. 그렇게 건어디미니 찌는건 살이요 얻는건 병뿐 남는건 죽음이 있을뿐 뭘그리 아귀처럼 병이 들도록 먹어대는지 참 알수 없는 일이다. 이해가 않간다. 시커먼 깡보리밥에 풋고추 고추장 된장 찍어먹고 방귀 뿡뿡 내뀌던 그시절 어디 잘먹어 병들어 죽은이 있었나 못벅어 말라 죽고 부황나 죽었지 아무튼 얼른 죽을려면 많이들 자서 그건 내책임이 아녀.

어쨌건 불평불만은 이쯤에서 종결하고 가구공장에 날 거의 따라올만큼 그 사람도 개를 좋아했는데 어느날 갑자기 회사가 부도가 나고 뿔뿔이 풍지박산이 났는데 홀아비로 같이 기르던 짱이란 마르티즈 잡견으로 몸이 통통한 놈인데 성격으로 봐서는 명랑한 성격은 아닌놈이다. 주인이 그곳을 떠나면서 이놈을 두고서간 것이다.

몇날며칠 공장은 비어있고 기다리는 주인은 아니오고 이에 지친놈은 아래로 위로 오르내리며 우리곁에 다가서려 기웃댄다. 있던 사람들 정든사람들이 떠나고 없으니까 사람이 그리웠던지 하루이틀 자주온다. 먹을걸 주고 나면 따르기에 앞서 경계에 이르고 멀찌감치 거리를 두고 누워 빤히 쳐다본다. 처량한 모습 주인을 잃은 슬픔얼굴의 짱 이놈 이름이 짱이다. 서너날을 먹을걸 주고 하다보니 조금씩 가까이 하는 듯 하더니 누군가 혼을 냈던지 가까이 오지 않는다. 측은함에 내 또한 가만히 있을 수 없다. 빈깡통에 사료와 물을 담아 그녀석이 숙변하는 잠자리옆에 놓아 주곤했지만 어떤날보면 다 비운 날도 있고 어떤날은 건드리지도 않은체 먼지만 뒤집어쓴 사료 그대로다. 내마음은 또 안타까워지기 시작한다.

이놈도 보면 하염없이 멍허니 길거리에 서서 청승아닌 청승으로 주인을 기다리는지혼이 빠진채 서있다. 나중에 들은 이야기로는 같이 일하던 직원이 데려다 키운다고 가져갔을거라는 안도적이고 희망적이야기를 들어 주인만나 갔구나 싶어 참 잘되었구나 했다. 그녀석 짱을 데려간 그사람이 누구인지 모르나 고맙다고 인사하고 싶다.

이것이 끝이 아니구요. 얘기한컷 더합시다.

이 이야기는 불과 얼마전 그러니까 지금이 6월이니까 4월과 5월 사이의 이야기로 이웃 공장에 까만털의 잡견이 두놈이 컨테이너 뒤에 집을 마련하고 키워지는 놈들인데 그중 한놈은 짖어대는게 주특기인지 짜증이 날 정도로 짖어대는데 몸집도 작고 담이 높은 올려다보는 공장인데 한 녀석은 덩치가 있어 두발로 딛고 서면 제 몸의 절반이 다보여 까만털에 까만눈까지 보일정도인데 작은놈은 턱이 높아 어쩌다가 귀정도 보일까 말까 짖는 소리도 깡깡거리고 애로치면 떼를 많이 쓰는 놈인 것 같더라구요. 나는 이놈 두놈을 보는 다음날부터 높은담을 올려다보며 던져주어 먹게 했지요. 외국애들이 건사하니 그대접이 보지 않아도 뻔히 뵈는 잘얻어 먹지도 못하고 깨끗한 물한번 제대로 못먹을꺼라는 생각이 맞을 겁니다. 으레 두 녀석은 때가 되면 날 기다리며 고개를 울타리 너머로 내다봅니다. 꼬리를 흔들며 안절부절 생난리를 칩니다. 나는 언제나 주위의 개를 보면 가슴 아픈일을 만들어갑니다. 개사랑이 원인이지요. 모르는체 했으면 될걸 그러질 못합니다. 결국은 가슴아파하면서 슬픈기억으로 남지요. 어느날 큰 검둥이가 나를 제일 반기던 놈이 보이지 않습니다. 작은 놈만이 쩔렁쩔렁 쇠줄을 당겼다 놨다 극성일뿐 두봉지의 밥을 작은놈에게 힘있게 위로 던져주고 마침 사람이 나왔길래 물으니 잡아먹었는지 월요일 출근해 보니 없더라고 한다. 철렁내려 앉는 가슴 순간 머리에 경련이 일어난다. 충격의 소리에 뇌가 놀랬나보다. 다음날도 그다음날도 그놈은 보이지않고 영영 볼 수 없는 생각만으로 남는 신화같은 존재가 됐다. 그녀석 몫까지 작은놈에게 푸짐한 밥덩어리를 던져준다. 물론 국이나오면 국물에 말고 고기가 나오는 날엔 고기국물에 밥을 비벼주고 그렇지 않은날에는 생선이나 소세이지 오뎅따위를 섞어 올려준다. 그런데 어느날 이놈이 매어져 있던 쇠줄이 보이지않고 짖던 소리도 멎어버렸다. 연이틀을 가져간 밥을 버릴 수밖에 없었다. 그런데 이틀후 그놈이 그 자리에 돌아와 있었다.

내가 알기로는 이놈이 하도 짖어대니까 저희들이 기거하는 숙소에서 조금 더 떨어진곳에 거처를 옮겨준것같다.

그러나 제자리에 온지 며칠째 되던날 그놈마저 없어졌다. 더 한가한곳에 옮겨놓은듯도 하다. 가끔 조용할 때 이놈이 짖는 소리가 들리는 깡깡 우는 그놈 소리 같기도 한 짖음이 더러 들리긴 한다만 안보이니 안타깝다. 큰놈이 없어진 삼일전 기름값 파동으로 모든 물가가 폭등하고 덩달아 사료값도 상승한 때여서 사료사대기가 벅참을 인식하고 미리 없앴나 싶다. 이번 사료값인상으로 때아닌 갑작스런 수난을 당한 동물이 수를 헤아릴수 없을 만큼 비참히 죽어갔을 것이고 버려지고 괄세받는 최악의 불행이 동물에게 닫친 6월의 혁명이 아닌가 한다. 일요일 초저녁 이글을 쓰며 너희들의 아픈 수난에 추모의 글을 보낸다. 그리고 사랑의 기도를 한다.

제3장

나는 너희들의 부모가 되어

복돌이와 방울이 그리고 나 셋은 홀수지만은 짝이 되어 있었다. 자고나면 이놈 두놈생각뿐이였고 출근길이면 얼른 공장에 도착하고 싶었다. 밤새 어떤일도 없었으면 기도하는 마음으로 말이다. 지게차타기를 좋아하고 취미였던 복돌이는 내가 지게차에 오르면 고개를 쳐들고 나를 올려다 보았고 그 지극히 바라는 눈을 외면할 수 없어졌다. 올려 태우고 너마저 태우면 복돌이는 점잖이 올라앉아 위엄을 보이는데 너 방울이는 내려가지 못해 안달을 한다. 뛰어내리기도 하지 성격이 진중치 못하고 방정맞은 스타일이라서 어쩔수 없지만 겁도 많았지. 유일한 운동장이 고작 공장마당이었지만 점심시간에 내놓고 놀다가 시간이 거의되어 불러들이면 뱅뱅돌구 요리조리 약을 올리며 깡총대는 얄미운 구석도 없지 않아 있었지. 그런거 저런거 다 인내하고 감내할 때 내 심정도 너그럽지만은 않았지 그래서 선택이라는 말자체가 함부로 말할 수 없는 어려운것인지도 모르거든 평생에 어떤부자집 개처럼 갖은 총 천연색 염색을 털에 물들이지 않아도 고급차에 몸실고 야유회에 애견카페에 아직 가 본적 한번 없어도 복돌이형이 있어 좋았고 사랑으로 보듬어 주는 아저씨가 있어 행복했어요. 꾀죄죄하고 냄새나던 몸뚱이가 빛이 나게 목욕시켜 주시고 긴 털 깎아주시니 이외에 더 바란다면 주제파악도 못하는 정신없는 잡견이지요. 그리고 골이 빈 놈이지요. 제가 태어나 처음 아저씨가 털을 박박 밀어주셨을 때 어찌나 허전하고 몸뚱이가 얼얼하고 창피했는지 아십니까? 앞으로는 털깎을땐 2부로 깎아주셨으면 빡빡밀면 아랫도리 빤스라도 삐죽 내밀고 다니자니 영 상스러워서 날랑은 어려서 거세를 해서 실은 내시이기는 하지만 이건 도덕성 문제라서 동방예의지국에 살고 있는 자부심이 뭡니까? 생긴대로 달고 덜렁거리고 다니면 색시들이 뭐라고 놀려대겠시유? 남새스러우니까 앞으롤랑 빡빡일랑 노여 노 노갓땜이랑게 참말로 알어먹었씨유? 짜샤 이 땡글아

아저씬 고향이 어디유 원 별꼴이 2/3일세. 아 인마 개주제에 내고향은 알어 뭣허냐 이쁜년으로 중매해 줄 일있냐? 니놈이 아주 은근히 날 가지고 공기놀이허네. 얄팍한 녀석 같으니 아이놈아 헐일없으면 헤벌레 잠이나 쑤셔자. 거들먹거리지 말구 이런 오라질. 늙은이 희롱죄 500년 징역이라는거 아는겨 모르는겨 똥싸고 매화타령을 할 놈 같으니 청춘을 돌려다오 젊음을 달랑게. 으허허험 소시적엔 나가 창가깨나 지껄였는디 시방은 목구멍도 녹이 슬어 소리는 안나오고 가래 끓는 소리만 그렁대니 이놈 인생 북망산천도 멀지 않았네 그려. 네놈들 나 죽으면 어쩔래 막걸리 마시고 사흘 밤낮 고스톱치니 신날테지 거 개 콧구멍 같은 언짢은 소리마슈 내가 누구요 방울이 그럼 이방울일세 누가 키웠고 그게 나지허면 당신은 내 엄마요 난 새낀데 부자지간에 상당해 신이 나서 막걸리 진탕 마시고 돈따는 고스톱에 신날 놈이 나라고 그러는가 본데 거 개 웅댕이 같은 소리 나발 불지 마슈.아직 펄펄한 그나이에 치매 처 들어오우 그리고 아까 호두형이 금방 싼 김이 무럭무럭 나는 똥덩어릴 화장지에 싸서 내 입에 들이대며 식기전에 먹으라고 들이댄 이유는 뭐유 웃으려고 그랬다 왜 이 개새끼야 온종일 글만 쓰다보니까 진저리가 나서 기분 전환하려고 네 입에 똥을 디리

댔다. 웃을려고 고개를 외루 꼬고 달아나드라. 너한테만 그런게 아냐 콩언니한테도 2차로 들이댔더니 오만상을 찡그리며 으르렁대드라. 개같은 년이 야 방울인지 똥덩어린지 너나 잘해 또 또박또박 말대구허면 경찰에 고발할 거야 원세상에 자기네 개를 경찰에 고발하는 넋나간 사람도 있다냐 나원 얹혀 살다보니 별 희한한 소릴 다 듣네 그려. 속이 허해서 그러나. 자꾸 헛소리를 해싸. 그래 이놈아 속이 허해서 괴기가 생각나고 귀신이 다 보인다. 훠이훠이 잡귀야 물러거라. 덩덕쿵 덩덕쿵 야 이놈아 나도 무료하고 심심할때가 있단다. 늘 사랑만이 있는 것이 아니야. 허전한 빈가슴일때면 술한잔으로 달래고도 싶고 울적하면 소나기 눈물을 펑펑 흘리고도 싶고 일이 잘안될땐 악이라도 쓰면서 온 벌판을 미친 듯이 뛰고도 싶어 진단다. 특히 매사 감정이 충만한 나로서는 허망한 마음일때가 너무나 많단다. 그런 감정들을 종이위에 나열하고 너희들을 사랑하는 걸로 대신하는거지. 내 꿈은 너무도 파랗고 끝이 없이 무한하단다. 다가서지 못하고 해낼수 있는 여건이 아니되니 생병이라도 날 듯 벙어리 냉가슴 되어 피가 마른다. 이나마 너희들이라도 있어 마음의 동행자가 되다보니 오히려 내 위안이 됨에 너희에게 감사하는 마음이다.

오래도록 기억에 남는것들

우리는 농사많이 짓고 수양버들이 늘어진 마당넓은 초가집에 장독대 넓은 뒤란과 넓은 마루 수수깡 울타리에 나팔꽃 넝쿨이 뒤엉킨 아주까리 밭이 있는 텃밭 궁궐같은 큰대문이 열리면 그 삐걱소리가 운치를 더했지. 마당가에 키작은 감나무엔 해마다 대접만한 감들이 실했고 마당 큰 늙은 버드나무엔 언제나 우리집 황소가 매어져 한가히 되새김질을 했지 작은 동물농장이 된 우리집엔 소 닭 오리 거위 개 돼지 까지 검둥이도 있었고 누렁이 독크라는 이름의 개도 있었지.

귀찮다거나 성가심없이 생활의 일부로 치부하며 살던 농가의 시절 인연은 은연중 알게 모르게 동물과 친근을 배워 왔는지도 모를일 그래서 낯설거나 거부감없이 살아있는 것이라면 다 사랑하고 싶어진다. 이글을 쓰면서 죄스러워지는게 마음에 걸려 그렇게 밖에 할수없었나 하는 안타까움 하나가 있다. 이유인즉 제일 눈에 밟히는 일이라면 검둥이로 키가 껑충하게 다리가 긴 검둥이 성견으로 자란 어느 여름날 어머니 아버지의 잔돈푼 아쉬움이 그녀석을 팔아서 쓰겠다는 의도아래 이웃에 팔았다. 개를 산사람이 물려고 하니까 저만치 갔다가 나무에 묶어 놓으라고 하기에 나는 안타깝거나 슬픈 마음도 없이 그냥 덤덤히 그놈을 데리고 하라는 대로 했다. 실상 그놈을 나무에 묶어 놓고 뒤돌아 서려니 마지막이라는 생각 죽게 내버려두는 아버지 어머니를 설득치 못했던 그때의 그 비정함을 나는 지금 뒤늦게 그놈에게 죄지은 마음이고 내잘못을 진정 뉘우치고 마음속으로 내가 그리 모진 놈이었나를 되돌아 보며 검둥이 영혼에 나를 용서해 달라고 손모아 비는 마음이다.

또하나 쥐약을 먹고 이틀을 버리적대다 사흘만에 되살아나 꼬리를 흔들던 복실이 그놈이 겨우 살아서 어느날 흔적도 없이 어느놈이 잡아갔던지 보이지 않는 그 섭섭한 미스터리 하나가 기억에 있다.

한세상 사람의 일상에는 희노애락의 굴곡이 골처럼 깊고 산처럼 첩첩이다. 되돌릴수 없는건 과거 기억속에만 담아둘 수 있는 투명인간 같은 것 현실에 적응하며 살면서도 그 현실에 적응못하고 표적을 벗어난 화살처럼 튕겨져 알지 못하고 느끼지 못하는 어려운 삶의 고지에 이성을 잃고 삶에 낙오자가 되어 방만한 생활로 제인생의 뿌리를 송두리째 뽑아버리는 망나니가 되어가는 삶을 포기하고자하는 난파선에서 희망없는 깃발을 휘두르는 사람들 몇 년전 나도 같은 부류의 환자가 될뻔한 낙오의 기로에서서 내 삶의 갈피를 저울질하던 어제가 나에게도 있었다. 원인은 가난이 원인이었고 돈이 내삶의 줄기를 눌러버렸다. 육중한 압력에 나는 깔려눌린채 일어서려 발버둥쳐 보지만 부친 힘에 초골이 되어 될대로 돼라는 켓세라를 부르고 있었던 엊그제 일들 내 작은 몸뚱이의 삶도 순탄치만은 않게 살아간다. 세상의 옳고 그름을 읽고 살아온 이나이에 걸리적거린게 무어냐만 1원짜리 한 장 저축없이 겨우 한달월급에 그냥저냥 오늘과 내일을 사는 내 처량한 인생 더 늙어 수족 못쓸 미래마저 생각할 수 없는 극한적 지금의 내 삶속에서 뜨거운 사랑하나 꼽으라면 마누라보다는 자식보다는 나에게 희망같은 사랑을 주는 세녀석 방울이와 콩 그리고 호두가 있을뿐 아무것도 나에겐 없다.

비오는 날이면

일찍이 찾아온 6월 장마 장대비와 수일째 쏟아져 곳곳이 물난리에 재산과 인명손실이 속출하는 불사 전쟁터가 따로 없다. 세계적으로도 기상이변으로 사람들이 뜻하지 않은 수난을 겪는다. 이런 비오는 날이면 동산에 내 손수 묻은 복돌이 생각이 유난히 난다. 지금도 복돌이가 비명에 간 그 가게 앞길에 거의 이르면 그 참혹했던 광경이 싫어 미리 눈을 감고 지나 버린다.

생각이 깊으면 깊은만큼 가슴속 한켠에는 깊은 구덩이가 파이고 당장이라도 내앞에서 복스런 꼬리를 흔들어대며 기어 오를것만 같은 망상으로 사명처럼 되뇌어지는 나는 가끔 복돌이의 허상을 본다.

사람이 아닌 동물과의 교감에서 두터워진 사랑이어서 더 각별하고 잊기도 쉽지 않은 특별함이 있기에 잊기위한 노력이 더욱 더 절실함에도 그것이 잘안되는데는 그 녀석만이 갖고 있던 카리스마에 매료된 그것때문이리라. 내가 죽어 저세상일 때 그때만이 널 잊을수 있는 가능함이 있을지언정 생전엔 가끔이나마 네 기억을 어찌 지우리. 나라는 사람 개에 대한 열정속에 내 진정하고 싶은일이라면 세상에 있지도 않은 동물복지사가 되어 동물들의 모든 편의와 최우선점을 두고 인간들이 저지르는 학대와 멸시 삐뚫어진 생각들을 똑바로 가르쳐 인간과 동물의 관계는 하늘의 뜻 그대로이며 인간과 공존하는 살아숨쉬는 생명자체라는걸 쇄뇌적으로 스파이교육같은 철저한 교육을 시킬 것이다.

전국의 병들고 굶주리며 버려져 오갈곳 없는 노숙견들을 불러모아 다시 태어난 새날같은 일상을 영위하게 몸과 마음을 불살라 최선을 경주할것이고 훈련교육관을 무료로 개설하여 사람의일상 중 어느것 하나라도 척척해 내는 신동이견들로 추앙받게 만들것이고 개를 가진 모든 가정에 달달이 개월급을 풍족히 지급할 것이다. 매주 개 영양사가 집집이 개별방문으로 영양식단을 차려주고 차려준 식단을 무시하고 맛대가리없는 푸석푸석한 싸구려 중국산 사료로 배를 채워주는 집구석이 발각될땐 인정사정없이 정든개를 회수하여 정부에서 운영하는 개들의 낙원 사랑의 집으로 보내버릴 것이다. 다시는 안그렇겠다고 울고 볶고 난리를 쳐도 두 번 용서는 허용치 않는 야멸차고 냉정한 법을 내세워 개라고 차별않는 그런 세상을 만들 것이다. 합동제단을 차려 전국에서 불의의 사고로 본의아닌 사망일 경우 합동제단에 사진과 함께 사체를 봉안 개를 사랑하는 이들의 묵념과 영혼을 위로하는 생각의 장으로 만들 것이다. 억울하게 학대나 태만으로 개를 죽게 했을시엔 그 주인을 개 목매듯 묶어서 개처럼 끌고 다니며 만인에게 망신살을 당하는 말그대로 개법.아무렇게나 법을 만들어 때리고 골리고 여섯시간 정도 괴롭히며 가지고 놀게 만들 것이다. 와아 그럼그럼 떵호와 이런자들을 가지고 노는 사람은 제비뽑기를 해서 순번대로 원숭이 가지고 놀듯하게 만들 것이다. 그밖에 것들은 지금도 연구중이며 화성에서 인간이 똥싸며 살아갈즈음이면 연구의 결실이 만천하에 공표되어 개에게 벌벌기는 그런 시대가 올 것이다. 아유 당신은 으쩌면 그렇키 거짓말도 그럴듯허우. 대갈통도 핑핑 잘돌아 가고 전직이 코미디 작가였소. 아니다 얘는 작가는 무슨 이제 작가가 돼보려고 이러는거 아니냐. 그나저나 뺑충거리나 했지. 배운게 없으니 아는게 없고 아는게 없다 보니 머릿속이 텅비어 글씀씀이가 중구난방 서두가 막걸리 마시고 헥가닥가서 코가 삐뚫어진 놈 맹이로 왔다갔다 글쓰기가 쉽지 않소. 나에게 있어 남이 볼 수 있는 글을 쓴다는건 차라리 고행이요 도사가 되려고 도를 닦는 수행자 만큼이나 말이요. 끈질기게 근 20여년을 이런식으로 원고를 써왔소만 아직 이게 내가 쓴 책이요하고 내어놓을 책을 만들지 못했다. 공짜로 책을 내려면 출판사에서 받아줄때만이 가능한데 자신없으니 오로지 자비를 들여 책을 만들어야하는 금전적 어려움이 있어 시집은 가야 할 나이임에도 신랑이 없어 못가는 처녀처럼 구술이 서말이면 무엇하는가 꿰어야 구술일진데 난 아직 야망뿐이고 첫구술도 꿰지 못하고 있으니 우물우물 세월은 자꾸만 가고 정신이 흐려지는 나이가 되니 소나기 비가리듯 얼렁뚱땅 현실을 그렇게 살수 없지 않은가. 눈덮인 험준한 에베레스트 산맥 그 정상을 난 언제오를까 여보게 다 글렀네. 꽃피고 새울고 대가리 털이 백발인데 고래장감이 뭔 주책을 부리려고 목 맨놈 마냥 허우적 거리는가. 조용히 사세. 너나 그렇게 사세요. 왜 늙으면 꿈도 희망도 포기하듯 버려야하는지 그렇게 생각하는 그 자체가 이상하고 잘못된게 아닐까. 아직도 이 밝은 세상에 500년전 이조 시대의 초로들이 밥먹고 사는가.

달려라 방울이

웬방울이 타령이 이리길고 푸짐하냐구요. 아 그만큼 이놈의 삶엔 역경과 굴곡이 비근허리만치 녹녹치 않다보니 어쩌겠수. 아마도 전판 이녀석 이야기로 끝이 날듯도 하오. 팔자의 기로에 있던 놈이라서 각별한 애정은 물론 내사랑 2/3는 그놈이 뺏어가고 남은건 빈가슴뿐이요. 아무튼 계속 읽어보시지요 네.

떼굴떼굴 떽떼구르르 흙바닥에 담요라도 깐줄아는지 개모양 개같이 굴러 놀던 요놈 방울이가 내품에 안겨 집에 온지 사흘만에 머리깎고 목욕하고 원앙금침 꽃방석에 전기불 밝은 넓은 방에서 팔자 늘어지게 씩씩거리며 배짱좋게 잘도 잔다. 호박에 줄긋는다고 수박이 될수 없듯이 지저분한 공장에서 제멋대로 굴러먹던 녀석의 본데없는 행세보따리와 습관이 사흘만에 고쳐질리 없지만 이거야원 제집에서 큰놈까지 쑥 내질러놓고 방향도 못잡고 두다리들어 오줌싸붙이고 그야말로 은혜를 원수로 갚는데 넌 그래선 안돼. 이런 것 아니래도 주인할멈의 널 보는 시선이 뱀눈인데 똥까지 내질러 놓으면 아나 이뻐헐라 미움은 주주허니 이런 웬수바가질 보게. 아저씨 없어 인마 지금 누가 말했는데요. 내가 없대면서요 인마 말은 해도 없다면 없는거야 내맘야 아저씨 궁금헌게 하나 있걸랑여. 네깐놈이 궁금한게 뭐있냐 노숙자 주제에 노숙자인지 김숙자인지는 나중일이구요. 나 얼마나 오래 살까요 왜 되지구싶냐 아 시방 나 진지하다구요 빨랑여 나 살찌워서 복날 낼름 허실꺼 아니죠. 낼름 아 인마 너 같은 걸 누가 먹냐 조잡스럽게 쥐만한 놈을 그리구 너같은 잡발바리 비스무리 종자는 잡느라구 애만 쓰지 맛두 없어 털이 붉으레허니 허리가 척 휜놈이라야 맛나지 이 세상개 다 잡아 먹어도 널랑은 살려둘텐게 걱정허들 말어. 다만 잘살고 못사는건 타고난 팔자여 네 명줄이 언제가 끝인줄은 모르나 내가 영양가있고 맛난 것 많이 주면 똥싸게 오래 살것이고 그럼 내가 오래 살고 못살고는 순전히 아저씨손에 달렸네요. 암만 그렇구말구 그러니까 개소리엔 똥이 약이라고 괜히 쓸데없이 지나가는 사람마다 껑껑대고 짖지말어. 너희들을 기르는지 안기르는지 이웃이 모르게 조용히 개 때문에 사람끼리 개쌈하는거 봤지. 너희들 때문에 시방 내가 그짝나게 생겼어. 신고를 떡주무르듯 하는 세상이라 더워도 네놈들 소리가 밖으로 샐까봐 문도 마음대로 못 열어놓겠어. 더구나 나그네 뜨내기 사람들이 모여 나가고 들고 하는 동네에서 신고들어가면 입장이 개 엉망이 되는건 물론 너희들 목울대 수술을 하던가 무슨 수가 날 어떤 변화가 일어날수도 있다 이거지. 그러니까 누이좋고 매부좋고 네놈들 좋고 나좋고 으떠 수긍이 가남.

혓바닥만 낼름 거리지 말고 알긋냐 네 으이입

내 생각은 이렇구나

한집에 개도 같이 오래살면 주인을 닮는다고 한다. 주인의 희노애락을 알고 슬픔 또한 헤아릴 줄 아는 눈치 빠른 놈들이 되어 주인의 비위를 맞추며 공유한다. 나는 늘 아침 일곱시에 출근한다. 지금은 6시 40분으로 단축시켜 이른 출근을 하는 셈이다. 내가 가방을 메고 문을 나서면 세놈은 멀뚱멀뚱 쳐다만 볼뿐 일체 짖어대거나 움직임도 없이 제자리를 찾아 얌전이가 되어 버린다.

아침부터 주인의 심사에 안정감을 배려하는 이놈들의 말없는 지혜에서 나오는 늦은 저녁시간 다시 만날때까지의 정중한 인사법인지도 모를일이다. 나는 세놈에게 일일이 손을 흔들며 잘놀아 잘놀아 잘놀아를 외치며 출근인사를 하고 집을 나선다.

내가 집에 없는 평일엔 세놈이 잘 짖지도 않는단다. 그러나 내가 없는 토요일 오후나 일요일이면 문제는 확 달라진다.

2층 연립에 살면서 더구나 한가운데 출구통로가 내집이고 보니 오가는 이들이 잦다. 이놈들 짖음이 끊일새가 없다.

한발자국 하나씩 짖어대니 조심스럽고 미안스러워 움추려 질때가 한두번이 아니다. 이웃이 오히려 이해해 주는 것 같아 고맙기까지하다. 늦은 시간까지 잔업을 마치고 집에 도착하면 9시가 된다. 2층 12계단에 발들여놓기도 전에 킁킁 짖음 소리가 드문드문 들린다. 내가 문열고 들이닥칠 그 시간을 귀신같이 알고 있기 때문이다. 나는 되도록 발소리를 죽여 계단을 오른다. 아마도 냄새로 주인임을 알아차리나보다.

문을 열면 세놈이 순간 난리가 난다. 길길이 뛰고 뛰어 오르고 핥고 난리도 아니다. 진정 반겨 주어야할 마누라는 멀뚱멀뚱 닭쫓던 개쳐다 보듯하고 너희들이 나를 반기는구나 싶어 이뻐죽겠다.

그래서 나는 점점 더 이놈들의 매력에 내 열정과 마음을 빼앗기고 있다. 아무렇게나 자라 들에 널려 있는 이름없는 잡풀이라도 주어진 생명이라 함부로 뽑아 버릴수 없는 그 미안함 동물과 공유하고 자연과 더불어 사는 사람들 모두에게는 따뜻한 사랑의 마음이 필요합니다. 부디 제인생을 걸고 드리는 부탁의 말입니다.

행여 이놈들을 기르시려거든 다부진 마음으로 깊은 생각으로 심사숙고 생각하고 또 생각해서 잘 기를수 있다는 판단이 설 때 선택하세요. 남이 기르니까 누가 한번 길러보라고 주니까 그냥 심심해서 이런 미지근한 생각으로는 절대 강아지앞에 서지도 마시구요. 아는체도 마세요. 사랑이없이 마음의 준비가 없이 선택된 녀석들은 어느날 고아가 되거나 버려지고 신세 처량한 이리가고 저리가는 천덕꾸러기로 전락해 세상에 아니 태어남만도 못한 불쌍한 신세가 되어지니까요. 사람에 있어 잘되고 못됨은 제할탓에 달린 것 아닙니까 성공하고 실패하고 좌절하고 못난 인생살이의 좌우는 내 스스로 하기에 따라 삶의 틀과 인생이 바뀌는 그야말로 제 인생은 제가 만드는 일이 아닌가 합니다. 그렇듯이 이녀석들의 행복과 불행은 인간의 생각과 마음에 따라서 결정되는 것인만큼 말못하는 동물이라고 사람이 함부로 쉽게 생각해선 안될일이지요. 이세상 모든이들이 다 나같은 생각이라면 얼마나 좋을까하는 생각도 해봅니다. 어떤생각으로 동물앞에 다가서시렵니까? 여러분 준비되셨나요 귀엽고 예쁜놈들이 자신을 행복의 길로 초대해 줄 따뜻한 사랑의 감정을 지닌 주인이 되어줄 당신을 기다리고 있어요.

나의 주인이 되어 주세요
사랑으로 안아주세요
행복하게 해 주세요

사랑을 드릴게요
행복을 드릴게요
충성을 드릴게요

태어남의 의미

한평생 사람의 삶은 이름하여 계절이다. 삶의 굴곡은 긴 연꼬리가 바람에 구불대며 휘날리듯 인생살이엔 곡절도 많다.
그 속에서 희노애락을 만들고 지우면서 세상의 흐름에 기대며 순응하며 산다.
겨우내 언땅밑에서 움츠리고 새싹틔울 봄을 인내하며 무던히도 기다리던 보람에 끝내 못다녹을 언땅을 들치고 고개내밀어 세상의 푸르름을 위해서 고행을 시작하는 두가닥 떡잎으로 세상을 열며 바람과 비를 맞고 태양을 맞으며 비쏟아지는 여름쯤이면 이만큼 커서 푸른 하늘 가을쯤엔 아름다운 단풍으로 화려한 춤을 추다가 지치면 그 예쁜 옷을 훌훌 벗고 백설에 다소곳 차가움을 이기리. 먹고 싸고 잠자고 행함에 있어 다를게 뭐냐 사람은 사람대로 소통할 수 있는 언어가 있고 개는 개대로의 소통이 있지 않은가 다만 인간의 지능면에서의 다른점 개라는 혐오스런 이름 하나에 동물이라는 이름하나에 차별이라는 감태사나운 이름이 나는 늘 못마땅하다. 짧은 이야기로 인생살이 굴곡을 대신한 한편의 시같은 내용에 독자의 이의가 있을는지 모르나 별것도 아닌 인생살이에 이놈들은 나를 지치게 하고 희롱도 하고 울리기도 하지만 더러는 나를 토닥여 기쁘게도 하니 오늘날 희대의 마술사가 아닐까. 많은이들에게 묻고 싶은 녹음 짙은 6월 나는 사람으로서 모든 동물들에게 다음과 같은 특별제도를 마련해 주고 싶다.
고난도적 발상에 희망사항에 그칠 맹물법이 될지언정 마음만이라도 너희들편에 서서 동조자가 되어주고 싶으니 어쩌냐. 행복하고 평화로운 너희들만의 세상을 만들기 위하여 평소 꿈속에서나마 이런 생각을 하게 된다. 영장류인 사람은 생각과 행동으로 제 앞가림을 하고 판단하며 살아가기에 불쌍타거나 애써 동정할 분명한 이유가 그리 흔치 않다. 더우면 벗고 추우면 입고 배고프면 먹고 심심하면 즐기고 슬프면 운다. 그때그때의 감정과 생각으로 움직이는 것이 사람이지만 동물은 사람처럼 같을 수가 없으니 이얼마나 안타까운 일이냐. 본능과 배운 훈련외의 것들은 제뜻대로 할수 없으니 말이다. 먹을걸 주지 않으면 어쩔수 없는 형편에 피마르는 애걸로 그저 낑낑거리고 서성대는 것이 전부에 모든걸 해결해 줄 주인만을 기다리는 비정함이 많은 개들의 주안점이 되고 있는 셈이다.

아무튼 사람이 거두지 않으면 살아갈 수 없는 야생이 아닌 집동물들의 삶은 인간과 동거할 수 박에 없는 운명일진데 따뜻하고 사랑이 넘치는 이보다는 시베리아의 겨울 만큼이나 차거운 이들이 더 많은 세상이 원망스럽다. 학대는 물론이거니와 애정으로 쳐다보고 사랑으로 감싸며 깨끗한 먹이와 포근한 잠자리를 만들어 주는 것은 의무감같은 사람들이 해야할일이다. 날파리 개미한마리 이름모를 물것하나 까지도 행여 다칠세라 걱정스러워하는 것은 이제 나에겐 사명같은 것이 되어버렸다. 이제 내마음은 꿈같은 이야기지만은 너희들의 세계를 탐구하고 물리적 치료사가 되어 세계적 나이팅게일 같은 아름다운 치료사가 되고 싶음하나 다만 내생명을 지키기위한 먹고살기 위한 집착에 매달려 아무것도 할 수 없는 돈벌이에 궁핍한 내현실 가난이 웬수로구나. 어떤날 개들의 아름다운 세상이 올때면 나는 이놈들의 대통령이 되어 세상에 없는 개들의 정치를 펼 터이니 여봐라 내 또한번 소리높여 외쳐보나니 너희들의 세상이 그리 멀지 않았노라. 산좋고 공기좋은 심신계곡에 신선처럼 살 수 있는 부귀와 영화의 터 너희들의 집단 서식지를 명하노라. 구속받고 억압받는 불행한 동물의 해방이 이잡듯 뒤져 옥석을 가려낼것인즉 평소 학대나 소홀함이 드러날 경우 댕구알 철퇴로 두개골이 절단날것이야. 더 나아가 개고기에 환장을 해 누린 것만 보면 침 삼키는 몰상식 개 몸뚱아리 먹어주기 주접들에겐 일침은 물론 도살 섭취죄 동물학대죄등을 엄히 물어 사흘 한나절을 똥물에 해수욕하게 만들것이며 개구경 못하는 첩첩산중으로 내쫓아 독있는 산모기가 맛나게 피를 빨게 할 것이다. 동물거래시 명분있는 기록부 의무법제화 분양등록증 필수 분양후 사망이나 질병발단시 동물원장 직인이 찍힌 진단서 제출 한번 맺은 개와 주인은 평생을 같이한다는 약정서와 매달 건강과 질병여부 체크로 보고하고 오늘 하루도 나는 나의 사랑스런 이녀석에게 무엇을 어떻게 해주었나를 매일매일 반성문 일지를 쓰게 할 것이다. 세상의 개들은 모두 나에게 표를 줄것이고 나는 급기야 개 대통령이 되어 만고에 개 천국을 만들 것이다.

우리엄마 콩과 나 호두

사람이나 동물이나 배부르고 등따시면 게으르고 건방지고 자만에 온갖 탐욕만 생기기가 십상인데 콩엄마 우린 그러지 말자. 우리집 모자간의 대화지요. 그러자 어미인 콩은 제새끼 호두의 귓불을 핥아주면서 어구어구 우리새끼 다 컸꾸마이. 전라도가 고향이라서 전라도 사투리를 씁니다 그려. 역시나 내새낀 훌륭혀 혈통이구 나발이구 버려지다시피 길러지는 불쌍한 것들을 볼 때 이 에미와 넌 참말로 복받은겨. 아직 너 태어나 흙한번 밟아봤냐. 그만큼 금이야 옥이야 네사랑 내사랑하며 을매나 소중히 사랑으로 키웠냐 고것이 증명아니냐 이그려 옴마말이 정답이네. 사흘들이 목욕하고 입맛댕기는 육포 얻어먹는 호강에 여짓것 주인님께 그 고마움을 모르고 살아온 에이그 한치앞도 못내다보는 미련한 것 이에미된 입장에서 새끼인 너에게 가르친게 뭐여 시방 3년이란 세월을 살면서 아직 그걸 생각지 못했으니 이런이런 아둔한 것 으이구 똑똑한 내새끼덕에 이에미가 이제야 뒤늦게 깨달았구먼. 이에민 바보여 멍충이여 배부르면 잠만 퍼질러자고 뭔가 생각을 하면서 살아야 하는디 이 미련한 소치가 곧 배부른 탓이여. 이러니께 개소릴 듣제. 오늘은 콩의 낯빛이 아픈 얼굴이었습니다. 첫배새끼 네놈중 한녀석은 실패로 하늘나라로 갔고 이름도 지어주지 못한채 서울로 간 두새끼가 보고싶어서입니다.

까만 두눈엔 눈물이다 고였습니다. 서울하늘아래 어떤 주인과 어떻게 어떤 사랑을 받으며 사는지가 너무나 궁금해 견딜수가 없나봅니다. 콩은 소리없이 웁니다. 가끔 한숨도 길게 쉽니다.

오늘따라 호두가 심술을 피웁니다. 제엄마에게 으르렁대며 푸대접 같은 행동을 해댑니다. 콩은 속상한 중에도 엄마 기질을 발휘하여 호두를 타이릅니다.

시방 에미속이 지글지글 타 심장마비로 죽기 일보직전인데 넌 뭣땜시로 에미속을 긁어싸야 참말로 새끼 못돼처먹었구마이 썩을 놈아 계속 에미 복장 긁을겨

콩은 호두에게 눈을 흘기면서 엄마의 위용을 보여줍니다. 멋쩍은 호두는 슬며시 돌아 누우며 이내 콧방귀만 킁킁거립니다.

금방 심사가 좋아질리 없는 엄마 콩은 죄없는 호두 아빠를 탓합니다. 천상 허는 짓거리가 즈아범 꼰아박았어. 아주 쩔꺼덕이여. 여기저기 씨만 떨어트리고 돌아다니는 호로 영감탱이. 너 네애비 안보고 잡냐. 전 엄마면 돼요 아 운전수가 한눈을 팔고 졸면 그차가 어디로 가냐 당장 급수백이 처서 절단날거 아녀. 그렇듯이 이에미 소원이여 널랑은 당최 느애비 닮지 마러야. 느애빈 이리가라면 저리가는 청개구리에 암캐라면 죄 건드려보고 잡은 바람둥이여. 으매 족보 한번 화려하다. 씨앗으로 치면 쭉쟁이 씨여 그 애비 그자식 소리듣지 말고 제대로 해 이놈 시키야 건방 떨지 말고 알건냐 하이 아리고다 고사이마쓰 이에밀 골려라 골려 근데 우리엄마 요새 남자 생각이 나나 왜 뜬금없이 아빠를 들먹이며 생난리야 아 우리아빠가 으때서 저러셔 한마디로 사나히에 기골이 장대하고 기품있고 남못지 않게 배운 인테리에 생김새 얼짱에다 가문좋치 뭣하나 나무랄데 없는 천하호걸인데 그 외 얼마나 더 좋은 서방감을 원허기에 꽈배기를 꼬구 그러셔. 원 살

다 살다 별 꼬라질 다보겠네. 우리엄마만 아니면 그냥 콱 물어버릴텐데. 요런 싸가지 없는 새끼 말허는 거봐. 기골이 밥먹여주고 장대가 돈벌어주데 그놈의 손목아지에서 땡전 고런도 받아본적없어 혼자 돌아다니며 잘처먹으니 마누라 새끼 생각한틈이 있나. 남의 집 암캐한테가서 알랑거려 밥뺏어먹고 궁둥이 한번 쓰다듬으면서 자 또봐 고린내 나는 짓거리나하고 아유 엄마 냅둬요. 그나마 그짓도 젊으니까 하는거지 안질걸려. 눈물 질질 흘리며 누런 눈꼽이 열린 늙은이면 그렇게 할까 내비두랑게. 내비두지 으짜건냐 사는게 짜잔허다보니 잠시 옛날생각을 헌겨 오살할느무 영감탱이 엄마 기분도 꿀꿀헌데 우리 구경갈까 심난헌데 구경은 무슨 엄마 거기가서 구경하고 나면 속이 뻥 뚫릴거야. 뭣허는덴디 투견대회 깡패개들이 모여 피나게 물어 뜯고 싸우는 데거든. 그래 한번 가 볼거나 심정도 답답허니 콧쫑빼기 물어 뜯는거 보고나면 내맴이 좀 헐거워질레나 가자.

우리들의 메시지

사람은 우리를 버려도 우리들은 사람을 버리지 않습니다.
우리들은 놀이기구도 전용물도 아닙니다. 싫증나면 버리고 귀찮으면 소외당하는 편견 밖의 동물이 아닙니다.
살아서 숨쉬고 사람과 함께하는 하나의 공동체로서 사람과 차별없는 하나의 인격체로 핍박당할 이유또한 없습니다. 괴롭고 슬픈들 어디 하소연 합디까? 혼자 삭이고 이겨 나가면서 고통을 감내하지요. 우리들에 대한 당신의 관심이 소홀해지면 우리는 죽은 목숨이나 다름없는 그날부터 우리들의 삶에 비극이 오는걸 아시는지요. 그러다보면 죽지못해 살지요. 살았으니 짖어야 하고 더럽지만 먹어야 하고 여차하면 생을 마감해야한다는 무서운 죽엄이 기다릴수도 있구요. 사람들이나 우리들도 기분이라는 감정이 있듯 어떤 것이 행복이며 어떤 것이 불행인지를 의식적으로 알고 있거든요. 먹고 마시는것도 기분에 따라 다르구요. 그리고 이세상에서 제일 맛대가리 없는 고기가 개고기이지요. 물텀벙이가 제일 맛있구요 갤랑은 안먹는게 건강상 아주 좋아 웬못된 고기지요. 개고기 좋아하면 말이죠 빨리 늙지요. 아랫도리 맥빠지지요. 집구석에서 끓이느라 냄새 드럽죠. 몸에 기생충이 득시글 득시글 먹었다하면 십년 앞당겨 북망산천 꼴태꼴 가시는거 아시죠? 개고기 좋아하는 사람들이 오뉴월 개떨듯허네. 정내미 떨어지게 해서 소비를 줄여야 개들이 함부로 죽지 않지.
우리들을 잡아먹는 인간들 너무나 잔혹하고 악질적입니다. 어찌 그리 포악할까요? 아랫도리 힘들었다고 효과없는 상식이하의 못된 짓거리로 죄를 지으니 차라리 짭짤한 새우젓이나 달착지근한 곤쟁이 젓은 으떠셔 어리굴젓도 꽈난데.
해물을 많이 드셔야 장수한다는거 잘 아시면서 왜 엉뚱하게 살인을 허는지. 그죄를 다 어떡할려고 괜히 남의 말만 듣고 쓸데없이 많이 먹어대면 똥두 엄청 쌀거 아니유 그게다 오염물질인데 삼천리 금수강산을 똥 강산으로 굳이 리모델링할일 없지 않소, 씻겨주고 먹여 주다가도 아저씨가 밤

일이 소홀하면 여편네 하는말이 느닷없이 어머 당신몸이 너무나 쇠잖해졌어. 보신해야 되겠네. 이말은 저 놈을 잡아 서방 몸보신해야 한다는 의미로 밖에 해석이 안가요.
점점 복날이 가까워 오고 날이 더울수록 우리들은 피가 마른다구요. 아서요 제발 갤랑은 먹지마세요. 입맛없고 속 허전허고 아랫도리 시원찮은건 영감의 나이탓이고 입맛없어 근력 부치는건 전염병같은 누구나 다 겪는 여름병의 하나로 왜 거기에 개가 필요하냐 이거죠. 아 입맛없을 땐 새우젓이 최고여 육젓으로 잔파 송송 썰고 깨소금에 고춧가루 마늘 갈아 조금 넣고 버물버물 묻혀 냉수에 물말아 먹어봐. 누가 올까 무섭지 옛말에 세끼밥이 보약이라고 했듯이 세끼밥만 잘 먹은면 무병장수에 변강쇠가 따로 없거늘 개는 내다버릴 무슨놈의 개타령 내가 뭔말을 으찌 더해야 개괴길 마다하고 안잡아 먹을까. 와 골때린다 골때려 세상이 왜 우릴 이렇게 힘들게 하냐 아 씨발

태성은 어쩔수가 없어

방울아 너 진짜 이럴래? 오늘도 나는 목에 핏대를 세우고 열이나 큰소리로 방울이를 몰아세웁니다. 방울이는 이상하게 치켜뜬 눈으로 경계를 하며 잔뜩 주눅이 들어 안절부절 못합니다.

오줌보가 터졌냐 신체상 방광이 빠가냐 오줌걸레 마를날이 없구 비싼 엠보싱 화장지가 남어나길 허나 너희들 돌보는 늙은 마누라 몸도 성치 않은 반 등신 이빨응몰게해서 네 신변에 어떤일이 일어날지 나책임 않진다. 일대 협박으로 윽박질렀습니다. 너하나 때문에 콩과 호두까지 도매급으로 넘어가 기를 못펴고 있는판에 개이기에망정이지 사람같으면 벌써 몇 번은 더 터져 코피까지 났을꺼다.

물주고 간식주고 밥주고 목욕시키는 그 값을 오줌으로 갚냐 도대체 네 오줌이 무서워 내 놓을 수가 없는거야.

게다가 어찌나 깝죽대고 촐랑거리는지 푼수대긴지 명랑해서 그런지 알것 없고 그놈의 오줌이 문제걸랑.

너를 사랑하는 인내도 한계가 있다는걸 네가 알면 얼마나 좋을까 하는 생각이란다. 열받으면 빵 터지는게 이치라는건 알겠지. 사타구니에 꼬리를 사리고 쩔쩔매는 상황이 와도 그때뿐 넌 진짜 별종이구 잡견티를 내는가 싶다. 몸에 근사하게 난 털값도 못해 오죽하면 내스스로 너를 쳐다보며 내가 아무래도 널 잘못 선택한 것 같다 괜히 데려왔구나 싶은 실망의 푸념을 몇 번이나 했던지. 어떤날은 밥도 물도 아무것도 주고 싶지 않은 그런 실망스러움이 있던것도 사실임을 넌 아는지.

방울아 너 자꾸 이러면 이세상 모든 너희 종족이 다 미워질 수 잇거든 널 야단치고 닥달한 후의 내마음은 어떤줄 알기나 하냐 회초리로 자식의 종아리를 때리고 나서 피맺힌 종아리를 어루만지며 가슴아파 울먹이는 엄마의 심정같은거.

2006년 6월의 비극이 가져다 준 마지막 소산인 오늘 현실이 홀로 되어 친구라면 나밖에 없었던 가엽고 불쌍한 널 구제한 내가 널 어찌 미워하고 나무랄수 있겠니 세상에 없는 복돌이처럼 점잖고 의젓하면 이런 핏대오르는 감정따윈 있을 수가 없지. 널 품에 안고 처음 집에 오던날은 희망도 기대도 컸지 그야말로 행복했거든 방울아 희망을 다오.
내 널 향한 마음처럼 너를 선택한 나에게 희망을 다오. 간절한 희망과 소원은 이루어 질거라는 믿음은 나를 배신하지 않았다. 방울이 자신이 비근한 내마음을 헤아렸든지 어느날부터 성화를 하던 방울이의 습관은 사라졌습니다. 결코 날 배신하지 않았고 내 기대를 버리지 않았다.
다음달 7월이면 네가 여기에 온지 1년이 된다. 너의 모든 것이 완벽할 수는 없지만 겨우 하나 정도는 해결이 난 셈인데 급하게 먹는밥과 반가우면 꼬리 흔들며 살살길 때 오줌지리는 버릇은 평생 못고칠 것 같구나.
옛말에 홀아비는 이가 서말이고 과부는 은이 서말이라 했다. 과부가 사는 집은 향기가 나고 홀아비집엘 가면 역겨운 구린내가 나는데 남자 특유의 몸에서 나는 인내(냄새) 때문이다. 그런 것처럼 수컷인 네몸에서 나는 냄새 처음 맡는 사람이면 오만상이 구겨질 정도로 똥냄새가 역동하는데 널 한번 안아주면 자동으로 손이 코로 향하거든. 아무튼 보통 지독한게 아니거든. 할멈이 질색을 한단다.
그 냄새 때문에 조금은 널 기피하는지도 몰라. 이건 순전히 내생각이거든 사람도 격한 암내가 나는 사람이 있단다. 사람들은 그런 사람 옆에 가길 꺼리지 그러나 체질적이니 그런 것 가지고 시비가 될수는 없지. 이제는 그 냄새도 중독이 된 듯 이골이나 그저 그렇거니 하니까 부끄러워하거나 미안해 하지말아도 돼.

두 개의 밥그릇

밥그릇은 두 개여야 했다. 복돌이와 방울이가 있으니까. 두놈은 숫컷이라서 하나의 밥그릇에 두 코를 박고 사이좋게 밥을 먹는다는건 있을 수 없는 일이다. 아무리 제새끼이고 어미이어도 같이 밥을 먹는다는건 그놈들 본능상 불가능하다. 먹고 사는 문제에 목숨을 거는게 모든 동물들의 본능이리만치 처절하니까 출근과 동시 나는 늘 바쁘다. 이놈들 건사에다 일손도 바쁘고 깔아주고 치워주고 걸레질치며 공장에 있는 딴사람들이 너희둘에게 싫어하는 기색이 없도록 너희둘이 할수 없는 일을 내가 하는 것이지. 내 끈질긴 노력으로 거기 있는 동안만이라도 너희둘은 어느 누구에게도 박대를 받거나 홀대 당하지 않았어. 내 정성에 그들도 함부로 할수 없었는지도 모르지 하나같이 개고기를 좋아하는 백정같은 놈들만 있었는데.

개고기 귀신들이 득시글 거리는 곳에서 아무일 없이 먹고 자고 뒹굴며 놀았다는건 순전히 공치사이기는 하나 내 덕임을 모르면 웬 못된 후레 자식이라는거 너 거기 있을 때 하는 행세보따릴 보노라면 이민경계도 모르고 무대빵에 이기주의 내입만 아는 아주 못돼먹은 버릇이 있었걸랑 짧은 알통다리로 버팅기며 복돌이를 꺽어 넘기려고 달라붙어 수캐임을 과시하고 복돌이가 먹으려고 입에 문것도 채뜨려 낼름 먹어 치우는 뻔뻔함은 상상을 초월한다니까.

똑같이 밥을 줘도 일분도 안걸리게 허겁지겁 마셔버리고는 복돌이것을 달려들어 마구 먹어대 밥그릇을 뺏어 감추는 현상까지 있었음을 네놈이 지금 그걸 알기나 할까 마당에 내어 놀게하고 시간이 되어 불러대면 요리삐지고 조리 삐지고 할금거리며 놀리기가 일수고 좇아가서 냉큼 안으면 어느새 찍하고 오줌을 갈기고 아무튼 여러 가지 문제가 많았지.

인내가 없으면 널 이해할 수가 없어. 작년 여름은 퍽 날씨가 더웠지. 날 더웁고 비라도 오는 날이면 부인할 수 없는 개비린내 찌렁내 이런것들이 사람의 코를 자극해 인상을 찡그리게 하는데 어느날인가 나와 일하는 놈이 냄새나니까 내일은 딴곳으로 옮겨 달라는 이야기를 곱지 않은 시선으로 지껄이드라. 울화가 치밀어 잽따 쏴붙이고 싶은 마음 굴뚝 같았지만 사실이 그러니 또한 굳이 내가 일하는 옆에 두고 있으니 그말에 찍소리도 못했단다. 당연한일 부글부글 끓어도 어쩌랴. 벙어리 삼용이가 되어 방울이를 위해서라면 내마음과는 천지차이로 다른 이놈의 심사를 못이기는체 대꾸없이 받아 넘기고 내일도 그 다음날도 내 주장과 행동은 움직임없이 그냥 그렇게 내 주장대로 밀고 나갔을뿐 평소 감정이었던 속물같은 놈이라 네가 이기나 내가 이기나 너를 놓고 한판 겨루자는 뱃장으로 두 번 다시 내 비위를 긁적거리지 않았단다. 나의 승리이자 방울이의 승리다. 음흉한 승리의 눈웃음을 방울이와 교감으로 나눈다. 지금 이 이야기는 방울이가 우리집에 오기 몇일전에 있었던 싸움이 날 뻔한일로 똥이 무서워 피하랴 더러우니 피하지 그래서 이런저런 깊은 생각 끝에 빨리빨리라는 급한 생각을 앞세워 방울이 너를 서둘러 데리고 오게된 동기지.

제4장

바라볼 수 밖에 없는 놈

나는 인천사람이고 직장은 강화도 초입인 통진면 가현리 팔거리 부근에 있다. 6년여를 오가면서 이녀석을 본 것은 서너번 될까? 몰골로 봐선 틀림없는 노숙개이고 집과 주인이 있어도 거두지 않고 신경안쓰면 말 그대로 개꼴이나 처음엔 야 네주인도 어느 누군지 어지간허구나 하면 대수롭지 않게 생각을 하게 됐다. 6월초 아침 출근길에 ?길옆에 서성이며 코를 땅에 끌며 먹을걸 찾는 것 같다. 대뜸 이놈은 거두는 주인이 없구나. 떠돌이야 그때부터 내마음은 두근거리고 소나기처럼 쏟아지는 걱정에 정신마저 혼미해진다.

그놈은 누군가 거두었다면 눈부시게 흰털을 가진 예쁜 마르티즈다. 그러나 지금 이 모습이 무슨 꼴인가 곱고 가는 털을 뭉칠대로 뭉쳐 공을 매단 듯 덜렁대고 앞머리털은 눈을 가려 땅만 바라볼수 있다. 다리마저 절뚝거린다.

긴장되고 목이 탄다. 이일을 어쩌면 좋을까? 머리가 복잡해지기 시작한다. 내마음이 바빠지기 시작한다. 구제할수 있는 방법을 생각해 보지만 결론은 SBS의 동물구조단에게 알려 데려가게 하는 방법이 떠오른다. 즉시 TV동물농장 담당에게 전화를 해서 사연을 보낼 주소를 묻는다.

그리고 다음과 같은 사연을 쓴다. 안타까운 사연을 올립니다. 이건 편지가 아니라 긴급 애원입니다. 인천에서 김포로 출퇴근하는 직장인입니다. 본인은 일곱 마리의 애완견을 가족처럼 사랑하며 돌보고 있습니다. 너무나 안타깝고 마음 아픈 사연인즉 통진면 가현리 팔거리 동네에 버려진 유기견을 구원해 주십사합니다. 오늘 아침에도 저녁때도 보았습니다. 늘 이곳에서 맴도는 개랍니다. 털은 뭉칠대로 뭉쳐 마치 공을 매달고 다니는 것 같이 덜렁거리고 다리는 절둑거리며 코를 땅에 끌며 먹을 걸 찾습니다. 물과 먹을 것과 질병치료가 시급한 개라 생각되어 애원합니다.
제마음 같아서는 내가 데려다 거두고 돌봐 주고 싶은 마음이나 그럴 처지가 못돼 마음만 아픕니다. 누군가 잡아서 먹거나 아예 안락사라도 시켰으면 싶을 정도로 안타깝습니다. 불쌍한 놈 하나 구원해 주신다면 얼마나 제마음이 기쁠까요?
이 사연이 도착하는 즉시 긴급 출동하여 쓰러지기 전에 구해주십시오. 천사같은 당신들의 이름을 하늘에 고하겠소.
대강 이런 내용의 글을 써 보냈지만 그 효과는 전혀 없었습니다. 그녀석은 여전히 그곳을 맴돌며 식당 쓰레기를 뒤지고 있었지요. 그놈은 아마도 그렇게 살다가 죽는 신세가 될지도 모릅니다. 정말 안타깝고 기가 막힌 일이 아닐수 없습니다. 왜 내눈엔 이렇게 아픈것들만이 보이는지 모르겠습니다. 난 너무 정이 많은 사람인가 봅니다. 차라리 눈을 감고 아무것도 보지 않았으면 좋을 것 같습니다. 2007년 1월 6일 SBS의 그것이 알고 싶다에서 애견에 관한 방영이 있었지요.
강아지 사랑에 푹 빠져 있는 여자 반대로 남편은 푹 빠진 아내의 개사랑에 불만이 큰 나머지 싸움이 잦고 트러블이 생기면서 부부간의 갈등이 급기야 이혼이라는 상황까지간 현실에 그녀는 위자료 대신 강아지를 선택한 여자 한마디로 강아지를 위자료로 받고 싶다는게 그여자의 한마디 또 한

사람의 여인은 대문밖에 개먹이를 늘 놓아두는 사람으로 집없고 주인없는 유기견에 대한 애정이 만들어 놓은 작품이다. 외출시엔 늘 눈을 감고 밖을 내다보지 않는 여자 유기견을 볼까 안타까운 마음에 차라리 눈을 감은 여자 어쩌면 이 두 여자가 나와 같은 생각 같은 행동일수 있을까 싶어 수소문 해서라도 이 두여자를 만나보고 싶다. 행여 이책자를 보고 나를 찾아와 주었으면 얼마나 좋을까 생각한다.

똑같은 마음의 개사랑에 대한 세사람이 하나가 되면 또다른 아무도 생각해 내지 못한 개들에 대한 이색적 아름다운 세상을 만들어 줄수가 있을텐데. 이사람들을 어떻게 하면 만날수가 있을까 하는 또하나의 나의 고민이 시작된다. 그래서 SBS 그것이 알고 싶다 담당자에게 사연을 쓰기로 했다. 무엇이든지 메모하는 습관 때문에 방영 1년이 지난 지금도 방영 날짜와 본인의 신상을 적어둔 메모가 지금 어제일 같은 혁명적 현실에 열을 내어 글을 쓰고 있는 것이다.

내용인즉 SBS 그것이 알고 싶다 담당자님께 사연 올리는 사람은 애완견 일곱 마리를 가족처럼 돌보며 개 사랑에 푹 빠진 사람입니다. 주인없고 집없는 유기견들이나 이세상 모든개들의 대모가 되어 개들의 행복할 권리와 복지를 마련하고자 꿈 부푼 사람으로서 개사랑이 남다르고 지극한 이들의 규합이 필요함에 본 글을 올립니다. 부디 참작하시어 저희의 뜻에 일조한다는 생각 앞세워 제가 찾고자하는 두분의 주소지나 연락처를 알려주시면 해서입니다. 비록 1년여가 지나긴 했으나 취재기록은 남아 있어 알수 있겠다는 생각에 간곡히 부탁드리는 것입니다. 2007년 1월 6일자 귀방송의 그것이 알고 싶다편에 강아지를 위자료대신 받고 싶다고 하신분과 유기견을 볼까 안타까운 마음에 외출시 눈을 감고 다닌다는 대문밖에 늘 유기견을 위한 사료를 놓아두는 그분 두분의 연락처를 알고 싶습니다. 개는 인간과 가장 가깝고 교감하며 어울려 사는 반려동물이지요.
동물을 사랑하는 이들의 깊은 심정을 헤아려 주십시오. 배곯음과 학대로 고통받는 집과 주인없는 개들의 달라지는 세상을 만들어 주려는 의지에 동참하신다는 뜻을 기려 한번만 수고해 주십시오.
얼마전에도 귀사 SBS에 TV동물농장 담당자 앞으로 김포 어느곳에 불쌍한 유기견하나 구해 주십사하는 사연도 올린 사람입니다. 복 받을 일 한번 하십시오. 두분의 연락처 꼭좀 찾아서 알려주십시오. 간곡히 부탁드립니다. 지금 저는 개에 관한 책을 내려고 원고 집필중입니다. 희망을 주십시오. 기다리겠습니다.

떠돌이 천사들

돌봐주는 주인없고 추위와 바람을 막아줄 따뜻한 보금자리 하나없어도 우리는 결코 울지 않습니다. 더욱 강해지는 의지는 사람들로부터 받은 만성적 학대에 이골이 나서 사람과 개 차이라는걸 알았고 배곯은 자라고 아무거나 던져준 쓰레기 부스러기에 뱃속마저 고장나지 않는 강한 면역성의 강인함 사계절에 대응하며 한 대에서의 생활에 또한 이골이 나 좀더 강해졌고 주인의 품에 안겨 얼굴만 내밀고 다니며 호강하는 동료들도 전혀 부럽지 않다구요. 나도 한때 그정도의 사랑속에 팔자가 늘어 졌던 때가 있었으니까요. 이세상 모든 것이 다 궁하면 통하는 법이지요.

사람도 궁하면 체면이고 뭐고 현실에 안주하고 별볼일 없습디다. 못먹어 영양부족으로 비실대고 엉성하지만 인동초 같은 질긴 목숨 그 목숨으로 숨쉬며 우리는 우리들대로의 희망적 삶이 있으니 너무 그렇게 가여워하거나 불쌍해 하지 마시기 바랍니다. 다만 지각없는 인간들의 벼락같은 발길질이 무섭고 서운하고 돌팔매에 우리들의 몸은 상처 투성이가 되거나 잘못맞아 이런 삶이나마 그것도 영위할 수 없는 괴로운 죽음의 길을 가기도 하지요.

왜 왜 죄없는 우리 거렁뱅이 개들을 무시하고 속박합니까? 해지면 하룻밤을 견딜 잠자리 걱정을 하고 날 밝으면 배곯은 걱정을 할망정 노골적 사람들의 지나친 배신 행위에는 참아내기가 진짜 진짜 역겹고 눈물 겹습니다. 이리가나 저리가나 환영하는 이 없고 발 붙일곳 없는 됨박 신세이지만 우리에게도 본능적 자존심이 잇고 생각과 자유 분방과 인내와 기다림이라는 것이 있다구요. 언젠가 누군가는 꼭 우리들을 거두어 줄 귀인이 천사처럼 나타나 우리들의 옛 영화를 되찾아 줄거라는 가슴 부푼 희망에 전율하기도 한답니다.

엊그제의 일이지요. 떠돌이 친구 중 하나가 어떤 사람의 신고로 동물구조단에게 잡히어 호강을 예견한 듯 우리들과 이별을 했습니다. 보호소에 입소한 그녀석은 때빼고 광내고 배곯음없이 저를 거두어 줄 입양자를 기다리는 신세가 되었지요. 그러나 입소할 수 있는 기간은 석달이라서 그안에 입양자가 나타나 데려가지 않으면 어거지로 안락사를 당하는 사형의 순간을 공포로 맞게 되는데 그녀석이야말로 죽음의 그림자같은 빨리가는 날짜에 애가 탔지요. 그러나 끝내 그녀석의 주인은 나타나지 않았습니다. 어떻게 되었을까요? 그야 뻔하지요. 그녀석은 애석하게도 억지 안락사를 당했지요. 차라리 배고프고 떨망정 밖의 세상살이 석달전 그때가 더 행복했음을 느끼며 잠자는 듯 죽어갔습니다. 수용의 한계 때문에 하지말고 하지 않아야 하는 살마들의 한계에 대한 일시처방전이지요. 강제로 왜 그리해야 하는지 이해가 갑니다. 운명적 마지막 까지도 우리들은 사람의 마음과 손에서 멀어질수 없다는 잠시 뜨거운 생각을 하게 됩니다. 진짜 불쌍한건 우리들 떠돌이가 아닌 주인의 얼굴과 세상의 아름다움을 못보고 제몸의 털 색깔마저도 볼수 없는 철천지 한의 맹인견과 인간으로 하여금 강제로 듣지못하고 짖지 못하게 하는 고막을 터트리고 울대를 잘라내는 만형적 행위에 눈만 껌뻑인채 당해야 하는 서글픈 녀석들 듣고 짖는 기능을 잃어버린 강제에 의한 불구자가 된 녀석들 헐벗고 배고프고 더러운 환경일망정 멀쩡한 놈을 생으로 병신을 만들면 이녀석의 신변이 뚝 떨어지게 행복한들 난전의 우리들보다 낳을게 뭔가요.

실로 개탄스러운 세상입니다. 보신탕으로 짧은 세상을 살다가 죽어간 똥개일망정 이런저런일이 없었던 그놈들의 세상이 아마도 엄청 행복한 시절이었으리라 생각되거든요.

내피는 러시아래요, 믹스견

내 사랑 방울이. 그러나 나는 관심만큼 이녀석에 대해서 아는 것이 없습니다. 앞서 언급했듯이 출생지의 비밀이라든지 여러모로 미로요 안개속 방울이 그래서 나는 어느날 이놈이 도대체 극적이 어데며 그 뿌리가 뭔가 알고자 전세계에 존재하고 있는 일백 다섯종류의 강아지 총 도감을 펼치며 방울이의 생김새를 비교해보지만 그놈이 그놈같고 아리송해서 원산지가 어디구나 하는 판단을 아직 못내리고 있다. 그럴싸하게 비슷한 종류가 둘인데 하나는 원산지가 일본인 저패니스 스피츠 같기도 한데 귀에 털이 복실한걸 보면 그것도 아니고 실상 방울이는 귀에 털이 늘어지는 타입인데 거의 그타입이 가장 가까운 사촌격인 원산지 러시아인 사모예도라는 녀석인데 꼬리털이 방울이와 하나도 틀린데가 없이 같고 다리도 짧은 아주 흡사해 나는 방울이의 원산지는 러시아이고 그렇게 저렇게 해서 순종을 벗어난 자자자잡견 몇다리 걸친 퇴기 또 퇴기 돼지기름 흐르듯 흘러 비스무리 닮은 꼴로 그냥 넘겨짚어 네놈이 바로 노시아놈이로구나 하고 단정을 내리는데 미소짓는 얼굴형의 사진과 방울이의 얼굴상이 같으므로 귀하는 자고로 노시아 놈임을 정의내리노라 으허허험 사설인즉 스피츠계의 전종다운 외모를 갖춘 애칭은 사미(sammy) 이력인즉슨 시베리아 툰트라지역의 유목민들이 썰매개로 기르던 개였고 건강한 체구로 세계적 남극 탐험가 아문젠을 뫼신 명예도 가지고 있는 명견이란다. 흐이 족보는 훌륭하구만. 조상의 이름은 somoyed 사모예드 하얀 순백의 털은 천사가 준 선물이라는 뜻인데 네가 너를 몰랐는데 내가 알게되어 네가 아닌 하나님의 은총이 아닌 주인님의 은총임을 네놈은 아느냐 알구맙굽쇼 그러니까 노시아에서 대한민국으로 이민와서 사는꼴이네. 좋아요 좋아 아주 좋아요 박수야 진짜 개로 태어나 영리한 인간에게 박수를 받다니 눈물이 그냥 오줌이 흐르듯 주르르르르 어 출출허니 우동한그릇 생각나네요. 먹고프냐 시켜 시켜 근대 개가 먹는 우동이 있을까 아 그거야 만들면 되지 멀건물에 사료둥둥 띄우고 햄소세이지 얇게 서너점 오려 집어 넣고 아홉 번 구워 만든 소금 한덩어리 띄워 간맞추고 광우병 염려없는 3년생 쇠고기 삶은 것 서너점 오려넣어 휘휘 저어 옛따 먹어라 그러키해서 후루룩 짭짭허면 되는거지. 개우동 별거 아니걸랑여 개 콧구멍이나 바라는게 뭐 이렇게 많어. 고단해 죽겠구먼 시킬거 또 없냐 시킬 때 빨랑빨랑 시켜 코딱지도 뜯어주면 맛사지가 허고 싶어 이런이런 개 얼랠랠보개.

야 소타다 보면 말타고 싶다더니 귀신 받드는듯 하니까 지가 무슨 용의 알이라고

싸가지 없는 짓거리를 헌다냐 일단은 자빠져서 뜬구름 흘러간다. 방랑 삼천리 오늘 아주 기분 트더지누만 그래 그래 그래 놀 때 놀아라 늙어지면 못노나니 이 좋은 기분에 막걸리를 못마시니 그것이 한이로다. 당연한 말씀 개가 술처먹고 게걸거리는거 본사람은 이세상엔 없으니까.

건강은 건강할 때 지켜야하듯 행복할 때 그행복 지켜라 괜히 개도 그럭도 다 놓치고 개 혓바닥 날름거리며 후회하지 말고 .

주인님은 별

절망이라는 이름을 희망으로 바꾸어 주시는 사랑의 이름 그것은 곧 우리 주인님의 마음이고 생각입니다.
매사에 감사하는 마음을 갖으라고 하십니다. 나무 한가지를 꺾어도 꽃 한 잎을 따도 나무와 꽃에게 미안한 마음을 가지라고 흐르는 시냇물에 손을 씻을때도 자연의 풍만과 오묘에 감사할 줄 아는 마음을 가지라고 말입니다. 어느날 TV에서 낯선 이방인의 지극한 동물사랑을 보았다.
병들고 지친 원숭이를 치료기간동안 돌보는 중 정이 들고 사랑이 깊어진다. 다시 보호소로 보내며 헤어짐이 서러워 눈물흘리며 이별을 아쉬워 하는 인간의 나약한 사랑의 눈물은 그 무엇을 의미하는걸까 사랑 그것은 위대한 이름이다. 아름답고 귀한 보물이고 깊은 가슴을 내보이는 아름다운 인간의 내면이 아닌가.
사랑은 어느것에 대한 사랑이건 순수이고 진실이므로 그사랑이 이세상 어디에나 그 흔한 들꽃처럼 만발하여 어지럽도록 흔한 사랑이면 좋겠다고 우리 주인님은 구호처럼 외치십니다. 이세상 모든 개들이 다 행복했으면 얼마나 좋을까 늘 말씀하시는 주인님 느낌과 표현이 부족한 우리들이지만 눈으로 보니 알수 있고 행동을 보니 알수 있습니다. 영양가있고 질좋은 먹을거리를 주시려 애쓰시고 다칠세라 아플세라 노심초사 세심한 주의로 사랑의 파수꾼이 되어 주시는 우리주인님 그 인정 그사랑 보답을 우리는 할수가 없으니 답답하고 마음 아플뿐이지요. 보답은커녕 시끄럽게 짖어대고 똥 싸고 오줌싸고 털 날리며 사철 바쁜 일거리만 늘어놓아도 그날이 그날처럼 변함없는 자애로운 군자같은 그분이 바로 우리 주인님이지요. 그 사랑 조금이나마 힘입어 고난도 재주라도 부려 잠시 웃음과 기쁨을 드리고도 싶지만 평소 훈련이 없었으니 그것도 생각뿐이고 돼지모냥 그저 잘 먹고 편하게 퍼질러 잠이나 자고 이래노니 개팔자 상팔자라 왜 아니하겠습니까 이에 더한 행복이 무엇이며 이보다 더한 영화가 무엇입니까 이에 만족치 않고 더 바란다면 진짜개 같은 놈이지요. 으 히히히 아무튼 우리들은 이세상에 태어나 어엿한 개라는 이름으로 행복의 명함을 내민 신화로 영웅이었고 귀한 대접을 받는 존재임을 이 연사 이렇게 이렇게 외쳐 봅니다. 어쭈구리 놀구 있네. 다 내가 좋아서 하는일이고 천성에 맞으니 하는 일이고 너희들에게 봉사하니 기뻐서 좋고 취미이고 개성이어서 하는 일이니 고맙다거나 감사하다거나 그런 소리는 나에게는 사치다 다만 희망사항이라면 동거동락 하는동안 아프지 말고 밥 잘먹고 건강만 해주면 그것이 나에 대한 효이고 나를 돕고 기쁘게 해주는 일이야. 알아 들었남요 사랑덩어리들아 이이쁜놈들을 그냥 깨물어 먹을까 달달 볶아 먹을까. 비근한 이야기 하나 하자. 한치 앞도 내다 볼 수 없는 것이 삶이듯 어느날 갑작이 예상하지 못한 일들이 너희들 주변에 생겨 날 수도 있거든 판단으로 말미암아 버려진다는 생각 주인이 바뀔수 있다는 입장 인간이 하루아침에 알거지가 되는 입장처럼 떠돌이 방황의 세월 불행의 시작이 오는 길몫일수도 있어. 비극이 올수도 있다 이거지 그러니 야들아 너무 극성맞게 짖어대지 말것임을 엄숙히 선언하노니 짖지마라. 야비다리 치지마라. 하늘 우러러 한점 부끄러움 없다 외치는 그 짖음이 인간에게 공해란다.

아름다운 심포니

너희들의 짖음이 나에게는 자연의 소리요 아름다운 심포니이지만 너희들을 별로라고 생각하는 이들에게 그 짖음은 곧 소리공해이고 귀청 떨어지고 심사틀어지는 시끄러움으로 밖에 들리지 않거든. 짜증을 유발하고 신경도 곤두서게 하거든. 그게 원인이 되어 뛰쳐나와 싸우고 신고를 해 이웃간 다툼이 생기기도 하지. 더러는 그 짖음 때문에 살인까지가는 불행도 초래하지 이후의 상상을 보렴.

그 짖음으로 싸움이나 살인까지 갔는데 원인을 제공한 녀석의 운명은 어쩌면 뻔한게 아닐까 버리거나 누굴 주거나 아니면 아예 생각만해도 끔찍하지 조심허자구. 세상사람들은 다 내마음 같지가 않으니까 그러니까 도와주는 셈치고 짜증나게 자꾸 짖어대지 말지어다. 그냥 엎드려 자빠져 자 온종일 잠잔들 누가 뭐래냐 때되면 밥줄거고 목마르면 물줄텐데 만고강산 유람헐 때.

제비 물러 나간다 얼쑤.

눈빛 감정외엔 통할리 없는 교감 하나로 소통할 수밖에 없는 인간과 개의 관계 피나는 훈련으로 신통력을 발휘해 인간과 좀더 가까워 질수 있는 그 수는 몇이나 될까 특별 케이스가 아니고서는 그 고단하고 힘든 과정을 거치기가 쉽지 않다. 훈련된 놈이 아니라서 오로지 본능 하나로만 함께해야 한다는게 사람과 개의 근접성이다. 그래서 더러는 말썽부리는 개에게 지쳐 초심을 잃고 마음이 변해 버리거나 타인에게 양도하는 슬픈현상이 일어난다.

이런 인내를 감래하면서 까지 너희들과 함께하려는 마음을 너희들은 얼마나 헤나려 줄까 아이구 답답해 계속 물구 늘어져 봐야 정답이 나올리 없으니 농담이나 허자. 나는 늘 너희들에게 감사한단다. 하루를 끝마치고 돌아오면 마누라가 달려들어 날 핥아주겠냐 오로지 핥아 주는건 너희들뿐이다. 껑충껑충 뛰어 오르고 꼬리는 바람개비처럼 홰홰 내 둘르며 악다구니치는맛에 들어서면서부터 피로가 싹 가시는 듯 하지. 마누라가 궁둥이 씰룩대며 너희들처럼 아양을 떨면서 달래들면 나는 어쩌면 기절해 죽을 거야. 너무 갑작스러워서 오거나 말거나 쪼그리구 앉아서 텔레비전에 눈알을 고정시키고 이웃 영감탱이 보듯헐 때 날 반기는건 네놈들 뿐이니 내가 어찌 안 이뻐하겠니.

내복에 살가운 여자는 없다. 혼인신고만한 독불 홀아비라 할까. 있어도 그만 없어도 그만 내 인생에 있어 너희들이 존재치 않는다면 나는 어디에 정을 붙이고 무슨 낙으로 살까.

사람의 정이 그립다. 촉촉이 젖은 가슴은 정이 메말라 가뭄에 찌들어 굳어져 조각난 흙덩이가 남았을 뿐이다. 내 메마른 흙덩이위에 찰랑찰랑 물은 채워준 것은 개였고 행복한 생각을 하게 해 준것도 개 너희들이었단다.

그런데 사람이 그렇드라. 원수도 한솥밥을 먹으면 귀인으로 보이는가 보다. 뭔 말인고허니 마누라 예기걸랑 선천적으로 개를 싫어했대. 그런데 너희들과 수년을 함께 동거동락하다보니 이 짱돌 머리가 확 돌았던지 그렇게 방울이를 미워하고 천대하더니 시방은 여느놈과 차별하지 않고 똑같이 잘해주는거 있지. 나만 그런게 아니라 이 화상도 미쳤당게 부스스 일어나면 즉시 밤새 싸붙인 오줌부터 처리하는 습관은 어제 오늘일이 아닌 아주 똥 오줌 치우는데 베테랑이 라니까. 그거 하나는 진짜 칭찬해 줄만하지. 그 나머지는 다 얼렐레야 밀어 붙이지 않으면 어느것 하나도 해결되지 않는 여자 그래서 열가지 일을 해결하려면 열 번을 눈흘기고 싸워야하는 본디 없는 집구석이기도 하거든. 이런저런 아둔의 내면에서 살자니 내 신세가 이모저모 얼마나 스트레스고 고달프겠냐. 내가 이렇게 산다 씨발 딸아이덕에 어느날 갑자기 심심할터이니 길러보라고 덥석 안겨준 콩 한 마리가 시작이 되어 지금 너희들이 존재하게 되었고 한때는 너 방울이가 가시방석이었겠지만 네 인내가 오늘같은 행복이라는 선물을 받은게 아니겠니 그저 참는자에게 복이 있나니 그말이 진리이다.

슬프지 않은 눈물

아시아 동방예의지국이 세월과 시대의 흐름에 때가 묻고 병들어 개판 안하무인 지국이 되다시피한 대한민국 오늘의 현주소 박정희 군사정권 시절 국민의 권리와 나라의 기강을 바로 잡고자 생겨난 구호 첫머리가 있다. 우리는 민족중흥의 역사적 사명을 띠고 이땅에 태어났다. 안으로 자주독립과 … 이런 구호가 있듯 우리도 인간과 함께 하기위하여 애써 이땅에 태어났다. 부와 명예 탐욕 우리에게 있어선 존재밖의 것들 배곯치 않고 마실수 있는 시원한 물이면 족한 우리의 바램 지극한 사랑은 아니어도 항시 잊어 주지 않는 관심이면 더없는 행복이라 여기는 우리들의 서민적 바램 인간이 벌기 힘든 돈 돈들이지 않고 관심만 가진다면 가능한 우리들의 또다른 요구라면 인자한 그윽한 눈빛으로 바라봐 주며 서로 눈맞춰 뭔가를 말하며 웃어준다면… 먹다가 남은것이나마 맛있는 것을 한입에 쏘옥 넣어주며 머리통을 쓰자듬어 준다면…

따끈한 물에 향기로운 샴푸를 풀어 살금살금 목욕을 시켜 때깔나는 우리를 만들어 준다면… 고생고생하다가 살만하면 죽더라구. 그럭저럭 행복에 겨울 즈음 갑작스런 죽음이 눈앞에 오는 공포의 날이 없다면…

늘 마음 한편 남아 있는 공포의 그늘 그런 불안의 늪에서 헤어날수만 있다면 너무너무 좋겠습니다. 우리가 없는 훗날에도 살아있는 개들은 끊임없는 사랑하소서를 외쳐댈것이고 과거이거나 현재에나 늘 세월이 흘러도 똑같은 일편단심 요구사항이거나 희망사항은 한결같은 것입니다. 참 단순하지요. 뉘엿뉘엿 서글피 넘어가는 저녁 석양의 해를 바라보면서 기도같은 짖음으로 이세상 모든 우리 종족 개들의 안녕과 사랑과 평화를 길게 목늘여 기원해보는 노을빛 고운 저녁입니다. 사랑해 주셔서 고맙습니다. 맛있는 밥을 주시니 고맙습니다. 진자리 마른자리 거두어주시니 고맙습니다. 늘 감사하는 마음으로 주인님을 위해서 기도하고 주인님의 가정을 위해서 또 기도합니다. 따뜻한 마음 배려의 마음이 충만하신 주인님의 가슴속 샘물처럼 솟는 그 사랑에 슬프지 않은 눈물이 주르르 흐릅니다.

샤워

샤워 어라 영어잖아요 우리말로 합시다. 등목 아 시원하다. 콩누나와 호두형 그리고 나 셋은 방금 등목을 마쳤답니다. 커다란 여행타올에 젖은 몸을 닦고 더운 바람이 쏟아져 나오는 드라이기로 (훈풍기) 마르지 않은 습기를 말리고요 빗질도 한 다음 산뜻한 기분으로 개 껌을 씹고 있는 중이거든요. 콩 누나는 몸이 작고 호두형은 수컷입니다. 호두는 콩의 아들입니다.
아주 복받은 형이지요. 태어나 낳아준 어미와 평생을 함께 한다는게 우리들 처지로선 지극히 드문일이고 굉장한 행운중 하나이지요. 둘이든 셋이든 태어나 옴닥거리며 어울려 엄마젖을 빠는 동안의 시간은 너무도 짧지요. 불과 20여일에서 한달정도 그리고는 박살난 수박처럼 동서남북으로 흩어져 새로운 정착지가 어딘지도 모른체 우리들은 벌벌기는 상태에서 말이죠. 참 슬픈일이지요. 사람은 자식이 열이든 스물이든 다 엄마 아빠품에서 자라고 성장해서도 끝까지 함께하건만 우리들의 신세는 왜 요모양인지 알수가 없습니다. 우리들은 일주일에 세 번식 고급 샴푸에 따끈한 물로 등목을 하지요.
주인님이 워낙 깔끔하시고 부지런하시다보니 오히려 우리들은 목욕이 싫어 꽁무니를 빼기도 한답니다.
이것이 배은망덕이라는 것이겠지요. 나참 푸른빛깔의 은은한 고급 샴푸를 우리들 몸위에 주르르 부어 사박사박 비비고 긁으면서 때 꼬장물을 빼주실땐 그기분 누구도 모르지롱. 옛날에 나 방울이가 공장에서 살적엔 딱

두 번 목욕을 했는데 그나마도 지금 주인님이 아니었으면 그나마 물구경 한번 못해봤을거에요.
그러던 내가 이젠 행복이라는걸 느끼고 고마워 할줄 알게 되었으니 얼마나 다행입니까 찬물이 아닌 적당히 데워진 보일러의 따뜻한 물로 구석구석 온몸을 닦으니 신선이 따로 없고 개팔자 방울이 팔자 상팔자 중 상팔자임을 실감합니다. 나와 같이 태어난 형제들은 지금 어느곳에서 어떻게 지내고 있으며 작년여름 복날을 잘 넘겨 무사히 살아있는지 지금의 나처럼 헤어진 나를 생각하고 있는지 알수가 없으니 기가 막힙니다. 저 있잖아요 고민이 하나 있걸랑요 콩이나 호두보다 덩치는 크면서 더구나 사나이가 기회만 되면 아무데나 쉬를 찔금거리거든요. 내 딴에는 본능적 영역 표시이지만 주인님에겐 미움의 대상이고 신경질을 만들어 드리는 원인으로 이건 아닌데 내 왜 이러는지 나도 모르지요 감히 오지 못할곳에 어렵게 어렵게 왔기에 지금까지도 희미하게나마 나에 대한 미움이 남아 있을 오금이 저린 판에 자꾸 이러니까 신문지 돌돌 말아 우리의 매로 만든 막대기 회초리로 더러 맞기도 하는데 가만히 생각해 보면 아마도 통제가 아니되는건 공장에서 잇던 어린시절 큰개에게 물려 죽다 살아난 불안감이 지금도 남아 오줌 흘리는 버릇이 되어 버리지 않았나 싶어요. 그때 나는 죽었을것인데 지금 주인님의 정성으로 병원에 가 살아난 나는 가슴에서 한사발의 피고름을 짜내고 아문 상처는 지금도 칼자국처럼 남아 내 어린날의 끔찍했던 과거사를 보게하거든요. 인정사정도 없는 못된 나쁜놈의 개새끼 어린나를 물고 흔들고 내동댕이치던 기억조차 싫은 더러운 깡패놈의 개새끼 생각하니 기분 드럽네요. 주인님이 아끼시는 장롱이나 책상 모서리 오

디오 스피커통 그저 서 있는거면 거기다 그냥 찍 뜨거운 오줌을 퍼 부으니 아유 노랑내야 이러니 부처님인들 어찌 눈을 흘기지 아니하겠습니까? 하해같은 은혜를 원수놈의 오줌으로 갚게 생겼으니 에이 이 둔탁한 똥개 조상님이 원망스러워 내가 나에게 회의를 느끼니 이런이런 기겁을 할 일이 있남요? 이거 개처럼 놀면 안되는데 야단이 자사고네요. 내가 배안의 병신은 아닐텐데 왜 이러는지 몰라 머리통이 빠가라서 생각이 없다보니 분별이 없이 노냥 지청구감인데 내가 진짜 이러면 안되지 비뇨기과라도 한번 가야할려나 아무튼 이제부터는 정신 좀 바싹차리고 좀 뭔가 달라지는 모습으로 거듭나는 방울이가 돼야할텐데 나 잘할수 있을까요 그럼그럼

방울이가 아파요

선천적으로 태어난 짜리몽땅한 네 육신과 짧은 숏다리 그런 네가 매력이 하나있다면 그건 눈부시게 하얀털에 엷은 베이지색 털이 귀와 엉덩이쪽에 자리하고 있다는것과 쌍꺼풀 진 부리부리한 잘생긴 눈이 포인트 진짜 매력 적이거든. 그 예쁜 인물에 빨간 혀를 내밀고 핵핵거릴땐 내 혼이 다 빠져나간다니까. 그래서 나는 너에게 빠져들었고 너는 네 가슴에 나를 품었지. 이렇듯 인연이란 묘한 매력이거나 감정에 의해 이루어짐을 배웠구나. 소문나지 않은 너와 나의 사랑이 잘익은 사과가 될즈음 들리는 모난 소리

는 지저분하고 귀찮은데 잡아먹지 나를 전율케 하고 핏발서게 하는 개만도 못한 잡소리에 폭발하는 감정을 억누리기는 정말 쉽지 않았어. 인내를 필요로 했고 무던히 견디기란 고통 그자체였으니까. 이런 수모를 감래하면서 까지 널 지켜주고 싶었던건 오직 사랑이라는 이름이 해낸 쾌거가 아니었을까

잠시도 네가 보이지 않으면 불안한 마음이 생겨 별의별 생각에 일손이 안걸리고 안절부절로 하루가 저물고 열악한 환경에서 공장쥐와 함께 밥을 나눠 먹다시피 하고도 아프지 않고 건강하게 잘 커준 네가 정말 고마웠지. 식성하나는 타고났던가. 뭐든지 주면 주는대로 밥그릇이 윤이 나도록 맛나게 먹어 줬고 늘 부족한 듯 껄떡거리던 네가 어느날 부턴가 병이나서 토하고 설사를 2주정도 하고 누워 있을 때 솔직히 널 탐탁치 않게 생각하는 마누라를 의심하기도했지. 미운 널 해꼬지 하기위해 못먹을거라도 먹였나 싶어 극심한 의심도 했단다. 토실토실했던 몸뚱이는 살이 빠져 털만 엉성했고 굽은 등뼈가 능선처럼 돌출됐을 때 고생끝 행복시작이 이세 눈앞인데 너에겐 누릴 복이 여기까지인가보다 생각하니 얼마나 가슴이 아프던지. 행복하게 해 주려고 데려온 놈인데 주사맞고 약먹이고 병원을 드나들어도 별 효과없던 놈이 어느날 아침 밥그릇이 밤새 깨끗이 비워져 있었다. 이젠 안심해도 될 한고비를 넘긴 것 같다. 안쓰럽다. 안아주고 뉘어놓고 가렵지도 않은 몸둥이 구석구석을 긁어주고 쓰다듬으며 아프지마라 방울이 순간 저세상 간 복돌이 생각과 함께 내 콧등이 시큼해진다. 하루가 가고 또 하루가 가면서 방울이 병에는 호전되어 갔고 가볍고 지쳤던 몸은 살이 오르고 예전처럼 식욕과 건강을 되찾았지요. 직장에 가서도 여유있는

시간엔 늘 방울이가 걱정되어 생각하는 시간이 되었었지요. 일이 끝나면 얼른 집에 오고 싶었고 난 공장에서 가끔 집에 방울이의 안부도 전화로 물었지요. 사료는 먹었느냐 병원엔 다녀왔느냐 하는 걱정의 전화를 말입니다. 병든 시어머니 보다 수발하는 며느리가 더 지치더라고 걱정속에 애마름은 나혼자 말없이 당하는 고문같은 것이었지요.
28년이라는 세월을 아파 누워 병원과 약으로 밥먹듯 하는 환자 며느리를 데리고 사는 나로서는 가족처럼 생각하는 개들의 아픔은 마누라와 같이 비교할 수 없는 별개의 것도 아님을 솔직히 고백합니다. 나는 가끔 이런 생각을 합니다. 요렇게 이쁜 놈들이 이다음에 제명을 다해 죽는다면 그 애닮음과 허전함을 어찌 감당할까하는 걱정말입니다. 이토록 나는 이놈들의 훗날 있을 아픔까지 미리 생각하며 그걱정을 사랑으로 잊습니다.
60 나이 할아버지의 마음이 이렇게 나약해서야 이거 되겠습니까. 아무리 독해지려고 해도 천성인지 난 그렇게 되지 않았습니다. 그렇게 하면 할수록 더 죄지어 무엇하리 태어남도 죄이거늘 한평생 생각이 가는대로 넘침없이 그저 무애무덕 그렇게 살아감이 나이거늘.

세상의 공유

바람결에 한점 구름이 흘러갑니다. 바람이 불면 들풀도 나무도 격렬한 몸

동작으로 환희의 춤을 추어 댑니다.
바람이 일면 세상 어지간한 것들은 다 나비가 되고 새가 되어 날며 춤을 춥니다. 바람이 불면 개들도 까만코를 벌름거리며 실눈을 뜨고 살랑이는 털의 흔들림을 공유합니다. 바람과 함께 쏟아지는 함박눈위에 개들은 뒹굴고 눈을 긁어대며 제 흥에 겨워 미친 듯 허부적 거리며 발광을 합니다. 백색 눈밭에서의 여흥을 연출합니다. 신명이라는 것은 사람이나 동물이나 잠재적인 본능적 감각이지요. 눈이 오는 날이면 사람들은 설레이고 추억이 살아나고 감상에 젖으며 그 하이얀 평원에 누워 뒹굴고 싶고 눈을 뭉쳐 사랑하는 이에게 던지며 좋아라 깔깔대며 어린아이가 되어 보지요.
순수한 마음 사랑의 마음으로 동물앞에서면 아무리 기민하고 포악한 동물도 나름의 교감으로 사랑으로 다가섬과 아님을 헤아려 내어 눈빛과 표정이 달라지기도 하지요. 내가 동물에게 베풀고 주는만큼 동물은 나에게 두배 세배의 기쁨을 줍니다. 그들의 눈을 가만히 들여다 보세요. 악은 어디에도 없습니다. 선함만이 가득해 깜박이는 그 눈빛은 세상 저편에 있는 때묻지 않은 별과도 같습니다.
아름다움은 아름답게 봄으로써 아름답게 보이는것이고 미워하는 마음으로 미움을 보면 한없이 미운것입니다. 애써 태어났으면 열심히 살아야 하는 것이 태어남의 의미이고 사랑하고 사랑받으며 사는 것 또한 태어남의 사명이자 감출수 없는 생각중 하나 연약한 마음을 애써 감추려는 내안의 고리타분한 속내를 누구에게 털어놓아 말을 할까?
나는 온통 머리가 복잡하다. 왜들 이러슈. 지구상에서 제일 영리하고 똑똑하다는 인간이 말못하는 짐승가지고 똥친 막대기 취급에 내남보살이면 되겠소. 살아감에는 이민경계라는 것이 있지 않소. 행복하게 해 주지는 못할 망정 거 무슨꼴이요. 아 신라에 개 달밤이요. 불국사에 종소리가 언제 멎었수. 13년 정 붙혀 기르는 두녀석의 운명이 하루아침에 나팔꽃 신세가 되어 먼지 구덩이에서 일생을 마치게 생겨 먹은 기막힌 이야기 하나합시다. 주인대신 그놈들의 대모가 되어 조석으로 돌보아 주는 신욕고된 일상이 생겨났다. 이제부터 이놈들의 새로운 주인은 나다.

눈꼽낀 두녀석의 눈을 매일 씻겨주고 눈 세정제로 넣어주며 똥오줌 수발하고 정갈한 그릇에 사료와 깨끗한 정수를 챙겨준다. 아직은 주인에 대한 충정이 조금은 남은 듯 보면 꼬리로 살랑대지만 실제 1년여 내 보살핌을 알아차린 듯 나만보면 아우성이다. 때되어 식사후 맛있는 것을 맛뵈기로 먹여주고 하루 두어번씩 개장에서 나오게 하여주니 놈들 주위에 내가 가면 난리다. 그러면서 나는 시중은 들망정 정은 주지 말자를 늘 생각하는데 거기엔 이유가 있지요. 왜냐구요 수년을 몸담아 온 직장이지만 직장이라는 것은 언제 어느때 그만둘지 모르는 경우에 따라 요즈음 내 생각이 들떠 있는 중이라서 힘들고 건강에 치명적인 먼지구덩이에서 해방되고자 하는 생각이 분분하다보니 어느것도 정을 들여서는 그런날이 올 때 내감정에 적이 될까 싶어 고향을 떠나는 사람처럼 조심스럽게 생각을 고르는 중이지요. 내가 만약 이놈들 곁을 떠난다면 이 두놈은 그야말로 개밥에 도토리 신세를 생각 안할 수가 없습니다. 아니 그보다도 내가 아니면 주인이 다시 거두겠지요. 아닐꺼예요. 개 정성에 프로급인 나보다는 어림도 없지요. 지금 주인의 태도가 말해줍니다. 사료가 떨어지면 한푸대 사오는 것이 전부이니까요. 어쩌면 애시당초 내 잘못이었는지도 모르지요. 아예 손을 대지 말았어야 했는지도 모르지요. 그러나 손댄이유는 있습니다. 처음부터 관심이 없는 듯 그랬으니까요. 이래도 내 잘못이었을까요? 내가 개입이 되었어야만 했던 더 이상의 이야기는 이글을 읽는 모든 분들의 상상의 몫입니다. 그럼 이제부터 두녀석의 내막적 서사를 나열해 볼까요?

내 이름은 효순이랍니다. 태어나 세상살이 12년이 되었지요. 완전히 할머니로서 이제 죽을 날도 멀지 않았으니 납골당이라도 준비를 해야하는데 도대체가 돈이 돌아야지요. 그리고 나 뚱이는 효순이와 같은죄를 타고난 코들러 붙은 시츄로서 세상 태어난지 3년 됐구요. 우리둘은 늙은 할멈과 젊은 청춘을 떠나서 늘 함께 비비고 장난치며 그정이 깊을대로 깊은 둘도 없는 사이지요. 그러나 할멈이 치매가 걸렸는지 망령이 났는지 자주 날 목덜미를 물어 제끼며 두발로 내목을 짓누르고 그러걸랑여. 잡아죽일 듯 으르렁거리며 덤빌땐 웬 늙은이가 이리 힘도 좋아. 빈정대며 속상할때도 많지만 아래 위가 있고 체계와 체통이 있는데 어찌 어린 것이 노인에게 대들고 맞대거리를 하겠습니까? 안돼지요 그럼요 안돼지요. 내가 설령 막돼먹었다면 에라 씨벌꺼. 이놈의 늙은이 맛좀봐라 하며 대가리를 쥐어 뜯겠지만 아이구 안돼유 상상두 허기 싫어유. 그러면서도 미운정 고운정 다 들고 나눈 사이라 전 이제 효순언니 없인 외로워 못살아요. 언니는 이제 이빨도 다 빠져 늘 합죽이로 혀를 내밀고 뭘 먹을때도 합합거리며 먹는다니까요? 이빨이 빠지면 혓바닥도 나오나보죠 으흐. 먹성도 아직은 왕성하구요 식탐이 있는데다 이도 없으니 씹을수도 없지만 참 잘먹어요. 똥은 한바가지씩 내밀어 아저씨가 똥치우기가 역겨울 꺼에요.

아니다 괜찮다 딱딱하게 누어 또르르 굴르니 치우기가 재미가 난다야.

뺑이야 살이 어찌나 투실투실 쪘는지 날잡아 누르면 내가 금방내 질식해 죽을것만 같아요. 아파트에서 살다가 여기 공장에까지 온 계기는 주인님 어머니 되시는 분이 개 알레르기가 있다하여 강제로 추방당한 셈이거든요. 막상 여기에 와보니 하루종일 날리는 먼지와 기계소음에 미칠것만 같았는데 1년여 견디다보니 면역이 되어 이젠 자장가나 다름없던차에 2008.7.11. 잊혀지지도 않아요. 아저씨곁으로 소음이 덜한 바람도 잘 통하고 밝은곳으로 아저씨가 우릴 옮겨주어 낡은 초가에서 살다 키높은 고급양옥에 전세온 기분이니 이만하면 족하니 더 무얼 바라겠습니가. 우리가 집에서 쫓겨나 이곳에 오던날부터 아저씨는 조금씩 조금씩 우리곁에 관심을 가졌습니다. 아침 8시면 도착하는 아저씨를 기다리는 것이 우리들의 낙이 되어 버렸습니다. 한주가 다 가는 토요일이면 일요일 먹을 넉넉한 사료와 물을 챙겨주고 가십니다. 8월10일 어제 큰사고가 생겼습니다. 효순이의 왼쪽눈의 안구가 찢어지는 사고가 있었는데 사람에 짓인지 고양이의 짓인지 아니면 둘이 싸우다 발톱에 찢겼는지 미스터리 속에 안타까움만 남았지요. 출근하여 보니 효순이의 왼눈에서 피고름이 흐르고 있었지요. 이일을 어찌할꼬. 또 마음아파옵니다. 이미 염증이 생겼으니 주사라도 한 대 맞추라고 주인에게 이르니 시큰둥하니 대답도 없이 웅얼웅얼 얼버무리고 만다. 그러고 나선 이내 약하나 주사한대 없이 내버려둔다. 나그네인 내가 엄연히 주인이 있는데 선 듯 내 임의로 이놈을 데리고 병원에 가는것도 주제넘는 일같아 눈치만 보다가 눈세정제와 마이신을 며칠 투여한 결과 상처는 다행히 아물었으나 눈은 허옇게 멀어 볼 수 없는 실명눈이 되고 말았다. 천벌을 받을 나쁜여자 그여자의 소행이 틀림없다 평소에도 짖거나 발광을 하면 막대기를 들어 개장을 내리치거나 혼을 낸다고 쑤석거리는걸 본적이 있다. 분명 효순이의 실명은 그여자의 소행이 틀림없다. 성질이 불같이 더러운 여자 그 과부의 소행이 분명하다. 선천적으로 개를 끔직이 싫어하는 여자 효순아 오늘하루 네 일진이 정말 더럽구나 네 삶에 있어 마지막 동토인가보다. 서럽게 주어진 끝날의 운명은 아닐테지 그나마 더하지 않음을 다행이라 하자. 고통과 슬픔을 인내해줘 정말 장하구나. 항생제(주사) 한번 맞춰주지 않은 네 주인의 야속한 생각에 난 이미 화가 나 있단다. 야속한 주인 무관심을 생각하면 널 돌볼수가 없어. 나는 너희들을 좋아하고 주인과는 별개라는 생각하나로 너희 둘을 돌볼뿐이야. 12년이라는 세월을 정주고 마음주며 키웠다는 네가 그 지경에 이른 널 헌신짝 보듯 하다니 네가 주인에게 준 충성과 따름의 댓가가 고작이따위 대접이라면 너는 그 긴세월을 어쩔수 없어 데리고 있었다는 말밖엔 안돼. 어쩔수 없는 12년 병들어 죽지 않고 살아있으니 그냥 그럭저럭 같이 살아온게 전부 어떻게 사랑해주고 어떤식으로 길러졌는지가 의심이 간다. 네 주인이 공들였다는 12년 아성이 오늘 내 생각으로하여금 모래성이 되어 무너져 버렸다. 거짓이 드러났고 기만이 드러났다. 네 찢어진 고름 나오는 눈을 들여다 보며 죽을때도 다 됐다고 말하던 네 주인 그지경에도 주사한대 놔주지 않은 속수무책 이건 도리가 아니다. 주인이기에 앞서 사랑이 먼저였어야 했다. 12년 네 충성과 꼬리흔듬의 댓가는 없다. 효순아 네 주인에게 침을 뱉어라. 네가 아는 욕을 있는대로 해대라. 그리고 발악하듯 악을 써라.

너희들이 살아있고 내가 인정머리 없는 네 주인밑에서 일하며 공장에 있는한 내가 너희 두놈의 대모가 되리라. 효순아 네 인내심은 정말 높이 살 만하다. 찢어진 눈주위로 손도 못대게 아파하던 안타까움 아파 짖어대던 울음도 그친 몇날며칠을 그렇게 견딘 인내력. 사람이 그 지경이라면 병원에서 수술이 진행되고 영양제 맞고 병문안객이 줄을 잇겠지만 효순이는 동물이라는 이유로 약도 주사도 병 문안객도 없는 쓸쓸한 개장안에서 병실을 대신하고 엎드려 견디며 참았다. 앓는 소리도 들리지 않았다. 피고름이 만들어질때의 쑤시는 괴로움 캄캄한 공장구석에서 밤새 얼마나 아리고 아팠을까? 그래도 내가 효순아하고 부르면 아픈 와중에도 힘없이 느리게 기어와 덥석덥석 받아 먹는다. 나를 더 가슴 아프게 한다.
효순아 네 나이만큼 네 생도 멀지는 않았지만 사는날까지 아무일없이 건강하게 살다가 아저씨가 보지않는 밤에 조용히 눈감았으면 한다. 아저씨가 저 죽어가는 모습을 눈으로 보면 오래도록 가슴이 아프거든. 생명은 흙에서 왔다가 흙으로 가니까 늘 건강해야 해.

검은 고양이 네로

이번엔 분위기 쇄신상 화제를 바꿔서 날렵하고 앙칼지고 냉기는 흐르지만 귀여움과 사람들에게 사랑받고 사는 고양이 이야기를 하면 어떨까요? 이야기의 주인공들은 야생 도둑고양이의 새끼들로서 호랑이 무늬의 세 마리 한배새끼 이야기로 수놈하나와 암놈 두 마리 도합 세 마리의 나와 얽힌 인연의 끈을 이야기하려 합니다. 이 세녀석의 아비는 털 검은 크고 잘생긴 놈입니다. 그러나 새끼 한 마리는 누런 호랑이 무늬로 제엄마를 빼닮았고 두놈은 누런 얼룩이 있고 흰얼룩이는 그냥 알록달록이지요.

어느날인가 공장 사무실로 쓰이는 한귀퉁이 컨테이너 밑에서 쥐만한 세 마리 새끼와 어미와 수컷 다섯놈이 줄지어 이동합니다. 태어난 고향은 분명히 공장터이고 덮개가 씌어진 나무가리나 컨테이너 밑에서 태어났다고 보면 틀림없습니다. 이놈 가족들은 내가 일하는 곳에서 어른거립니다.

초겨울이라 추워지는 날씨며 따뜻이 잠잘곳을 찾아다니는 듯 합니다. 나는 즉시 내가 일하는 다이밑에 스치로폼을 깔고 그위에 발포비닐을 잔뜩 넣어 따뜻한 잠자리가 되었으면 하는 마음으로 바람이 들어갈만한 구멍은 다 나무로 막아 기왕이면 따뜻하게 지내게끔 신경을 썼지요. 아니나 다를까 다음날 아침에 보니 그놈들은 공장안에서 왔다갔다 하면서 내가 마련해 준 비닐속 잠자리가 마음에 들었는지 깔아준 엊저녁부터 어미와 둥지를 틀었습니다. 얼마나 고맙던지 나도 모르게 야 요놈들이 여기서 잤구나 하고 좋아했습니다. 공장사람들이 먹고 남는 생선이나 해물따위도 조금씩 주어봤습니다. 의외로 난생처음일텐데 어미젖보다 맛났던지 잘먹어 주었습니다. 이런식으로 고양이와 나의 우연은 시작되었고 약속이나 한 듯 나는 이녀석들에게도 신경을 씁니다. 물이 없으면 물을 주고 잠자리에 떨어진 나무가루먼지를 털어주며 냐옹냐옹하며 교감을 키워갑니다. 따를듯따를 듯 밥을 가지고 가면 세놈이 줄줄 따라와 주면서도 가까이하려면 경계심을 늦추지 않는걸보면 야생은 야생입니다. 집고양이면 벌써 따르고 몸에 안길정도의 시간들이 갔는데도 이놈들은 늘 냉정했다. 그러면서도 저 밥주는 날 알아본다. 냐옹하면 저도 응수로 냐옹한다. 의례껏 냐옹냐옹이 세놈과 나의 대화법이다. 내 냐옹의 답은 알았어 그뜻일게다. 세상의 모든 것들 새롭게 태어난 어린 생명은 예쁘고 사랑스럽습니다. 오늘 월요일 나에게 즐거움을 줄 우상이 하나 생겨났습니다.
내가 새끼적부터 보살펴준 세놈중 하나가 2008년 5월10일 세녀석의 새끼를 낳았습니다. 일년이 채 안된 기일에 새끼를 갖다니 고양이는 내가 알기로는 겨우 출생일이 9개월여인데 어쨌거나 몇 개월이 되어 새끼를 갖는지는 확실히 모르나 일단 낳았으니 출생 1년안에 새끼를 갖는구나 하고 알면 됐다. 어린새끼들은 요즘 햇볕강한 여름날에도 아랑곳 않고 제어미따라 나무터미지 위에서 적응훈련을 받으며 기어오르고 내리는 연습중이다. 그 외엔 절대 제어미따라 다니는 모습은 볼 수 없다. 나는 오늘 운좋게도 고양이의 훈육을 보았지요. 아까까지만 해도 제어미와 네녀석이 어울렸었는데 지금은 어미혼자 우리곁에 다가와 어른거립니다. 너희들은 아직 어리고 위험하니까 엄마의 허락없이는 절대 외출은 안돼. 이렇게 엄한 훈시를 했던지 하나도 보이지 않고 나무사이에 네놈이 나란히 얼굴만 내민체 나를 경계합니다. 나는 히죽 웃음이 나왔습니다. 도란도란이 얼마나 예뻐보이든지 순간 나는 겁먹은 새끼들을 바라보며 짧게 생각해 봅니다. 삶에는 오르막과 내리막이 있고 굴곡이라는 두가지 이념이 있단다. 기쁜날이 있으면 슬픈날도 있는거고 행복과 불행이라는것도 있단다. 그런만큼 앞으로 성장하면서 별의별 일이 다 생길수도 있음을 알 필요가 있거든 아무튼 건강하게 자라렴.

오늘은 별개의 날인가보다. 지금껏보지 못했던것들을 볼수가 있었으니 말이다. 정오 12시를 기억이라도 하는가 어미가 정확히 때를 맞춰 새끼들을 몰고 내곁에 몰려온다. 앙증맞고 거드름 피우는 듯한 걸음걸이로 쭈볏쭈볏 다가온다. 안그래도 크고 동그란 눈을 더 크게 뜨고서. 세놈의 출생일은 2007년 7월쯤이다. 두달을 앞서 태어난 녀석들의 출생일은 5월10일 날짜를 메모해 두었기에 알수가 있다. 걸음이 서 툰 아기고양이 들은 뒤뚱뒤뚱 어미고양이는 사뿐사뿐 그렇게 나에게 몰려와 옹기종기 모여 앉은 이쁜 요놈들을 카메라가 있었다면 찰칵찰칵 수십번 셔터를 눌렀을텐데. 이장면은 놓쳐 아쉬운 마음이다. 이제 눈에 보이는 녀석들의 수가 열이다. 대가족이다. 또 한놈이 임신중이다. 허우대가 늠름하니 잘생긴 녀석이다. 내사랑이 두배로 가는 녀석이다. 하루가 다르게 성장하면서 경계의 눈초리도 느슨해졌다. 집고양이가 되어간다.

내사랑스러운 정하나로 때가 되면 먹을걸 주는 지금의 내 소행이 과연 사랑일까 고양이는 고양이다워야했다. 야생을 잃은 고양이가 된다면 인위적 내 동정이 지금 당장은 좋지만 후일 어떠한 일로 돌볼수 없는 상황이 왔을 때 이미 야생의 본능을 잃은 상태에서의 삶은 어떨까 하는 생각에 덜컥 겁이 나기도 한다. 본능적 민첩성도 볼수 없다. 누워 잠자는게 일이고 쥐를 잡아놓고도 먹지를 않는다.

어두운 밤중에 굳이 쏘다니며 쥐를 잡지 않아서 편하지 늘어지게 열나절 자빠져 야비다리나 치고 빈둥거리니 기분째지지 걸음걸이가 그게 뭐냐 비척비척 졸린거냐 영양실조냐 사뿐사뿐 나비처럼 걷지 못하고 설렁에 이것들이 진짜 을지훈련 한번 받아야 되겠구먼. 유사시 생명선에 이상무를 경계 할수 있는 훈련 시방당금 으떠냐 냐옹아 으따나 걱정을 덜덜마셔 이없으면 잇몸이라는거 안적 모르시누만 무식해 무식해 요런 배라처먹을 나아니면 누가 널 걱정해주랴.

꽈나냐 알어알어 앗따 그영감쟁이 되게 앙앙거리네. 아 됐다니께 말귀를 못알아들어 귀에 말뚝 박았어 저영감 사람이 좀 떨떨한거 같어. 사람이 똑똑하면 한마디로 알아먹을텐데. 애새끼 설사하는것처럼 질질흘리고 받아주면 한이없어. 야 올망졸망 내새끼들아 가자 볼게 뭐있간 내일점심에 맛난거나 많이 줘. OK 노 오케이다. 이시벌놈아 은혜도 모르는 웬못된 호로들괭이 새끼같으니 어랍쇼 놀구 있네.

제5장

진실을 묻어두고 사는 사람들

분말커피가 스르르 녹아내릴 그 순간도 못참고 마구 휘저어 대는 빨리빨리병에 걸린 사람들 치료방법은 의외로 간단하지만 치료받지 않으려고 하는 사람들 약도 없고 주사도 없는 생각의 병이다. 밥 본 김에 제사지내고 멍석깔은 김에 춤한번 추드라는 옛말처럼 좌판을 벌였으니 뭐든지 벌려놓아야 팔릴것이 아닌가 솔직한 이야기 하나 하자구요 합시다. 이 지구상에서 사람보다 독살스런 동물이 또 있을까 성질상 아무리 포악한 동물도 제 종족은 해치지 않는다.

속이고 미워하고 시기하며 남 잘됨을 배아파하고 그꼴 안보려는 심뽀하며 사람나고 돈났으므로 사람이 우선이지 사람은 나중이고 돈이 먼저라 생각하기에 눈이 뒤집혀 부모형제를 난도질하고 갈등과 미움으로 인륜으로서는 도저히 행할수 없는 통탄할 일이 하루가 멀게 일어나는 비 현실적 추이에 도대체 사람이기를 거부한다.

폭력은 포악을 낳고 이에 도를 넘은 독설의 끝은 살인이다. 기고 만장해가는 세상사에 두눈중 하나를 감고 싶다. 뚫린 두귀 하나를 막아버리고 싶다. 올바로 볼수 없는 거꾸로의 세상에 염증이 인다.

동물은 오직 주린 배를 채우기 위해서만 종족이 아닌 다른 종의 먹이로 살인을 한다. 생존의 법칙이 그러하고 그리해야 살수 있는 그들이기에 자연의 법칙일뿐이다.

서로 먹고 먹히는 동물의 세계에서는 기하급수적으로 늘어나는 동물숫자의 개체수의 적당한 솎음방법중 하나일수도 있는 지극히 자연스러운 일이며 그렇게하지 않으면 주어진 생명을 지킬수 없는 어쩔수 없는 현실 때문이다. 영장류인 사람은 생각이 넓으니 이렇게 해서 아니되면 저렇게 하고 생각대로 뜻대로 움직이며 세상을 사는데 그런 당연함이 싫어서 피땀으로 일군 남의 재물이나 탐내고 거저 먹으려는 불한당의 심리가 단란한 가정을 쑥밭으로 만드는 금수만도 못한 웬 못된 군상들이 득실득실 거리는 살기 싫어지는 세상 그옛날 나 어린 시절엔 상상조차 없던 무서움이 그 어디에도 없었거늘 문명의 이기가 가져다준 물질만능의 잔재가 키워낸 악의 씨앗은 아닐는지. 아무튼 무섭고 험한 세월에 나도 한패인양 뒤섞여 살고 있으니 인간이란 탈을 쓴 얼굴가죽으로 어찌 영민한 동물을 바라보랴 작고 볼품없는 것들에 대한 사랑 파리 한 마리를 이야기하자구요. 재미날껄요. 아마 위생관념이 제로요 방역대책이 속수무책으로 미흡했던 여름날은 그야말로 파리들의 천국이었다.

밥을 못먹을 정도로 성가시게 얼굴에 팔에 들러 붙어 짜증을 유발하던 나의 어린시절의 여름날 파리채로 때려잡고 보리밥에 파리약 버무려 여기저기 늘어놓고 방문을 닫고 파리약을 풍겨놓고 한참후 들어가면 수박씨를 뿌린 듯 새까맣게 쏟아져 죽어버린 파리들 더러 살아 남은 놈들은 똑바로 앉지도 못한채 발랑 뒤집어져서 방바닥에 날개를 부딪치면서 왱왱대던 그놈 파리들이 이제는 별로다. 잦은 방역과 고약한 물질의 화공약품에 그야말로 멸종위기론까지 나올 정도다. 이런식이라면 앞으로는 파리도 국가 지정 보호종으로 아끼고 보살피는 이변이 없다고 누가 장담할까? 파리의 원천은 구더기다. 구더기가 환생하여 파리가 되는 것이다. 그래서 더럽다고 생각하는데 원인은 구더기라는 개념 때문이다. 그 개념이라는 인식이 파리는 더럽고 불결하다고 이름지은 꼴이다. 사실 파리는 더럽다고 볼 수밖에 없다. 냄새나는 곳이면 곧 이들의 만찬장이다. 비비적거리며 두 발로 마구 집어먹는다. 똥은 파리에게 일용할 양식으로 보양식이자 종족 보존의 생명줄임을 부인할수 없다. 제일많이 모여들고 제일 맛있어 하는 게 똥이다. 그 지겹던 파리도 이젠 흔치 않다. 눈에 보이지 않는 하찮은 미물일지라도 눈으로 보고는 밟지 않는다. 집안에 파리 모기가 들어오면 잡기보다는 휘휘저어 내보낸다. 어지간한 미물들은 껍질속이거나 애벌레로 세상을 연다. 신비스러움 경이적 인내 그래서 함부로 할 수가 없다. 세상의 모든 살아있는 것들의 생명은 소중한 것이다. 발밑에 기어가는 벌레가 위태롭다 생각되면 손으로 집어 안전한 곳에 놓아주고 메뚜기나 잠자리가 공장에 들어와 나갈 곳을 못찾고 이리 부딪치고 저리 부딪치며 애걸하는 것 같아 그놈잡아서 밖에 날려주고 메뚜기면 풀밭에 일부러 놓아준다. 그래야만 내 조바심이 사라져 안심이 된다. 마음은 마음을 낳습니다. 그렇듯이 정은 정을 낳습니다. 세상 사람들이 조금만 아주 조금만 살아있는 생명체에 관심과 사랑을 줘 보세요. 아마 당신의 마음이 편안할것입니다. 행복할 것이구요. 배려이고 나눔일것입니다. 사람과 동물 그리고 자연이 하나일 때 우리는 지상낙원이라 부릅니다.

푸른숲과 자연이 망가지고 미물과 동물이 사라진다면 이 얼마나 끔찍할까요? 아름다움도 행복함도 사랑도 존재할수 없습니다. 세상은 어둠이고 불꺼진 창입니다. 숨은 쉬지만 살아있는 것이 아닙니다. 세상을 아름답게 하는것도 사람이고 행복한 세상을 만드는것도 사람입니다. 인간의 능력은 무한합니다.

동업자

어느것하나 부족함 없으니 대장부 살림살이 이만하면 족하리오. 거 뭔 개 풀뜯어 먹는 소리냐구 물어볼려구 그러지 너 아녀라오 아니면 뒤집어 자 샤 개소리엔 똥이 약이여 아닌디 그게 아녀라오 그라니께 시방 하고자하는 야근즉 뭔고허니 고양이 사랑에 빠진 술 잘먹고 귀가 어두워 잘못듣고 여자 좋아하고 개싸질르듯 술취하면 육차선 도로가 넓으냐 좁으냐 있는 주책 없는 주책 제꼴 남 뵈고 자동차를 수십년 끌고 다녔어도 아직도 빠꾸가 왕초보 벼락출발에 급제동 남에 대가리야 터지든 깨지던 알게뭐냐는 식으로 콱밟고 부앙 쏜살같이 달아나는게 주특기에 기름이야 닳든 말든 지갑이야 비든말든 돈이 날아가는지 없어지는지 알게뭐냐 달리자 달려 이래노니 신호등은 있으나마나 가고 싶으면 가고 아니면 말고 네맘이냐 내맘이지 데크부크 구덩이나 엉구렁텅이나 바퀴가 터지든 말든 몸뚱아리가 용수철처럼 튀어 차 천정에 헤딩하는건 예사 앞지르고 새치기하고 90% 무법자 이사람 고씨가 자동차 모는 모습과는 달리 고양이 사랑이 여간이 아니라서 지극정성 고양이거둠에 일등공신 점심과 저녁을 꼭 밥을 비벼 챙겨주는 고양이 밥반장 나는 그저 흐뭇한 마음으로 쬐금만 동조하는 조수에 지나지 않는다. 집에서 요리하고 남는 생선따위를 차에 싣고 출근하여 맛있게 먹는 모습을 보려 무던한 정성을 쏟는 사람 일을 하면서도 여유가 있는 시간이면 단 몇분이라도 나와서 고양이를 쳐다보고 빙그레 웃어주는 고양이 사랑의 미덕 남들이 주책바가지라고 놀릴정도의 지나친 신경과 애정을 쏟는다. 살아 있는것에 대한 샘물처럼 맑은 고운 심성에서의 진정한 사랑이 그 우락부락한 오장육부에서 소리없이 흰눈송이처럼 살포시 그놈들의 육신에 와 닿는다. 한없이 고마워할것이고 눈물나게 감사해 할줄 알지만 벙어리 소통이고 보니 그저 눈빛과 따름 그것 하나로 행복과 고마움을 표하는 고양이들의 제스쳐에 흐뭇한 마음으로 신선한 사랑의 감정을 차곡차곡 쌓게 된다. 연이은 7월 장마가 한창인 요즘 비바람이 몰아치던 엊저녁 아마도 고씨는 이놈들 생각에 뒤척이며 걱정이 태산이었을게다. 그래서 안타까운 마음에 이런 시 한귀절을 떠올렸는지도 모르지요. 소녀가 기도를 하듯 두꺼비같이 두툼한 큰손으로 이놈들을 어루만지며 천둥번개 뇌성이 일던 엊저녁 고민이 사라진 흐릿한 아침 나절. 은행잎이 가을 낙엽처럼 떨어졌습니다. 간밤 비바람의 흔적이지요. 제 어미와 어린 그놈들 한데 옴닥거려 간밤을 무사히 견디었으랴 조급한 확인에 자동차 바퀴는 불나게 돌아가고 냐옹냐옹 인사하는 아홉놈의 건재함을 보고 안심을 한다. 인연 아닌 인연으로 매일매일을 나누고 베푸니 이것이 내 전생의 업인가보다. 야생으로서 사람들을 기피하고 숨어지내며 도둑고양이라는 오명은 이제 너희들에겐 없다. 정성과 사랑이 충만한 너희들의 대부 고씨가 있어 굶주리지 않을것이고 끈끈한 사랑으로 네 새끼들까지도 대접받고 행복할것 아니냐 고서방 잘 거둬 그럼 그럼

내 삶의 끝자락

비릿한 냄새가 나는 아침나절 오늘따라 한줄금 소나기라도 나리려나 바람한점 없이 아침부터 찜통이다. 얇은 여름 셔츠가 몸에 붙어 짜증을 유발한다. 더위에 약한 나로서는 금년 여름을 어찌 넘기나 하는 걱정으로 한숨을 쉰다. 나른하고 피곤하다. 땅 꺼지는 한숨과 함께 땅바닥에 엉덩일 붙인다. 편하다 온몸이 녹는 기분이다. 가만히 웅크리고 있는 등딱지가 긴 황토색 이름모를 벌레하나 그놈이 내 시선을 끈다. 양 수염이 움직이고 네 발이 바르르 떨면서 날보고 놀랬던지 날 듯이 안절부절이다. 잠시 죽은 듯 아무런 미동도 없다. 다시 더듬이가 움직이고 좌우로 돌아가는 눈 나는 장난기가 발동하여 툭 건드려본다. 놀래서 기는 놈이 굼벵이처럼 느리다. 날듯말 듯 등껍데기가 들썩들썩 속날개가 보인다. 등딱지속에서 날개가 나왔다 들어갔다 이륙 준비는 하는 모양인데 날지를 못한다. 안타깝다. 그야말로 옛날 우리 아버지 말씀맞다나 월미도 사쿠라 꽃은 필둥 말둥이드라구 날듯말 듯 폼만 잡을 뿐이다. 또 한번 건드려 본다. 놀랬나보다. 빠른 걸음으로 비닐쓰레기밑으로 기어들어 자취를 감춘다. 그때다 개팔아요 개들 파세요. 정녕 듣고 싶지 않은 개장수의 개소리다. 욕이 절로 나온다. 재수없는 개장수의 마이크 소음 세상 삶에 있어 먹고 사는 방법도 다양하지만 남의 무고한 개를 사서 그 이문으로 먹고 산다 글쎄. 나로서는 언뜻 이해가 가질 않는다. 자신의 생의 안위를 위해서 선택한 직업 일테지만 왜 하필 개장수였을까? 찌글거리는 핸드마이크 메가폰을 차에 매달고 개 팔아요를 외친다. 공포에 질린 개들이 여기저기서 짖어댄다. 저희들을 잡아가는 저승사자의 목소리를 감지한 탓이다.

개 주인의 마음을 자극하는 저 기분 나쁜소리 몇몇놈이 차에 실린다. 가슴이 저려온다. 무고한 개를 사서 되팔아 그 이문으로 밥을 먹는 그런 현실은 없었으면 좋으련만. 여보 개장수 다음생엔 그짓으로 밥먹지 마슈. 좀 크게 놀아. 짧은 인생사 착하고 아름답게 죄 짓지 아니하고 살다가 가도 생전에 진 죄 다 사면못하고 큰 짐으로 남겨둔채 그렇게 저 세상으로 가거늘 살인으로 잘먹고 잘살아 몸둥이 불려 행복한들 원귀의 아우성에 어찌 편안할까 어쨌든 오늘 개장수 때문에 기분 드럽다. 안타깝고 절망적이다. 그렇게 해먹을게 없어서 하필이면 개사자로 나섰소. 먹고 사는게 무엇인고 돈이 무엇인지 느닷없는 개팔아요 한소리에 벌벌 떨면서 좁은 개장안에서 공포와 주눅으로 이승을 억지로 떠나야 하는 개들의 심정을 조금쯤은 헤아려 보셨는지 마지막 슬픈 공포로 인간들의 뱃속 더러운 똥이 되려 울면서 떠난다. 눈물 쏟아지는 드라마가 시작된다. 알량한 몇푼의 이문에 홍이 낙낙한 개장수 내일은 어느 집구석 개를 홀려 저승에 보내고 돈을 챙길까 회심의 미소로 쌓인 죄 위에 자꾸자꾸 더 많은 죄를 쌓기 위해 개팔아요를 외칠것이니 개장수도 불쌍하고 억울하게 죽어가는 개도 불쌍하고 어라 따지고 보면 그게 그거네. 똑같이 불쌍해 허 거참.

살아생전 주인 못 만나 호강이 뭔지도 행복이 뭔지도 모진 인간의 발길질도 해결치 못한 더러운 물도 밥도 때낀 몸뚱이 옭아맨 쇠사슬에 뛰놀지도 못하고 앉은뱅이처럼 제자리에서 연자방아 끌고 돌 듯 하루종일 쇠사슬로 흙을 쓸며 동그라미를 그리던 일도 얼굴도 못본이웃 개들의 짖음에 겨우 겨우 답하며 궁금증으로 안타까움으로 머리가 어지러웠던 그런일도 하루종일 혀를 내밀고 헉헉이며 땡볕에서의 늘어지던 몸도 그나마 이젠 모두가 끝이 되어버리는 내 마지막의 세상 엄마 젖 떨어져 자라 겨우 이년이라는 세월이 내 일생의 전부인 것을 엉금엉금 기어 누운 엄마의 젖을 빨며 아무것도 모르고 행복했던 그때가 왜 오늘따라 이렇게 생각이 날까요 개장수가 내 추억을 들추어 주데요. 나는 이제 두 번다시 인간들의 세상에 태어나지도 다시 오지도 않을겁니다. 우리들의 처지를 마음아파하며 세상에 고발의 글을 쓰는 아저씨 정말 고맙습니다. 애절한 울부짖음이 있어도 듣지 못하고 제마음대로 남의 생명을 쥐락펴락 사고파는 야만적 인간의 위선이 형법 몇조에나 해당이 되는지 알고 싶어요. 살려달라고 빌고 붙어 애원하지 않습니다. 이 몸주어 맛있는 한끼의 식사가 된다면 기꺼이 이 한몸 죽은들 원통 할 일 없소이다. 된장 넣고 깻잎넣고 토란대 넣어 갖은 양념에 부글부글 끓여서 땀을 뻘뻘 흘려가면서 후후 불어 자신들 내 어찌 서러우리오. 독한 소주가 한데 어우러져 그야말로 개죽이 된들 내 뭐랍디까 잡수소. 맛나게 후루룩 후루룩 국물꺼정 깨끗이 비우소서. 커다란 가마솥에서 내 살덩어리가 익을 땐 너무너무 뜨거워 난 기절하고 말았소. 어쩌다 개팔자가 돼가지고… 에그 이 개년에 팔자.

꼭 할말이 있어요

요즈음 세상살기가 힘이 들잖아요 그쵸 힘드시지요 모두 그랴 암만 늘 우리들만을 위해서 요모조모 틈나는 대로 보살피고 사랑주시는 주인님의 정성과 사랑 예쁜 마음에 늘 우리는 감사하지요. 그래서 오늘은 우리 주인님 자랑을 하나하나 일일이 꼭꼭 찝어서 일목요연하게 해 나갈작정입니다. 우리 사전에 거짓부렁은 없습니다 콩이면 콩 팥이면 팥 거기면 거기 여기면 여기 오보도 없고 실수도 없지요. 있잖아요 우리 주인님은 항상 여유없는 세상을 산답니다. 모아 놓은 재산도 현재 가지고 있는 여유돈도 없이 벌어서 빚깊고 세금내고 겨우겨우 한달 생활 꾸려가는 소꿉장난같은 세월을 살아가지요. 연세에 비해 건강한 편이지만 그 나이에 하루일에 지쳐 파김치가 되어 밤중에 들어오는 주인님의 힘겨운 모습을 보노라면 가슴이 메어집니다. 돈도 없고 빽도 없고 오로지 가진건 가난 뿐이지요. 늘 숨가쁜 삶을 사는 고달프고 가엾은 분이시지요. 아침 6시 45분이면 정확히 가방을 메고 우리들에게 질놀아 하는 인사를 남기시지요. 출근길 차안에서는 늘 책을 보고 지식을 쌓으시며 집에 도착시간은 의례 9시 어두운 퇴근길 차안에서는 레시버를 귀에 꽂고 음악을 들으시구요 늘 잠이 모자랄겁니다. 12시가 넘어서 잠자리에 드니까요. 퇴근하시면 샤워하고 신문보고 낮에 종이 쪽지에 메모한 아이디어를 이어 글을 만드시고 몇장이나마 원고를 쓰고 일기 쓰는걸로 하루를 마감하지요. 우리들도 졸립지만 조인님이 주무실때까지 기다리는 예의는 잊지않고 기다립니다. 참 새벽 5시면 기상으로 면도하고 우리들 밖으로 데리고 나가 대소변 뉘시고 우리들 밥 먼저 주시고 눈만 뜨면 날만새면 그저 번거로움만 드리지요. 작가가 되는 게 우리 주인님의 꿈인가 봅니다. 365일 쓰고 읽고 고치고 쉬는날에도 밖에 나가는 일은 결코 없구요. 그저 쓰기만 한답니다. 답답하지도 않으신가봐요. 허기사 평생 해 오는 취미가 그거 문학이니 갑갑할리 없겠지요.

일편단심 오로지 그저 글 가난으로 하여 무식한 자신의 처지를 늘 한탄하지요. 한참 사춘기가 되었을땐 방송국 성우가 되는 것이 꿈이었다가 가수가 된다는 일념으로 동네에서 미친놈 소리까지 들으며 그 일년에 불탔던 시절이 있으며 이렇다할 음반 스타들과 함께 음반까지 두곡이나 녹음한 경력과 극장 쇼 무대에서 대한민국 유명 연예인들과 한솥밥 먹으며 전국 극장을 누빈 경력 무명가수로서의 활약상등 다방면으로 팔방미인이 아닌 미남이랍니다. 키는 작고 얼굴은 그럭저럭이지만 마음은 비단결이지요. 눈썰미가 남다르고 생각이 깊어 사진작가나 시인이면 좋을분인데 세상살이 이야기를 쓰겠다니 그 어렵고 지루한 고행을 왜 자초하시는지 우리로서는 알길이 없지요. 그저 지켜보고 기다릴뿐입니다. 동네 모범반장으로 수년을 봉사했고 구정에 많은 제보의 글이나 아이디어로 인천시장 표창니서너번 구청장 표창 등 각종 상장이 즐비하고 한국갤럽조사연구소에 1년여 국정에 대한 글도 올린 경력과 손재주 또한 남달라 총각땐 톱과 칼 하나로 불국사 다보탑 거북선등 우리 유물을 실물로 만들어낸 솜씨파이기도 하시지요. 주인님 아버님의 천성을 이어받아 굵고 멋진 음성으로 노래로 하면 여자들이 따봉하며 오줌을 줄줄 쌌대나 으쨋대나 그렇구요 애인이 줄줄이 사탕이었나 보드라구요. 목소리에 뿅가가지구 모으는 취미로는 옛날 화폐나 잡다한 전통이 있는 것들, 고서 등 많은 수집물을 구청에 기증하셨고 한두권 책을 내고 그뒤로는 사진을 찍어 화보로 밑글을 써서 유머있게 펴내는 꿈을 꾸고 계시지요.
일천육백여장의 유머원고가 있고 난생처음 써본 총각시절의 열일곱이 되던해 이른봄이라는 어설픈 원고와 또하나 제목이 미지수인 껄렁한 연애이야기 원고 우선 내생의 일상을 쓴 자서전 먼저 책을 만들 계획이고 지금 집필중인 우리들 개에 관한 글을 같이 책으로 펼 계획중이나 출판사에서 받아줄 원고인지 퇴짜놓을 글인지 주인님의 실력에 자신없음에 자비출판을 꿈꾸고 있기에 문제는 돈 돈 때문에 고민하고 계시지요. 오죽하면 6년여 다닌 회사의 퇴직금을 타서 책을 내려 노력중이시니까. 이정도면 우리 주인님의 끈질긴 인내와 의도가 무엇인지 가늠이 가지요. 눈군가 좀 우리 주인님의 심정을 헤아려 힘이 되어 줄수 있는 독려분이 나타나신다면 신의 은총이라 하겠지만 첫머리 글처럼 요즘 세상살기 힘든 판국에 어느 누가 힘이 되겠다고 선뜻 나서 주리오. 어떤분이시여 매사가 부족하여 있는끼 접고 가슴아파 하시다가 새로운 기로에 도전장을 내민 의기양양한 우리 주인님께 힘이 되어 주시고 길이 되어주시면 하늘 마저도 감동하여 그 은총이 당신의 머리에 당신의 가정에 빛이 되어 영원을 이루리니 부디 한 줄기 희망의 빛이 되어 주소서. 개도 안물어가는 돈에 사람들은 노예가 되어 울고 웃고 비극이 일어나니 참 사람들의 세상은 야릇하고 복잡하고 어수선합니다. 그러나 이건 어디까지나 사람들의 일이고 우릴랑은 상관없는 일로 아무 생각도 없이 사랑속에 나름의 행복한 세상을 사니 그야말로 개 팔자 상팔자가 아닌가 하네요. 그나저나 노심초사 일념에 불타 열성적 노력으로 새길을 열려는 주인님께 꿈꾸는 모든일이 다 이루어지셔야 할텐데 두눈뜨고 보고만 있는 저희들도 안타깝기만 합니다. 여러분 도와주세요. 힘이 되어 주세요 하늘끝보다 더 높은 우리 주인님과 하나가 되어 주실분을 애타게 찾습니다. 모든 것에는 때와 시기와 기회가 있습니다. 농사꾼이 파종시기를 놓쳐 뒤늦게 씨앗을 뿌렸을 때 그해 농사는 필농으로 내년을 바라보는 허탈함이 남듯 우리 주인님의 푸른꿈은 마냥 기다려도 되고 늦어도 상관없는 느긋함은 없습니다.
젊음이 보이던 암팡진 얼굴은 여기저기 주름이 지고 어쩔수 없이 먹은 나이는 되돌릴 수 없는 운명이니 어느것 하나 바쁘지 않은게 없으니 어찌합니까? 개가 돈을 물어 올수만 있다면 지쳐 쓰러질때까지라도 주인님을 위해 필사적 노력을 경주하겠지만 그것도 아니니 정말 답답하고 미치겠어요. 사람은 은혜를 압니다. 받은 만큼 줄줄 아는 것도 사람입니다. 받아서 흐뭇하고 주니까 행복합니다. 이런 느낌은 오로지 인간만이 느낄수 있는 감정이지요. 그 감정이 피끓듯 뜨거울 때 역사는 이루어집니다. 소망이 해소되고 세상이 밝아집니다. 붉은 태양 해는 동쪽에서 뜨지요. 땅거미진 어둑함을 서서히 밝히면서 그 광명은 빛을 발하여 온통 세상을 하얗게 밝힙니다. 행복한 세상이 열려 인간을 끌어 안습니다. 24시간이라는 아찔한 하루를 넘기는 모험속 체험같은 주인님의 인생살이 기로라 생각하면 마치 하얀 백지가 될것이고 희망이라 이름하여 모험이라면 가능의 끝은 끝내 결실이라는 희망적 소산이 사랑의 이끌림처럼 우연히 올것입니다. 이제 막 잠이 오네요. 늦은밤 홀로 초병이 되어 졸리움도 잊은체 생각을 글로 승화하려 부단한 손놀림으로 백지를 채워갑니다. 간간히 주인님을 바라보는 우리들을 쳐다보면서 무슨말이라도 하고 싶은 듯 안경너머로 그윽히 바라보시지요. 겸연쩍은 우리들은 하품을 하며 뒷발을 들어 굽실거리는 얼굴을 긁어 댑니다. 주인님 이제 그만 주무시지요. 자정이 넘어 이미 한시가 되었습니다. 고단한 심신 뉘시고 내일의 여울목을 꿈꾸시지요.

녀석들의 습관

어화 둥둥 내 강아지 저는요 호두엄마 콩이랍니다. 콩은 내 첫배 자식이구요. 피는 마르티즈고요 성격상 사람을 유난히 따르는 유별난 성격의 견이랍니다. 저는 선택받은 주인님의 사랑스런 보배랍니다. 잠도 주인님과 함께 자고 함께 일어납니다. 전라도 광주 동물병원에서 나를 선택한 언니와의 인연으로 내가 이렇게 행복할줄 정말 몰랐거든요. 그러던 어느날 언니가 예쁘다며 번쩍 날 들어올려 무등을 태우다 떨어뜨려 죽지 않고 병원엘 갔는데 나는 선천적으로 다리가 건강치 못하다는 진단을 받았지요.

언니의 걱정도 대단했지요. 수의사의 왈 약한 뼈를 갖고 태어난 만큼 양다리 수술이 절실하다며 치료비용은 120만원 정도 소요된다고 하는데 형편상 거금이지만 있기만 하면 날 무조건 수술대위에 눕혔겠지요. 없어서 못했어요. 자연치유를 기도했지만 나는 끝내 오른쪽 한발로 절룩절룩 걸을 수 밖에 없게 되었지요.

이제는 그 절름발이 걸음도 이골이나 개의치 않고 번개처럼 뛥니다. 내사랑 내 판타지 미안해 돈이 내마음을 잡아 맸어.아무거나 잘 먹고 건강해서 제일 좋다. 먹성은 둘째가라면 서러울진데 살은 안찌고 늘 빼빼니 체질상 그런놈인가 보다. 똥은 방바닥에 싸도 오줌만은 제자리에서 눕는 신통방통이기도 하나 똥싸는 버릇은 그야말로 개판이다. 이놈들의 습관을 길들이지 못한 나도 책임이지만 이놈들이 들어갈 화장실이 없는 우리집 구성에 문제와 이의가 있기도 하다. 혀를 날름거리는 내롱내롱 습관이 있고 숨이 턱 넘어가게 헉헉 대며 짖는 버릇이 어떤땐 날 화나게도 한다.

하나는 외로워 둘이랍니다 하는 식으로 기회만 있으면 진드기처럼 무릎에 붙어 사는 누가 보면 애정에 굶주린 불쌍한 강아지 꼬락서니 하염없이 맥을 놓고 쳐다볼땐 똑바로 뜨지 않은 눈이 불쌍한 얼굴이 만들어지는데 뭐가 그리 서럽던지 눈물이 가득고여 애고땜을 놓고 우는 형국 뭔가를 잘못해서 야단을 치면 저만큼 물러 났다가 슬며시 꼬리를 내리고 다가와 또 들러붙는 소갈머리없고 배알도 없는 아부형 몸은 허약한데 웬 똥자루는 그렇게 굵은지 똥하나는 데굴데굴허게 잘싸 방바닥에 묻지도 않아 어찌나 된똥을 싸는지 이것이 찐 고구마라면 식기전에 낼름 먹어야 맛있는데 그치 원 드런 소리도 하네 드럽긴 뭐가 드러 넌 왜 그 드런 똥을 뱃속에 넣고 안고 다니냐 양복입고 찔찔빼들 뱃속엔 구린똥뿐이야.

먹으면 당연히 나오는거지 나는 이놈들 똥두 이쁘드라 이 똥을 싸고 매화타령을 할 놈아 똥이 구린내가 나서 그렇치 알고보면 더러운게 아니야 너 맛나게 먹고 영양분 짜낸 찌꺼기가 똥인데 양조장에서 술거르고 남은 술지감지 즉 모주와 같은거야 이게 바로 똥이라는거다. 똥똥똥

나두 시방 방금 똥누고 나왔걸랑 구정때 흰 떡빼듯 길게 주르륵 한판 내밀고 쓱싹 닦아 치우고 아우 뱃속이 개운해 어라 엇째 콩 이야기가 똥이야기로 끝을 낼라구허냐 이런 주책바가지가 있나. 아무튼 콩은 별 말썽도 없어 암컷이라 앙칼지고 삐지는데는 일등이지만 지극정성 따라주는 그 성격이 이뻐서 좋고 정이 들어서 좋고 집안에서는 늘 내수족처럼 일치하는 들러붙음이 너무 너무 좋아서 좋고 그저 좋은 것 투성이니 더 사랑해주고 싶고 오래 오래 건강하게 나와 함께 할 이쁜 내 강아지로 난 널 찍었어 콩.

꿈꾸는 호두

무더운 이여름밤 문을 열어 놓고 잠자고 나면 이불위엔 마누라의 샌달이 한짝 뒤집어져 있다. 꼭 마누라 샌달한짝만 물어다 놓는 이유가 뭔지 캐묻고 귓싸대기 하나쯤 날려 버리고 싶지만 그럴수도 없구 잠은 안오고 심심하니까 벗하며 노느라 그러나 보다 이해석이 정답이려니 이게 개버릇인지 또하나 벗어놓은 옷 물어다 꼭 내 이불위에서 단추 뜯어 씹어 아작을 내는데 그짓도 귀신이 씌어 그러는지 마누라 화장품 화장대 의자타고 올라가 죄 쑤셔내놓고 립스틱이나 샘플용 화장품을 아작을 내놓으니 밤새 몰래 멀거니 당하는 마누라의 성화가 급기야는 몽둥이 찜질로 이어져 공포에 통통 찐 살이 파르르 떨고 쥐구멍을 찾는 네 이놈 호두새끼 언제 철

날래 살만 디리 쪄 가지고 얻어 맞고 욕먹고 이래 먹고 저래 먹으니 붙는 건 살이요 느는건 눈치 뿐 너 그러다가 멀쩡한 이쁜눈이 가재미눈 되는거 있지 가재미가 뭐냐구 비린내 나는 생선이다. 왜 그것두 또 먹구 싶지 처 먹는데는 제길헐느무거 그리구 말이야 너 네 엄마 콩 오줌 빨아 먹는 버릇 목이 말라 먹는지 알건 없다만 깨끗한 정수기 물 놔두고 왜 노란 네어미 오줌을 처 먹어 꿀물 먹듯해 지렁내에 질리지도 않냐 가만보면 아주 이상한 종자야 오줌은 처먹어서 그런가 웬털은 그리 빨리자라 털깎는데 2만원, 2만원이면 시급으로 따져 요즘 3천원씩 근 일곱시간을 아등바등 거려야 버는 액수야 그걸 알어야지 뭘 몰러 잡것 앞으로는 당최 오줌 처먹지 말어 털이 길어 풀어 산발한 귀신단지가 돼도 털 안깎어 줄 테니까 알건냐 멍 멍은 네미럴 또 딴청 부리지 시방 저쪽 쳐다보구 있는거봐 그래 넌 짖어라 난 듣는다. 야 넷 충성 좋아좋아 내가 너땜에 웃는다 여러분 그런데 있잖아요 저놈이 세상 태어나 예 그러니까 2004년 출생이니까 성견도 한참 성견인데 내남 보살 장가를 안들어 주니까 심통을 부리나봐요. 잠도 안자고 뒤적거려 들쑤셔 내는걸 보면 버릇이기보다도 심통이 분명하다니까요. 정력은 넘치니 하두 궁하니까 깝족거리며 자위도 하고 어떤땐 제에미 콩도 껄떡허면 올라탄다니까요 내 원참 민망해서 허기사 뭐 나도 한창땐 여자만 보면 껄떡댔으니까 내 어찌 네놈 심사를 모르겠느냐 총각귀신 면할 날이 있느려나 내가 이거 이뻐만 했지 멀쩡한 놈 총각귀신 만드는거나 아닌지 모르겠네. 내가 이걱정을 하노라니 저자식이 알어들었나 기분이 트더지나 하늘을 보고 누워 등비비고 허우적거리고 숙숙 두다리 뻗는 야비다리 부르르 털고 턱뼈가 빠지게 하품하고 허리 늘려 기지개 펴고 뒷 궁둥이만 땅에 붙인채 앞발로 목덜미를 파르르 긁어대는 육갑 눈에 뵈는거 아무거나 물고를 틀며 으르렁거리는 제끌 남뵈는 장난기 픽픽 코피리 불어 드런 콧물 풍지박산 앞발로 벽을 긁어 곰보를 만들고 그 위에 다리들고 오줌 찍 이것이 너희들에겐 신나고 행복한 제스쳐 인지는 모르나 주인 입장에선 신경질나고 핏대가 나는 가관이라는거 아는겨 모르는겨 이 개놈아 네 주인 할망구가 널더러 요즘하는 소리가 뭔줄아냐 하도 살이 쪄서 잡으면 압력솥으로 한솥은 되겠대. 야 둥골이 오싹허지 주인 할망구는 개고길 먹걸랑 야 그리구 말야 너 장가갈려구 하들 말어. 나두 시방 여자가 없어 세상사는 재미도 없는데 너할래 내가 화나지 이 개 총각아 또다시 내보는 앞에서 껍신거리거나 괴상한 짓을 할땐 걸리면 달래들어 가위로 뎅겅 짜를거야. 알았어 네네네네 그리합죠. 어느명이라고 거역하리요 오로지 주인님의 분부에 명명백백히 혼신의 기를 다하여 꿋꿋이 세우는 일없이 죽은 듯 고자요 하고 늘어 뜨린채 고개숙인 남정네가 아닌 아랫도리 죽인 홀아비로 세상 마칠 것을 맹세하나이다 좋아좋아 박수. 아멩 꽈르릉 아유 드러 밥술이나 얻어 먹으려니 내 성깔대로 굴수도 없구 그저 나 죽었네 하고 못이기는 듯 배알이 꿇려도 참아야지 여자 맛도 못보구 세상 뜨게 생겼으니 이게 날 이뻐하는 건지 아예 내 씨종자를 말리려는지 아 그러면 내 대는 나가면 땡 종치는거 아냐 아유 그러면 안돼지 죽어도 씨오쟁이는 베고 죽으랬다고 대를 이을 종잘낭은 남겨두고 떠나야지 안그러면 태어난 의미가 뭐며 개다운 개라 어이 할수 있는가. 아녀아녀 이게 아녀 주인님 인생은 인생이고 내사랑은 내사랑이지 주인때문에 내인생 불쌍해져서는 아니되지요. 암만 아니죄지 쥔장 몰래 튀어나가서 지나가는개 붙잡아 성폭행이라도 해서 종자는 남겨야지. 무슨 소리야 개사회에 경찰도 법도 없으니 나쁜 짓거리가 아니지 당연한 것이지요. 종족 보존의 일익으로 종자받고 재미나고 얼씨구 바로 그거야 근력 떨어지기전에 이쁜 놈으로 하나 붙들어서 날 닮은 놈으로 아들셋에 양념 딸하나만 만들어야지. 어 맴이 이상해지네 흐흐

흐흐 좋아하네 내가 임마 너 지금 뭔 생각하고 낄낄거리는지 다알어 나 몰래 튀어 종자 까려고 그러지 이 쌍놈아 내가 네 골속에 들어가 있다 이놈아 어딜 얼렁뚱땅 은근슬쩍 얼버무리려고 해골 굴려 떽 사람이나 개나 음흉스러우면 쓰냐 개뿔이나 다 틀렸네 다 알고 있으니 주인이 아니라 귀신야 귀신

아름다운 이름 방울이

여러분 저 방울이예요. 이제 겨우 다 자란 세상나온지 얼마 안되는 혈기왕성한 수컷인데 우리 주인님이 날 끔찍이 좋아하시거든요. 우리 주인님이 책을 보고 내 종족내력을 알아보시고 내 본적을 러시아이고 사모예드라고 알고 계신답니다. 진짠지 뭔지 난 모르구요. 아마 그렇게 인정하셨나봐요 아무튼 국적도 고향도 흐리멍텅한 똥개가 아닌게 천만다행이고요. 전 어려서 붕알을 거세당해서 사내구실은 영영 글러먹은 인간들이 말하는

고자이구요. 그냥 상상과 생각만으로 만족하는 평생 홀아비 팔자로 살아야 할 판. 눈부시게 흰털에 누런 점백이로 급살로 먹어치우는 못된 버릇이 있구요. 진작 앞전에 읽으셔서 아시겠지만 큰개한테 어려서 죽다 살아난 그 놀람으로 오줌 싸는 버릇이 있어 나도 모르게 흘리는 버릇 흔히 여자들에게 있는 요실금 그런거죠. 사람도 흘리는데 내가 좀 흘렸기로서니 뭐 흉될일은 별로 없고 다만 사나이가 돼가지고 그러는게 체면상 찝찝해서 죄송스럽다는 말씀과 함께 신체 구조를 오밀조밀 열거해 드리자면 구로 눈은 사내답게 서글서글허니 왕눈인데 한쪽눈은 흰눈동자가 없시유. 사팔도 아니고 나 이거야 원 쪽팔려서 주인님이 이발을 시켜줄땐 이리 굴리면 굴리는대로 저리 굴리면 굴리는대로 엎어 놓고 저쳐놓고 노면 놓는대로 그래서 털 깎기가 편안하대요. 콩이나 호두는 지랄 벙거지를 하고 버리적거려 털깎을땐 주인님은 성질도 부리지요. 찰싹찰싹 얻어 맞기도 하구요. 그러고 보면 어딘가 모르게 의젓허니 사내다운 기질이 잇긴 있나봐요. 내가 엇따나 자화자찬 네 꼴 남뵈냐 너 날 물었지 몇 대 얻어 터졌지 네 왜 물었는지 아냐 주인님이 잘라준 옥수수 뜯어먹고 남은 뼈다귀 옥수수자루 꺼내 주려는 손을 뺏어 가는 줄 알고 그만 아작아작 잘근잘근 씹어 뻘건 짬뽕 국물을 흘리게 해드렸죠. 잘했냐 못했냐 아 그걸 물어보시면 너무 미안스럽고 곤란해서 묻지마요. 요런 상놈의 새끼 얻어 터지고 말할래 그냥 말할래 기왕이면 뺄경 치마라고 안맞고 해야죠. 그렇치 암 당근이죠 당근이고 나발이고 이 개자식아 무식허게 너 먹을거 주는 요리사를 물어 피나게 해 개 아들놈 같으니 성질나면 너 꼴태 꼴 보내는 수가 있어 나도 화나면 널 보장 못해 고쳐주고 길러준 은혜를 물어 뜯는걸로 신세를 갚냐 웬

못된 개 종자야 아유 또 나오네 무식이 드러나 너 시방 뭐라고 조잘거리냐.
너 이리와 왜요 왜요는 일본놈 덮는 요가 왜요구 날래와 어이 오랑게. 아니 글씨 왜 그런당가요 몰라 묻냐 따귀한대 때려야 쓰겠다. 아유 아픈디 그럼 네가 문 내 손가락은 안아프고 피가 줄줄 흘렀는데 순간 광견병 생각이나서 병원갈뻔했어. 입다물고 어금니 물어 이빨 나가기 전에 자요 힘껏 냅따 내질르세요. 야앗 으메 아픈거 턱어리 안 돌아갔냐 꽈나예요. 됐어 가봐 웬수를 갚았더니 속이 다 시원허네. 한방을러 메치니까 기분 나이스야. 시방처럼 맞고 싶으면 또 물어라이. 미쳤어요 또 물게 난 뜰빵이 아니걸랑어. 앞으로 보슈 물으라고 입안에 주먹을 넣고 휘둘러대도 침도 안묻힐테니까 어쨌든 물어서 죄송합니다. 미안합니다.
점잖고 노숙해야 하는데 본래 생겨먹은 태생이 그모양이니 나도 날 모르겠어요. 좀 촐랑대는 성격이거든요. 집구석에서 새는 바가지 어디간들 안 새겠습니까? 에이 기분두 꿀꿀허고 낮술이나 한잔 들어 부을까 기왕 얻어터질꺼 좀더 세게 물걸 설물어 가지고 겨우 살가죽뽕 뚫어놓고 맞다니 살덩어리가 너덜너덜하게 잡아뜯어야 하는데 이거 생각할수록 분하네. 어쨌거나 오늘일로 내 이미지가 하락했으니 주식값도 몽창떨어질테지. 가난뱅이 뜨내기주들 나 때문에 또 망했네. 그려 몽땅 여기있소하고 내줬으니 앞으로 내가 또 오늘같은 실수를하면 진짜 개다. 개중에서도 제일 싸가지 없는개 대한멍멍만세 나 방울만세 우리주인 만세

불행해질 수 있는 순간들

야야 지금에 와서 건사하기 힘들다고 남줄 생각을 한다면 그건 아니지. 내가 개와 인연을 맺고 가까워 사랑하게된 원인 제공도 너였거늘 그런 네가 네 젊은날의 확고한 선택이었고 자존이었던 네 희망을 버리다니 개와 벗하며 한평생을 같이 하겠다던 의지 네 결단이 지금 이순간 무너질 때 애지중지하던 이놈들의 불행을 네 스스로 만들어 주는 씻을 수 없는 죄 지음이라는거 이 아빠로서는 이해는커녕 용서할 수 없는 망말이야. 너 아닌 남의 속삭임에 솔깃한 얇은 두귀와 분명치 않은 네 생각이 순간에 흔들리고서야 살아갈 많은 날들 앞에 정처없는 뜨내기같은 목표없는 삶을 선포하는거나 마찬가지지 어찌 내확고한 생각을 남으로 하여금 바꿀수가 있어 저마다 생각이 다르고 관념이 다르거늘 내인생은 좋건 나쁘건 내가 사는 것이고 남이 살아주는 것이 아닌 만큼 내꿈과 내이상과 내현실에 만족하고 도취되어 그냥 처음처럼 가면 돼. 가다 못가면 아니감만 못하다는 속담처럼 네가 좋아서 원하고 끌어안았으면 끝까지 책임질 줄 알아야지 아빠라서 자식인 너에게 당당히 말하는게 아니야 이건 어디까지나 동물과 인간의 약속이기 때문에 네가 뿌린 씨앗을 네가 거두라는 권고이고 훈계일 뿐 더 이상의 설교는 성인인 너에게 잔소리로 밖에 환영일수없으니 끝까지 그놈들이 죽음에 이르는 그날까지 처음처럼 사랑해주고 보살펴 말못하는 불쌍한 놈들의 행복을 책임져다오. 복받을 일이고 네가슴에 따뜻한 사랑의 감정이 샘처럼 솟으니 이것 또한 그놈들 때문에 생겨나는 아름다운 에너지가 아니겠니 고행없이 얻어지는건 이세상에 없다. 즉 공짜란 없다는 뜻이지. 네 직업상 야간으로 일을 끝내고 새벽에 집에 이르면 기다려주고 반겨주는 네놈들의 충정에 너 한번이라도 고마워 해 본적은 있는지 묻고 싶구나. 기도하는 마음으로 귀기울여 네가 일을 끝내고 돌아올 새벽 시간을 기다려주는 예쁜놈들 그놈들에게 한번쯤 깊이 감사해 본적 있느냐 자칫 사람은 순간주의라서 매사에 미흡할때가 많아 그래서 무사안일주의자 하면 사람을 떠 올리지. 당장 직면한 발등의 불만끌줄 알지. 허점 투성이가 바로 우리네 인생이란다. 오지랖 넓은 아빠의 한마디가 너에겐 감화가 되었던지 두 번 다시 자신의 책임감에 회의를 이의치 않고 예전보다 더 개사랑에 열정을 쏟아주니 얼마나 고마운지 두눈을 가진 여덟마리 열여섯개의 똘망똘망한 눈동자가 사랑으로 이글거린다. 그 검고 짙은 눈망울속에 네가 들어있고 또 내가 들어있고 그래서 우리는 하나이고 가족이고 구성원이지.

내사랑, 애교 덩어리

벌렁 누워 몸을 비비고 몸부림치듯 발광을 해댈 때 개들은 절정적 행복을 의미합니다. 꼬리를 치며 몸을 사람에게 비비며 지나가는건 뭔가 대화를 하고 싶어하는 의미이기도 하구요. 기분좋은 행복감을 표하기도 하는 뜻으로 콧방귀를 크윽크윽 뀌며 항문을 바닥에 대고 질질 끄는 모습을 배변 후 청결을 위한 습성도 잇지만 이것 또한 배변때아닌 행동으로 마냥 기분 좋은 상징의 표시이기도 하지요. 기어오르며 얼굴을 핥고 앞발을 들어 긁어댈땐 뭔가 나름대로 대화하자는 의사표시이지요. 참 놈들의 제스쳐도 다양합니다. 어찌 알겠습니까만 교감으로 그렇게 생각하는것이지요. 이렇게 이쁜짓만 하는 녀석들을 버리고 상처주고 잡아먹다니 무서운 형벌을 왜 스스로 사람들은 만들어 가는지 모르겠습니다. 자박자박 종종 걸음으로 주인을 따라 다닐 때 밥줄 때 동동 걸음으로 꼬리치며 덤벼들어 두발로 서서 깡총대며 달래들어 반길 때 동글동글한 사료를 아작아작 깨물어 소리가 날 때 추울세라 주인의 옷 속에 감싸안아 얼굴만 내밀고 시장에 나왔을 때 간식을 싸가지고 주인과 야외를 가면서 차창너머로 얼굴 내밀어 시원한 바람에 귀털이 휘날릴 때 내 발치에서 아무렇게나 엎어져서 코피리 불며 꿈나라에 젖어 잠든 고요함을 볼 때 나는 너무 예뻐서 행복한 마음이고 질투가 생겨도 나지요. 개팔자요 내팔자는 뒴박이니 어허 이런이런 기겁을 할 일이 있나. 어허 쥔장쥔장 흥분가라앉히시고 자 앉으세요. 뭐 복권추첨허냐 표면에 드러나지 않는 보이지 않는 사랑이 사랑중에 최고사랑 여기서 잠깐 너희들 사랑방법은 단순하지. 사람들은 말이다. 그사랑방법이 중구난방 가지각색 제멋대로 만들고 없애고 우왕좌왕 갈팡질팡 소위 어지럼증 사랑이야. 어제 만나서 오늘 헤어지고 집어 뜯고 경멸하며 독기를 품은채 눈부라려 헤어지고 그런 부류의 돗대기 사랑에 홀려 욕정만 채우고 종적을 감추는 빠이빠이 사랑 인간세상은 요지경 강력 본드처럼 들러붙어 살아보고 좋으면 인연맺고 아니면 등 돌리는 떴다 방식 픗사랑 이

사랑방법이 지금 2000년대 파노라마 사랑방법이다. 괴이한 이변이다. 자유분방한 인간의 생각이 만들어 내는 신종 사랑방법이다. 반면 진실이 담긴 본능적 동물 사랑방법 그 가치관에 경의를 표하고 싶다. 사람과 동물의 사랑을 비교해야할만큼 타락된 행실을 곱씹는 주제일 때 실로 서글픈 마음이다. 어쩌다 세상이 이렇게 까지 극점에 와 있을까?

애틋한 마음 순수가 어디쯤 오고 있을까? 생각하면 할수록 몸살이 날 판이다. 내 생각의 기준치에 이의가 있다면 세상의 욕을 다 감수하리라. 와 와 좋아부러 옳거니 그러하오이다. 어찌 천하에 거짓을 지껄이겠나이까 일일이 다 명언이요 품위있는 언변이구마이. 자 박수 짝짝 볼기짝 음마 드럽게 쑥스럽구먼. 아녀 아녀 계속 씨부렁거려도 좋아 당신 말씀은 부처님 말씀이여 땡큐여. 오라이여 옳은 소리만 나불거리는디 어느놈이 갠사릴 놔 이분 말씀에 불만인 자 썩 나설사람 언능 손들어봐라이. 개소리엔 똥이 약이여. 읍꾸마이 쭈아쭈아 다들 인정하는구만이 이래서 사람과 둥물의 차이라는거인디. 알긴 다들 아누먼 임자 이따 나랑 막걸리 한사발 헐텨 먹구 죽은 귀신은 때깔도 좋다는디 자빠질때꺼정 들어 붑시다. 오늘 저녁 오줌 누러 다니느라 잠은 다 잤군.

마누라가 구시렁 거릴턴디. 잠깐 흘러내린 궷마리좀 추켜 올리구 설람에 먹든지 붓든지 이 빌어먹을 놈의 허리 끄냉이가 옹촘매저 가지고 여봉 임자 할멈 냉큼와 이것좀 풀러 원 살다살다 별꼴을 다보네. 내 몸뚱이 건사도 귀찮은데 허리띠꺼정 풀러달라구 아나 갯떡이다. 아이구 이뻐서 끌러주겄다. 저 할망군지 내자인지 죽지두 않구 드럽게 오래 살어. 벽에 똥칠 헐때까지 살래나벼. 에이 징그러 언능 죽어야 빽빽한 윗동네 과부하나 채

뜨릴텐데 아자씨웬 악담을 그렇게 허슈 날도 흐려 천둥번개에 소나기 한 줄금 내릴 참인데 에이그 이런 화상을 봤나 벼락은 아무나 치우 벼락을 맞으려고 쫓아다녀도 날 피해갑디다. 오 그러셔 하늘이 내린 할배구만요. 이 그려 그렇다고 헐수도 있지 암 아자씨 개괴기 좋아허우 으히 개국이라면 사족을 못쓰지 내 정력이 피폐해졌다고 나이 70에 헐떡거리기만 헌다면 노상 개괴길 장복을 시켜 늙은놈이 밤이 무섭다니께. 으쩌다 옆에 안가면 그다음엔 국물도 없어 딱 붙어야 개괴기가 생기니까 밤이면 밤마다 고달픈 늙은이여 내가 시방 야간 잔업까지 하시느라고 진짜 고생하시누만. 돈은 많이 타시겠네. 야간 수당에 일당에 놀리들 말어 이사람아 늙은이 희롱죄는 300년 징역이야 까불들 말어.

돈생기고 괴기생기면 을매나 좋을까만 야근수당은 그냥 봉사여. 따블로 희생하는거지. 뭐 당신은 개한테 희생하지만 낼랑은 늙은 할망구한테 어거지 봉사로 늘 고단히브러. 그래서 죽겠당게. 그래서 언능 깨졌으면 허는 것이여. 내 숨은뜻을 자네가 으찌 아시겠능가 알턱이 없제. 자이만 언능개야그 끝내고 한사발 마시자구 그러시지요. 영감탱이양반 자그럼 모든거 거두절미하고 너희들 특유의 본능적 사랑에 무한한 매력과 가슴뜨거운 감정으로 박수박수 또 박수를 보낸다. 너희들의 주인인 나로서 너희들에게 미치는 정성과 사랑을 메달로 따진다면 금은동 중에 은메달감은 된다고 생각하고 싶은데 불만있나. 없습니다 주인님. 주인님의 능력만큼 저희들의 충정이 부족하여 늘 죄스런 마음입니다. 좀더 노력하여 참뜻에 기여하고자 반상회한번 저희들끼리 열어서 시정하겠습니다. 서운하시고 불쾌하시드라도 우린 어디까지나 개이므로 생각이 주인님과 같을수가 없으므로 넓은 도량과 이해로 사랑의 선처를 예고로 부탁드리오니 참고하시어 미운 정 털어내시고 좀더 뜨거운 사랑과 애정 담아 주십사 개주댕이로 부탁드리옵니다. 오늘밤 개괴기 좋아하는 저영감탱이랑 막걸리 쬐금만 마시고 맹숭맹숭한 정신으로 갈지자로 길이 넓으냐 좁으냐 바지가랭이로 길바닥 쓸지 마시고 곧장 오셔 알겠씀둥. 우릴 먹어주는 무서운 영감일랑 되도록이면 가까이하지않는게 우리의 바램인데 으쩌시려나 자드슈 마러허면서 어울려 바가지 쓰고 개밥살돈 날리지 마시고 서너사발 마시고 오줌누러 간다는 핑계로 슬쩍 빠지란 말입니다. 잔뜩 마시고 바지에 오줌싸고 비척거리고 들어와 봤자 마나님 바가지에 공연히 우리들까지 불안해하게 하지 마시고 집안이 편안해야 우리도 편한거 아시죠? 그리고 오늘밤일랑 개괴기 영감처럼 주인님도 마나님 한번 으스러지게 안아줘요.

안기는 네미럴 뭐가 땡겨야 안지 죽은 송장에 돌덩어리니 뭐 흥흥대며 기별이 와야 무릎팍이 까지던가 허리가 시큰거리든가 하지 나혼자 꿈틀거리며 용이 승천허냐 이개씨발아 어라 벌써 헥까닥 가셨어. 빈속에 한사발이 언능 녹여줘요. 그래갔다이 시벌 개 색꺄 나 취허는데 너보태준거 있냐 읍찌 근데 왜 개소리야 주제 넘게 개가 사람훈련 시키냐 개종자 같으니라구야 시벌꺼 너희들땜에 더러워 죽겠어. 먹이고 입히고 재우고 똥오줌 치우고 머리털 깎아주고 주사맞히고 약먹이고 내 마누라 한테도 아직 그렇게 못해봤다. 이거야 주인 잘 만난줄 알어 너희들 그럼요 그럼요 야야야 거시기 말이야 어 취헌다. 저거 아주 술취허니까 물건이구 개차반이네. 그치 아무 말 말어. 알어 들었으면 우린 뒤져. 입도 뻥긋마 긁어 부스럼 만들지 말구 이 촐랭이 콩누나야 아유 가슴떨려 뗑깡 부리지 말구 그냥 조용히 자빠져 자야할텐데걱정이네. 야 그냥 우리 눈감고 자는척 허자 술먹은 개라니.

너희들과 하나되어

개하면 어쩐지 천박한 느낌이 들어서 안달이 난다. 왜 개라고 이름지었을까? 허구많은 이름을 두고 왜 개라고 불렀지 자라처럼 짧은 내 목이 갸우뚱 꽈배기가 된다. 아마도 처음엔 개라고 했는데 어떤 혀 짧은 사람이 개라고 부른 것이 영원한 이름 개가 됐는지도 모른다고 생각하니 성씨 개명하듯 동물협회와 머리 맞대고 새로운 개 이름 짓기에 총력을 기울여야 할 듯하다.

젖을 빠는 어린 것은 강아지라 부른다. 그 이름속엔 많은 의미가 담긴듯하다. 작고 여리고 순수하고 병약하고 나약함이 있는 사랑자체를 이르는 의미일터다. 모로 누운 어미곁에 옴닥 옴닥 한덩어리가 되어 질 좋은 젖을 선점하려 뻐팅기고 헤치고 버리적 거리는 모습은 정말 볼수록 사랑스럽고 신비스럽다.

아직 세상을 내다볼수 없는 감겨진 눈으로 오로지 먹어야만이 살아남을 수 있다는 본능적 걸터듬음이 치열하리 만큼 애 쓰는 행동을 보면 인간이나 동물이나 생명 부지에 대한 애착은 다를바 없음을 본다. 탄생은 위대하고 생명은 고귀하다. 개와 인간은 생면부지가 아니니다. 오랜세월 역사와 함께 늘 가까이 지켜주고 돌보아준 호형 호제 하는식의 관계이다. 그런데 왜 끝까지 개라고 할까 정말 못 마땅한 부름이다. 사람은 부르는 존칭도 가지각색이더라만 돈이 많아 떵떵거리면 회장님 사장님 거리에서 신문지를 이불삼아 아무데서나 뒹굴면 노숙자라하고 괫마리에 깡통 차면 거지라고 하는데 왜 유독 개는 호강을 하는 개도 개 노숙하는 개도 개 왜 차별이 없을까? 개를 존중하는 의미는 아닐것 같은데 일본말로 빠가야로다. 아직 사람들의 관심이 거기까지 못미친것일게다. 머리나쁜 내가 나서야할 판이다. 시방 야권과 신당이 통합으쩌구 허는데 옛다 모르겠다.

그냥 다 큰놈이나 새끼나 강아지이거나 사랑이로 통일해 부르자. 이제부터 내식으로 부르는 너희들의 이름은 강아지다. 그리고 사랑이다. 세상에 욕을 다 먹을 철딱서니 내 긍정 하나가 있다면 그걸 말해도 될려나 나는 말이다 늘 이런 생각을 한단다. 맛나고 영양가 있는 고급스런 먹거릴 제공해 주고 싶어 항상 너희들 곁에 머물고 싶고 새까만 눈동자를 들여다보면서 사랑의 노래를 불러주고 싶거든 그리고 네 조상들의 숨은 내력과 사람과 긴 인연의 고리도 이야기 해주고 싶어 세상에 태어나 좋은 주인 만나 최고의 행복을 누리는 이웃 강아지들의 이야기를 아름다운 음악과 함께 동화를 읽듯이 속삭여 주고 싶지. 영리한 머리와 고도의 훈련으로 수족 못쓰는 이들의 손발이 되어 보조견으로 감탄사를 불러내는 사람의 지능과 같은 기막힌 강아지들의 활동상을 유머를 섞어 싫증나지 않게 이야기 해주고 싶고 산악 구난 구조견 장님 안내견 중증 장애보조견 마약 탐지견 처절한 피비린내를 풍기며 상대와 싸우는 비운의 강아지 투견의 슬픈 운명이야기 등 차마 말하기조차 거북한 기상천외한 사람들의 너희들에 대한 차별과 처절한 살인의 이야기까지 다분하고 고무적인 스페샬 같은 이유들을 함축성 있게 고발의 자세로 열거할 이유가 있기도 하거든.
산다는 의미하나로 늘 세월에 쫓기고 시간에 쫓기며 급박한 현실에 고단한 삶을 살아야 겨우 살아남는 인간들의 오늘의 삶이 왼갖 장막이 되어 생각뿐이고 마음뿐인 허영의 덫으로 남고 마니 늘 아쉽고 미안한 마음있으며 모자라는 정성에 마음까지 채우니 안목적 너희들에 대한 사랑의 감정이 커가기만 하는구나. 문명의 이기와 세상의 이치에 따라 총천연색 같이 다양한 세상살이에 짜증도 나고 넉넉지 못한 경제에 실소도 하면서 둥실둥실 둥글둥글 이것이 인생살이 려니 하면서 마음의 위안과 너희들의 사랑으로 한편을 채우며 극복이라는 두낱말에 기와 힘을 얻어 그렇게 그렇게 살아가는게 우리네 세상사인 것을 감안해 볼 때 이런말이 적절한 상황흐름에 맞는 이야기가 될까는 몰라도 놀구 먹구 호강하며 사랑속에 잠드는 세상사 팔자 늘어지는건 너희들이니 때론 너희들의 신세를 닮고 싶은 역한 감정도 생겨날때도 있단다. 단순한 본능적 생각뿐인 너희들하고는 다른 생각많은 사람의 경우 모든건 생각하기 나름에서 행해지는 때론 되돌릴수 있는 능력의 소유자이면서 갈등하고 번민하며 제잘못을 뒤늦게 가슴치며 애석해 하는 어리석음도 있단다. 사람이어서만이 할수 있는 생각의 특권 뭐 그런거 때문일테지.
아무튼 인간은 요지경
생각도 요지경
세상살이도 요지경 그런 속에서도 재미가 있어 그럭저럭 오늘살고 내일살고 금년은 그렇게 갔어도 내년엔 좀 나아지겠지 하는 심적인 믿음이 새로운 희망의 도화선이 되기도 하기에 사람은 절망적이어도 산단다.
여기에 너희들도 따라서 살고 팔월의 첫날부터 나흘 얻은 여름휴가를 맞아 나는 아무런 여행의 계획도 없이 너희들의 이야기를 쓴다. 바람쐬러 들로 산으로 남들 다가는 여름여행 한번 못해도 불만은 없다. 성격탓도 있거니와 취미가 아니어서 나는 아예 휴가 따위는 염두에 없다. 안방 샌님 성격에 취미가 책보고 글쓰는게 적성이다보니 늘 모자랐던 아쉬운 시간이 한꺼번에 온 듯 피서가는 마음만큼이나 즐겁고 설렌다. 자유의 시간이다.
마누라마저도 잔소리못할 내게 주어진 자유의 시간이다. 내 마음대로 너희들도 돌보고 글쓰고 책보며 바닷바람 대신 에어컨과 선풍기를 쐬고 시원한 계곡의 물대신 목욕하고 차디찬 수박으로 피서를 한다.
이것이 내 안방 피서법이다. 회사에서 준 휴가비 20만원은 공짜같지만 공짜는 아니다. 보너스 단돈 10만원도 없는 돗대기 공장사장이 체면상 명목상 마음에도 없는 서비스라고 자기 체면치레 빙자의 술수라고 하자.
기업의 오너로 적은 수의 종업원을 거느릴망정 회사는 회사다. 종업원은 자신의 회사에 머슴이다. 머슴을 잘 부리려면 대우를 해줘야 진정한 그릇이요 오너다. 이런 개인적 성의이거나 호의일 때 노사간의 결속은 다져지는 것이며 서로의 신뢰가 형성된다. 한잔술에 눈물난다 하지 않던가. 자신만 아는 얼간이 사장 회사에 쓸개 빠진 배리없는 나는 지금 출근중이다.
모든 종업원이 불만과 짜증 역감정속에 서로 흘금거리며 신뢰를 져버리니 안타까운 일이다. 나이먹고 늙었다고 무시당하고 재정이 어려워 나는 짜증을 종업원에게 표출하는 사장의 도덕적 해이가 이해가 안된다.

내가 베풀면 얻음이 있다는걸 그는 아직 깨달지 못하고 있다. 월급에 성의도 없다. 늘 달포씩 밀려있는 임금에 그나마도 어떤때는 반으로 쪼개주는 자기 편리 주의 사장 이런 사장밑에서 밥을 먹는 자신도 혐오스럽고 무능한 내 능력도 과소평가되지만 선뜻 떠나지 못하는 내 주변머리도 어지간함을 느낀다.

아무튼 공돈같은 보너스건 가슴 아픈 아까운 돈이든 흰봉투에 넣어준 20만원 중 휴대폰 요금 5000원을 지불하고 3만원은 마누라 주고 1만원은 효순이 몽이먹일 구충제 만원어치를 샀다. 저번에 두놈 중 하나가 토한 걸보니 굵은 촌충이 하나나온걸 보았다.

눈이 터져 멀어도 주사한번 안맞히는데 촌충있다고 약사다 멕이겠는가.

나머지마저 마누라가 다 뺏을량으로 알랑거리며 안하던 짓거리를 해대도 돈만보면 회로 먹으려고 한다며 흘김과 면박으로 물리쳐 멋쩍은 분위기를 연출했던 이 여름 감사의 보너스는 이렇게 쓰여지고 지갑속에 여유로 남아있다.

오늘이나 내일쯤은 네놈들 맛있는 간식을 사다 줄 생각이거든 기대해도 좋을 듯 으떠냐 벌써 입맛 땡기지 주인인 내가 건강해서 돈을 벌어야 너희들도 밥걱정 없이 잘 지내게 되는거야. 더 늙어 돈 못 벌어봐라 간식이 어디 있으며 세끼 또박또박 얻어 먹겠니 때아닌 세계경제가 기름파동으로 어려워 왼갖 물가가 하늘 높이 올랐는데 사료값도 오르고 그래서 버려지는 개들이 지금 부지기수란다. 얼마나 가슴 아픈 일이냐 이간사회의 경제파동은 곧 너희들 안전까지 위협하는 세상이 바로 오늘날임을 알아야 한단다.

갈수록 세상사 흐름이 절망적이야 고로 비젼이 없어. 보이는 것은 벽이요 갈수록 어두움뿐이야. 젊은날의 풍요로움은 이제 마음뿐이고 구석으로 몰리는 현실에 황혼길 들어서며 어둠으로 가는 한많은 내 신세 이나이에 지금쯤이면 손자놈 부자지나 만지면서 어허허 둥둥 내사랑이나 찾아야 할 것을 궁극에 여념없어 젊은날 보다 더 일하며 용기가 필요한 불극치의 세월에 고단함으로 한숨을 쉬어야 하다니 이게 끝 끝내 나에게 주어진 운명이라면 나는 또다른 어떤 운명을 기대할까.
지적도 이유도 없이 태어나 다 늙어 버린 운명을 내 어찌 하려는 것인지 난 도대체 알길이 없다. 그저 먹고 퍼질러 캣세라쎄라 잠들어 버린 날 물어버린 저 방울이 신세가 왜 이리 부러우냐.
생각 모자라는 가방끈에 쓸거리가 우뚝 서다보니 내 푸념으로 원고를 메우려 팔자한탄까지 하게 되었나보다. 남들은 이 나이에 돈도 잘 벌어 어화뚱땅 잘들도 살더구만 난 이 나이에 밥 걱정을 하니 말이다.

제6장

날마다 아침이면

나는 오늘도 더러운 기분으로 아침 출근을 서두릅니다. 집에서 놀구 먹는 팔자라면 이런 아니꼬운 아침을 맞이할 일이 없겠지만 말입니다. 의무적으로 아침마다 대소변을 치워주는 마누라의 성화가 오늘도 자극제가 되어 아침부터 잡치는 기분을 맛봅니다. 귀엽다귀엽다 버릇없이 길러 놓은 손자 녀석의 방대함처럼 예뻐만 했지 확실히 배변 교육을 못시킨 콩 때문에 자주 일어나는 불씨하나이기도 하다.

하루 이틀도 아니고 생활의 일부로 늘 해오는 습관적일을 사사건건 투덜대고 성화를 바쳐서야 안될일 이놈들이 싫어서 그러는것도 아니고 오로지 아침마다 오물을 치워야 한다는 성가시움이 발단인데 그걸 낙이라 생각해야지 할거 다 하면서 핏대를 올리고 재수없이 일진 사납게 아침마다 앙앙거려 출근길 내 기분을 씁쓰름하게 해서 좋은일이 뭔가 보살피는 수고로움으로 대신 기르는 재미와 순응하고 복종하는 미덕을 눈으로 보니 그게 곧 수고로움의 댓가가 아니냐는 핀잔을 던져본다. 소나기가 한줄금 뿌리고 나면 이내 간도 쓸개도 없이 곧바로 아까의 푸념과는 달리 잊은 듯 콩이나 호두에게 빠져드는 행맹이 빠진 마누라. 마누라는 환자다. 병원에서 개를 기른다고 하니까 깜짝 놀라더란다. 류마티스 관절엔 특히 안좋으며 변에 세균이 있어 환자를 생각해 기르지 말란다. 나 들으라고 하는 소리인지는 몰라도 이해가 안가는 이야기다.

털날리고 위생상 제로라는건 나도 알고 있지만 정말 말대로라면 마누라

병원다니게 하면서 같이 한방에서 기거한다는 건 네 고집이고 내 위선이다. 또 그렇다고 한들 어쩌랴 밖에서 기를 형편도 아니고 떨어져 있을 처지도 아니니 어떤때는 입장이 곤란할때가 있었다. 남들마저도 안기르면 안되느냐는 권유도 있었지만 나에게 있어서는 쇠귀에 경읽기요 씨도 안먹힐 이야기로 괜한 내 신경만 자극하는 쓸데없는 구현일뿐 황소 고집인 내가 그말 한마디에 순순히 물러날 기세는 아니다. 차라리 개를 데리고 월세방으로 내가 나가든가 친정으로 가서 몸 아픈 장모시중이나 들라고 소리쳤다. 안가는 마누라나 빳빳한 내 심사나 다를바 없지만 극단적으로 이놈들을 어데로 보낸다면 내 그 외로움을 어찌할꼬 도저히 마누라가 바라는 이놈들과의 이별은 있을 수 없다고 정의한다. 상상도 하기 싫다. 아니 할 수 없는 내시름의 그늘을 자초하는 구멍난 빈 가슴을 어찌 내 손수 만들수가 있단 말인가. 하루일이 끝나면 얼른 집에 오고 싶어지는 것은 보고 싶은 이놈들 때문인 것을 어느 누가 이 깊은 심정을 헤아려 주려나. 바람치고 사나운 풍랑이 그친뒤 잔잔한 바다가 있듯이 가끔있는 이놈들의 일로 다투고 기분 상하면서도 어쩌지 못하는 가운데 시간이 해결이어서 날과 달이 가고 세간의 일처럼 이런말은 잊혀지고 지워져 당연히 그러려니 급박함의 기세는 전설처럼 잊혀져 버린다. 그래서 또다른 즐거움이 생겨나고 기쁜 감정이 샘처럼 솟아 용기가 되고 힘이 되고 활력소가 되는 마력적인 이놈들의 힘. 그 괴이함의 끌림에 내가 나를 주체할 수 없는 소멸의 구렁에 나 행복해 하노니 너희는 전생에 나와 연분이요 인연이니 그 고리를 어찌 끊어 훨훨 단신되어 슬픈 세월을 이겨낼까 이글을 쓰는 지금도 두놈이 내곁에 붙어 누워 새근새근 잠들어 있건만 마누라 없는 휑한 집안에 세놈과 내가 조용히 있으니 더 바랄게 없네. 이런 쌈박한 휴가가 또 어디에 있는가. 질척거리며 여름 장마비는 나리고 해저문 6시 오랫동안 책상머리에 진력이 난다. 글쓴다는게 보통 힘들고 어려운게 아니다. 정신적 육체적 노동과 다름없는 나 자신과의 싸움이다. 고진감래라는 명언이 이를 두고 한말이 아닌가 싶다. 장시간 글쓰기에 손가락에 마비가 온다.
잠시 원고를 덮고 이완된 몸의 경직을 스트레칭으로 푼다. 창밖 빗줄기가 거세다. 장대비다. 세찬 저 힘있는 빗줄기를 맞고 싶다. 곤한 잠에 빠져 있는 놈들이 깰까봐 나비가 날 듯 일어나 보지만 잠귀가 청진기 같은 놈들이 우루루 따라 일어선다. 혼자였으면 싶었는데 또 혼자가 아니다. 설삶은 말대가리 같은 마누라는 비 쏟아지는 이 밤 어델갔는고 얘들아 오줌 누러 가자.

사진쟁이

너희들을 내 사진속에 캐릭터화 하려 한다. 기왕에 베린 몸 홀랑벗고 줘야지 망설이고 관망할게 뭐라. 기왕지사 빠진거 확실하게 빠져보자. 이것도 실패 저것도 실패 뭣하나 제대로 맺고 끊지 못하고 가다 못가는 아리송 주제꼴에 카메라가 사고 싶어진다. 그러나 카메라가 먼저가 아니다. 카메라 기술이 먼저다. 그래서 카메라와 사진찍기에 관한 두권의 책을 먼저 구입

해서 보고 또 봤다. 조리개의 구성과 관찰 순간 포착과 기다림의 미학 실체적 배경 의미 등등 사진에 관찰 또한 관건이라는 정보를 얻어낸다. 이제 실전에 돌입해야 한다. 유심히 들여다보고 감상에 젖는 것이 주특기인 내가 책속의 말대로일 때 카메라와의 인연은 좋은 일일 듯 싶다. 목표는 사진 화보집이다. 사진에 문외한이 질높은 사진을 포착한다는건 망상이자 건방이지만 왕초보의 한계로 찍어 사진밑에 화자의 글이거나 배경에 어울림의 댓글을 쓰고 싶음이다. 어때 멋지지 않을까? 어느길 모퉁이를 지나가다가 눈에 띄는 작품성 사물을 보지만 카메라가 없어 찍지 못하고 아쉬움으로 돌아설때가 수없이 많았다. 콘크리트 바닥에 선명하게 찍힌 고양이의 앙증맞은 발자국 높게 쌓아올린 축대 틈새에 간신히 뿌리 내려 푸르름을 흔들어 대던 노랑 달맞이 꽃하며 오래된 초가 서까래 기둥에 꽃처럼 포자를 이룬 곰팡이 버섯은 어떻게 하고 그냥 지나쳐야만 했던 어제들. 이제 어제의 해갈을 도려 낼 수 있는 계기가 왔다. 내 잠재적 기질을 시험할 명분도 얻었다. 집을 나서면 밖은 온통 창작물로 무궁무진하다. 다만 눈길을 주지 않고 무심함이 그 아까운 모든 것들을 놓치고 있는 것이다. 평생 한가지만을 고집하는 외골수 작가가 있단다. 후일 나도 어쩌면 내가 좋아하는 녀석들만 찍어 낼지도 모를 일이다.

내 긍정의 힘을 믿어도 될까? 극복 그런것들이 오늘의 숙제일 듯 싶다. 안방 샌님에서 탈출해 후미진곳에 숨겨진 보물을 찾아 길을 나선다는게 쉽지만은 않을터 우연한 내 족쇄가 된 부족한 생계의 위협감으로 홀가분히 팔도를 넘나들며 필연적 희망하나를 담아내겠다는 욕심은 지금쯤에선 사치다. 이것이 내 첫 걸림돌이다. 극복이 문제가 아닌 현실이 문제다. 비틀린 허무가 내 가난위에 살며시 주저 앉는다.

면면 지리한 고민들이 대추나무에 연결리듯 다닥다닥 들러 붙는다. 시종잡배처럼 말이다. 여백의 시간을 할애하지 않는 내 생각에 깊고 물렁한 늪이 형성 되는 순간이다. 바람을 타지 않아 앞으로 나아갈 수 없는 손으로 접은 종이배 신세다. 7은 내 희망의 숫자다. 럭키세븐으로 맞대거리할 능력을 찾자. 내안의 침착과 의연함으로 빛을 향하여 도전의 열정을 식히지 말자. 10%의 가능은 90% 노력을 요구한다. 가다가 되돌아설망정 일단은 앞으로 길을 나서자. 가다보면 중간쯤일테고 다리쉬어 또 앞으로 가다보면 목적지에 도달할테니 그것이 인생이고 하고자함이며 성공의길이지 않은가. 능력으로 세상을 열고 타고난 자애와 슬기를 합산할 때 청천의 신도 감화하여 나를 돕지 않을까 나 어릴적 아주까리 동백기름을 짜서 어머니는 까만 머릿결에 기름을 바르시고 빗살고운 참빗으로 고운 머릿결을 빗어 내리시면서 너는 이다음에 크게 될 인물이라고 점쟁이가 이르더라는 말씀이 새삼 생각나는 8월의 끈끈한 여름밤 점쟁이의 한 소담이 솔깃하기만한데.

싸우지 마세요 우리는 어떡해요

마음이 편하면 몸이 건강하고 발이 편해야 하루가 편안하다고 했다. 본의 아니게 살다보면 사소한 일로 다투게 되고 불화가 빈번함을 겪는다. 일상적인 일이기도 하지만 이에 도를 넘으면 그것이 화근이다. 부부싸움은 칼로 물베기다. 언쟁이 끝나면 즉시 화해가 되는 것이 부부싸움의 특성이기도 하다. 손뼉도 마주쳐야 소리가 나듯 서로가 양보없이 자기주장만 앞세운다면 문제는 심각해진다. 울컥치솟는 분수같은 화를 자제치 못해 급기야 우격다짐으로 피를 보는 불경스러운 사고도 생겨나지만 이런 예는 소수라 해도 가정싸움은 대개 말씨름으로 시작해 말씨름으로 끝나는게 대부분이다. 우리 부부사이도 예외는 아니어서 자주 겪는 일인데 언제나 자제하는 쪽은 나다. 부어터진 마누라의 심술봇따리 불똥이 의외로 죄없는 녀석들에게 쏘아진다. 눈치가 빤해 쥐죽은 듯 죽이고 웅크리고 있던 녀석들이 골난 마누라의 시선에 사추리에서 꼬리를 말은체 안절부절이다.

한주일은 족히 지나야 풀리는 얕은 소갈머리 직성의 여파는 곧 이놈들의 차지가 된다. 양질의 사료가 늘 밥그릇 가득하던 밥그릇은 비어있고 물통에 물은 말라있다. 내가 받아야할 수모를 대신 이놈들이 감수한다.

고래 싸움에 등 터지는 새우 꼴이다. 나는 이놈들의 구세주가 된다.

빈 밥그릇을 채워주고 맛깔스런 간식과 신선한 정수를 물통에 가득 채워준다. 뻿죽대는 마누라의 시선을 등뒤로 느끼며 긴장했던 놈들의 갈증이 해소되는 순간이다. 컬컬한 막걸 리가 목구멍을 타고 넘어갈때의 꿀꺽 꿀꺽 소리 급하게 마셔대는 빨림의 소리가 흡사하다.

눈빛이 초롱초롱 해지고 사렸던 꼬리가 엉덩이에 치켜올랐다. 날장날장 꼬리의 흔들림이 잔 바람을 일으킨다. 허리를 늘려 기지개를 편다. 검은 콧등의 숭글숭글한 땀방울을 긴혀로 낼름낼름 핥아댄다.

정감 넘치는 눈들이 나를 빤히 올려다 본다. 침묵이 흐르지만 이놈들은 지금 나에게 뭔가를 이야기 하고 싶어한다.

주인님 싸우지 말아 주세요 라고 말이다. 불안해요 무서워요 오금이 저려요 주인님의 행복이 곧 우리들의 행복이거든요.

방귀가 잦으면 똥이 마렵듯이 싸움이 잦아지면 우리들이 불안해요. 그 여파와 후유증으로 행여 우리들을 왕따 시키거나 관심밖으로 또 다른이에게 분양이라도 시킨다면 아 생각만해도 소름이 끼쳐요. 지금 이대로의 행복을 누리고 싶어요. 우리로부터 멀어지지 말아 주세요. 지금보다 덜한 행복이어도 좋고 고급옷에 맛있는 먹거리가 아니어도 불평 불만 없습니다. 옛정 그대로 일테니 부디 딴 주인을 맞아야 할 운명은 만들지 말아 주세요. 향기나는 샴푸에 더운물로 목욕시켜 주시고 예쁘다며 뽀뽀해 주시던 그런 주인님을 떠나서는 절대 살수가 없어요. 설사 그런 불행이 생겨나면 눈에 밟히는 주인님의 얼굴 목소리 체취까지 그걸 어찌 잊으란 겁니까? 아마도 식음을 전폐하고 몸부림치며 울다 지쳐 애마름에 끝내 다시는 볼 수 없는 하늘나라로 이별을 고할테지요.

겨울 사시나무 떨 듯 떨고 있어요. 지금 큰일났다는 생각에 온몸이 차가워져요. 자 보세요. 어제 주신 사료가 그냥 남아 있어요. 속이 그득하니 통 먹고 싶지가 않아요. 목이 말라도 물 한모금 넘길 수가 없네요. 가득찬 물통에 눈물어린 제 얼굴이 비치네요. 신명난 주인님의 장감 넘치는 얼굴이 보이지 않아요. 쳐다 볼수가 없어요. 뭐라고 위로의 말을 해야 하고 어떤 처신으로 지금의 상황에 대처해야 하는지 도무지 알길이 없네요. 살랑이는 제 꼬리 부채 바람으로 흐려진 주인님의 심기를 날려 버릴수만 있다면 몇시간 아니 몇날이라도 할 수가 있어요. 걱정하지 마세요.

웃어주세요. 거친 마음의 꽃밭에 키 큰 해바라기를 심어주세요. 그리고 물을 주고 빙그레 웃듯 고개 내미는 싹을 틔워 주세요.

수난의 계절, 여름

뉴스를 말씀드리겠습니다. 30℃를 오르내리는 팔월의 불볕더위 휴가철을 맞아 일부지각없는 사람들로 하여금 버려지고 잃어버리는 애완견 수난이 심각한 상황에 놓여 있다고 합니다. 전국의 동물병원마다 맡겨진 애완견들로 북새통을 이루어 즐거운 비명을 지르고 그나마도 여유가 없어 맡길 수도 없는 형편이면 휴지를 버리듯 길거리에 슬며시 놓고 사라지는 비정한 얌체들로 거리를 떠도는 유기견의 수가 하루에도 수백에 달한다는 동물 협회측의 보고를 접하고 나면 꼭 이래가면서 까지 꼭 휴가를 떠나야만 하는지 묻고 싶다고 동물 관계자들은 분개합니다. 그렇다 길어야 일주일의 휴가 그 며칠을 즐기기 위해 가족처럼 지내던 정 덩어리를 헌 신짝처럼 버리다니 몹쓸사람 들이다. 이런 사람들의 가슴속엔 무엇이 들어있을까 뜨거운 피 대신 차가운 얼음덩어리만이 가득할까

연극이 끝난 무대는 허망하고 고요하고 정막할 뿐이다.

세상에 당차고 매몰찬 건 사람외에 또 무엇이 있으랴 이래서 인간이 인간

이 싫어질때가 있다. 일시적 내 안위밖에 모르는 이기주의 이건 인간적 공식이 아니다. 야만이며 무야무야 냉각된 초상이다. 악독이라는 말을 이들에게 뒤집어 씌우고 싶다. 내가 뿌린 씨앗은 반듯이 내가 거두어 들여야 한다. 책임감에 충실해야 한다.

이것이 인간사 공식이다. 똑똑한체 하면서 왜 이런 어리석음을 구현하는가 이판사판 합이 개판이라구 휴가 핑계로 이 기회에 떼어 버리자는 속셈 조소할 만큼 타락된 당신의 양심을 되묻고 싶다.

내노라 하는 조강지처 버리고 잘된 홀아비 봤습니까? 세상사 룰을 따르면 안되던 일도 잘 되는 겁니다. 그 잘난 당신의 속셈으로 버려진 사랑했던 그 강아지의 운명을 한번쯤 생각해봤습니까?

그건 아무도 모르지요. 더러운 누더기가 되어 먹을 것을 찾아 거리를 헤매이거나 뭍사람들의 돌 팔매로 다리가 부러져 신음하거나 어쩌면 잡혀서 개장국 신세가 됐는지도 모를일이고 동물 보호소에서 새로운 주인을 못 만나 안락사 됐을지도 모릅니다. 천만다행으로 어느 낯선 사람에게 눈에 띄어 그 품에 안겼다면 당신 품보다는 더 행복할 수도 있겠지. 그러나 보지 못하고 행방이 묘연하니 홀가분한 어떤 정의도 내릴수 없어. 분개할 수 밖에 여보 또랑물에 해수욕이 중요해. 하나의 생명이 중요해 아가리가 열개라도 할말이 없지. 왜 그랬어 그러지 말어 당신 그런식으로 세상살면 맨날 엿만 먹어 뚝배기 보다 장맛이야. 뭔소린지 알어 먹남. 버리는건 생명이 아니라 당신의 먹고 남은 찌끄래기 쓰레기라구 쓰레기. 이 화상아. 네가 버린 생명이 뭐라고 씨부렁 거렸는지 전혀 모르지 피를 토하듯한 그 절규는 아주 공갈 염소똥이 아니야. 내가 개를 대신하는 박수 무당이걸랑 아주 용해 시방으로부터 4천년전에 감춰진 비밀도 엽전에 쌀알갱이 몇알이면 다 나와 이런 내가 같잖은 너 때문에 신경을 써야한다니 저기저 기둥에 매둔 똥개가 다 히죽 웃는다 야 아유 남새스러워 가만있자 오늘 점괘가 으찌 나올래나 있지 힛찌 고로꼬 아이노꼬왕 곤쟁이 젖이 따끔뜨끔 으흐흐 쭈아쭈아

기분 트더저 브러 병신이 육갑하는구만 똥구멍이 째지게 어려운 판에 빚내다가 날 사서 물구 빨구 씻기더니 그새 싫증이 나서 해수욕 핑계로 날 버려 빌어 처먹을 놈의 심뽀같으니 너희들 년놈이 새벽부터 오늘 날 버리자고 쏙닥 대는거 자는척하고 다 들었걸랑. 느닷 없이 달래들어 거시기를 냅따 물어 뜯으려다 에라 나만도 못한 코딱지 인생을 물어봤자 내 이빨만 아프지. 저런 애들은 자고로 코피가 나도록 내 질러야 하는데 기왕가는길에 유종의 미를 거둬야지 그간 돌봐준 정도 있고 그러면서 뭐라고 씨부린 줄 아냐? 맘보를 곱게 써야 오래산대 단명할 수래. 오래 살려구 애쓰지 말래. 슬하에 자식복두 없구 재물복두 꽝 이래. 꼴에 이다음에 천당가고 싶어하는데 비집고 들어올 자리가 없대. 불가마는 많이 비어있어 거기가면 무난해도 딴데는 안된대 그러면서 다시는 개 으쩌구 허는 주접은 떨지 말래. 인생 그렇게 살지 말래 불쌍허대. 점괘가 아주 선명하게 나오는구먼. 그럼 어디엔가 살아는 있대요. 에~또 그건 안나오는데 주소없는 발신메시지 하나는 있지. 뭔고허니 당신의 순간적 착각이 내 운명을 뒤바꿔줘 더럽게 고맙다고 오 살아있네. 어 그런데 갑자기 하늘이 꺼매지지 우르릉 꽝 삐까 번쩍번쩍 찌지지익 여봐라 저두후레에게 큰 칼을 쒸 우렸다. 예의이입. 천하엔 기급을 할 주책맞은 위인들이 너절하다. 묵사발을 받아들어야

할 별종도 즐비하다. 도와 예를 잊고 사는 잡배도 풍년이다. 실로 개탄스럽다. 요즈음의 세상사가 그렇다 이대로는 아니된다. 다 달라져야한다. 이미 모든 생활패턴이 중독이 된 지금 그것이 하루이틀에 되는 것은 아니지만 될수 있도록 노력해야 한다. 제일 먼저 인식전환이 불가피하다.

뭐든 함부로 버리는 습관도 절제하자. 지금 이 사회엔 개과천선의 기회를 맞아야할 사람들이 넘고 처진다. 독버섯같은 이념주의자들의 숫자가 늘어 나면 이 나라의 기강이 위태롭고 사회가 혼란스러워져 국민이 불안하다. 우리모두는 지금 전환점에 서야한다. 애완동물 이야기에 사람을 결부시켜야만이 글의 골격이 형성되는 현실이 안타깝지만 동거동락이라는 맥락에서 볼 때 굳이 비켜 가야할 이유 또한 없다.

하늘처럼 믿고 따른 당신
왜 날 버리시나요
버렸으니 갈것이고
되돌아 아니옵니다
집구석도 비고 앙가슴도 비고
머리통도 비었네요
버리는데 이유도 많습니다
먹고 살기 힘이 들어 버리고
싫어서 버리고 버리고 싶어 버리고
병들고 약하다고 버리고
놀러가는데 짐이 돼서 버리고
정신줄 놔 잊어버리고

싫증이나 버리고

우리들은 당신에게 종속된 하찮은 미물이 아니예요.

혼자 중이 빌어먹듯 법당에 중이 여럿이면 매일 시주에 나서지 않아도 됩니다.

내가 없는 당신은 늘 위태롭고 쓸쓸하겠지요. 힘도 빽도 없는 개라서 억울하다 항의 못하고 당신의 뜻대로 그냥 가지만 슬픈 마음은 어쩔수가 없네요. 지나간 버스에 손 들지 마시구 있을 때 잘하라는 유행가 가사는 까먹었나요? 15000원 주고 장바닥에서 산 강아지를 삼년 먹여 키우면 사료값이 얼마입니까? 경제적으로 그것도 큰돈이지요. 그런데 그렇게 공들여 키운 나를 고작 2박 3일 놀자구 날 버리다니 참 당신도 그거보면 꽤나 멍청해 진짜 뜰땅이 따로 없다니까.

천성이 고우면 여우도 돌아다본다구요. 나이롱 뻥 인생은 살지마세요 후딱하면 하늘이 구멍나고 땅 덩어리가 폭발하는 괴이한 세상에 양심이나마 곱게 가지고 살아야지 그 나이에 그러구 싶으우 지루하니 내가 실없는 소리 한마디 허리다. 뻥까는 소리긴 하지만 한번 웃자구 허는 일이지 왕년에 인천에 번개주먹하면 서울 염천교 다리밑 김두한도 벌벌 떨었거덩 그럼 두한이를 떨게한 장본인이 누구냐 나야 나 에이 아저씨가 시방 몇 살인데 두한이랑 놀아요 알꺼읍구 그렇다면 그런가보다 허구 말어. 짜식이 따지기는 되지 못하게 넌 그래서 나쁜 놈이야. 그냥 지나가는것도 어른에 대한 예의야 그리구 설람에 인저 낙지 소면에 아리랑 처녀도 하나 뜩 앉혀놓고 두한이랑 낮술을 찌끄리는 그 찰나에 술 식기전에 빨랑 빨랑 드시어요오옹 축농증 아가씨가 느닷읍씨 내 가슴에 왈카닥 어맛 뜨거라 오줌을 찍 흘렸는데 뺑이래두 아주 재미나고 그럴듯허네. 아 내가 누구냐 장안의 난봉꾼 아니더냐 춘향이 꼬시다가 이몽룡이한테 한방 얻어터지긴 했지만 자자쩔꺼덩 건배 너 혼자 건배해 인마 건배는 무슨 얼어죽을 젊은 놈과 늙은이가 소주잔 빡치기 허는거 봤어 개가 다 웃는다. 인마 살아서도 개 사랑 죽어서도 개사랑 표어하나 써줄테니 끄냉이매서 복국에 걸어둬라. 빛나는 졸업장은 떼어버리고 월급타면 종종 불러라 다음번엔 값싼 소주 말구 나폴레옹 양주한병 까라. 안주는 집어 치우고 예쁜 깔치하나 붙이는거 잊지 말구 꺼어어억 그럼 날랑은 이만 오줌이 마려 먼저 간다.

법

반려동물 등록제가 2007년 1월27일부터 시행에 들어갔다. 개정 동물보호법에 따라서 집 밖으로 개를 데리고 나설땐 반드시 인식표를 달아야 한다는 종목도 있다. 동물학대 행위에 대해서는 종전 벌금 한도를 20만원에서 최고 500만원으로 상향한다고 했다.

동물에 대한 남다른 애정을 가진 나로서는 그야말로 덩실 덩실 춤이라도 출 경사가 아닐수 없다. 그러나 시행된 이법이 과연 지켜질까 하는 의구심에 걱정이 앞선다.

사람을 위해 만들어진 법도 지키지 않아 유명무실해지고 있으나 마나한 지금 방금 만들어진 따끈따끈한 이 법을 사람들은 얼마나 지키고 신뢰해 줄까 참으로 다행스러운 건 법이 만들어 졌다는 것 자체가 관심사다. 질적인 삶의 여유와 대가족 제도가 옛일이 되어버린 외로움 그리고 허전함을 피부로 느끼는 현대인들은 현명하게도 자신만의 소유물로 동물을 선택해 가족구성원으로 받아들여 사랑과 배려를 나누며 살아간다. 날이 갈수록 동물과 함께하는 가정이 속속 늘어나는만큼 진작부터 동물복지법에 신경을 썼어야 했다. 늦은감이 없지 않으나 다행스러운 일이고 어떤 무지한 인간의 잔인함이 만천하에 고발되는 일이 잦아지면서 서둘러 법을 추진하는 당국의 느슨함에는 불쾌감이 남는다. 어떤 법이든 준법은 고수되어야 한다. 적어도 이나라 국민이라면... 사람들은 이렇게 말한다. 있으나 마나한 법 만들어 놓고 흐지부지 하는게 무슨 법이냐고 대한민국 국법은 개 법이라고 말이다.

만들어져 지키지 않는 조롱거리 법은 이나라 국민 전부의 불찰이다. 왜 안 지키는가 저마다 법자체를 무시하고 지키지 않으니까 말그대로 개법이 어쩌고 운운 하는 것이 아닌가.

내 평생에 두 번쯤 법원엘 갈일이 있었다. 큰 죄를 지어 법원행차까지는 아니고 일해주고 돈못받아 억울해서 호소하러 한번갔고 어렵고 힘든사람 보증을 서준 것이 잘못되어 불려간 두 번 출입이 전부지만 죄든 억울한 일이건 법원이라는 곳은 가서도 아니되고 갈곳도 아니다.

법원에 가면 법제처의 표상인 저울을 들고 있는 흉상을 보게 된다. 평등저울이다. 어느 한쪽도 기울음 없는 팽팽히 수평을 이룬다.

저울은 말한다. 법은 누구에게나 평등하고 단호하다고 그러나 현세에 법은 과연 평등을 말할수 있을까 법과는 거리가 먼 문외한이 법이 어떠니 함부로 말할수 있는 처지는 아니어도 신문지상이나 매스컴을 통해 눈으로 보고 피부로 느끼는바 그저 내가 직면하는 일이 아니니 보아도 그저 그런가 보다 하며 별 관심없이 지나쳐 버리는게 전부지만 어떤 공정치 못한 사건에 특혜같은 감정을 느끼게 될 때는 이게 뭔 도깨비법이람. 핀잔에 앞서 화가 나기도 한다. 이럴 때 국민은 법에 대한 신뢰를 깨게된다. 소위 빽있고 거물에 돈 있으면 있는죄도 흐지부지 알게 모르게 감춰지고 보석이라는 돈의 위력으로 풀려나거나 집행유예라는 얼개로 죄인의 탈을 벗게한다. 세월이 약이라고 날이 가고 달이 가면서 녹록치 않던 그 사건은 세인의 생각에서 잊혀지고 묻히지 않는가.

그러나 서민이 당해야하는 법은 어디 그런가 관용이기보다는 내린 형벌을 고스란히 철창속에서 감래 해야 한다.

돈이 없고 빽이 없으니 어쩌랴 두얼굴의 법에 걸려들 수밖에 똑소리 나는 법 차별없는 냉철한 법 국민이 신뢰하는 법 이런 법다운 법이 존재할 때만이 신뢰를 받게 될 것이다. 부자법과는 거리가 먼 서민에게 희망하나 있다. 힘없고 돈 없는 법 앞에 나약한 서민의 죄를 대변해 주는 국선변호사가 있어서다. 자유 그리고 인권과 평등을 전제로 봉사하는 마음으로 법에 맞서주는 서민의 지팡이 국선변호사 옳고 그름에 맞서 정의를 이끌어내는 일고의 고등관들이다. 그들의 혜택을 입은 사람들이면 늘 감사하는 마음으로 살아야한다.

얘들아 야이 개들아 이젠 걱정없다. 누가 때리거든 법으로 해결해라.

500만원 벌금 물리고 쇠고랑차고 냉 바닥에서 쌩 똥좀 싸게 주인이고 나발이고 띨띨허게 놀면 무조건 고발해라. 법은 뒀다 국 끓여먹냐 있을 때 지키고 있을 때 써먹어 이제 제대로 너희들 세상이 오는가보다. 법을 미끼로 깽판치고 장난삼아 고발허면 500만원 벌금대신 넌 돈이 없으니까 몸뚱이로 갚아야돼. 뭔 소린지 알지 이몸이 죽어주어 500만원 벌금대신 고기로 갚노라. 결국은 된장에 철썩 개장국이 될 수가 있걸랑 으떠냐 간이 뜨끔 허지 놀아도 막 놀지 말구 잘 놀아 이제야 개꼴 남뵈지 않고 어깨펴고 폼잡으며 겨우 살게 됐는데 실수로 꼴까닥 상황만들지 말구.
항상 먹는건 내가 설사가 나도록 먹여 줄테니까 그걸랑 안심허고 후라이드로 갖다주런 아니면 강정으로 갖다주련 아유 뭔 강정꺼정 기냥 아무거나 들고 무리허면 다 맛난게 많이만 주셔.

걸쭉이의 용맹

워매 개 큰거 으찌 이리 크다냐 기골이 장대허고 생긴것도 늠름허니 사람으로 치면 호남이네. 털색깔도 고상허고 음마 사자맹이로 대갈통 뒷꼭지에 갈기 좀 보소. 봄바람에 풋보리 춤추딕끼 너풀거리고 천상 숫사자여. 목소리도 쩌렁 쩌렁헝게 항아리 소릴 내부러 쩌그 춘자네 머슴 봉구만큼이나 쉽쉽허구먼. 음마 오줌도 엄청 눠부러 또랑물 내려가듯허네 . 저저 똥자루좀 보소. 굵기가 절구괭이네. 할찌작거리는 혓바닥은 서너발은 됨

시로 멀찌감치 있는놈두 잘 끌어다 처먹겠다야. 으헤헤헤 내 뭐라 그렁게 아능거 맹이로 귓떼기를 쫑끗거려 싸야 윙윙윙윙 워매 저 우렁찬 항아리소리 저 쓞벙거리는 눈깔좀 보소, 궁뎅이 호박맹이로 큼지막허니 삶아서 썰어놓으면 크게 한 접시는 되겠다야 하이고오 막걸리 땡겨부러. 야 너한테 부탁하나 허자. 해결해야 헐일이 있는디 너 사고 한번칠래? 너 성질두 껄끄러니 드럽다구 소문났더라. 너 사고한번칠래 은근히 겁만주면 돼. 개라면 모조리 걷어차고다니는 늙은이가 하난 있는데 그 영감 잠들면 헤벌린 구린내나는 입에 지린내 나는 네 노랑물을 사정없이 짝 내깔기고 튀면 되는 간단한 일이거덩. 어?때 한번할래? 잘하면 충신이요 못하면 역적이라고 억울한 개들의 대변자가 되어 네가 총대한번 매라. 만약에 걸리면 무조건 우겨 나이가 먹다 보니 눈이 어두워 뵈지 않아 땅바닥인줄 알고 조금 흘렸다고 오리발 내밀면 그만이야. 이거 성공하면 내가 맛난 육포 한봉지 선물로 줄 거야. 어때? 목젖 늘어지지 헐래 말래 흑 몽둥이로 매타작 당하면 아저씨가 책임질래요? 신경꺼 막걸리 한사발이면 영감탱이 주저 앉히는건 누워 떡받아 먹기야. 이번 거사 성공하면 다음 사건이 기다리고 있다. 영웅이 되려면 산전수전 다 겪어 많은 경험이 누적될 때 대가리도 샤샤 돌아가고 영리해져 대장으로서의 새로운 면모를 갖게 되는거야. 두 번째는 뭔데요? 이것저것 막 쑤셔먹고 구두 설사를 해서 그 영감집 대문에다 설사를 발라 매닥칠을 해 놓는 30분정도의 시간이 소요될뿐 바쁘지는 않고 재미나고 웃기는 순간보복으로 용기있는 너 밖에는 할 수 없는 시시한 사건이다. 막중한 임무는 부담스럽게 자꾸 줘서 대단히 죄송허다만 세 번째 껀수는 성격이 개떡같은 수캐가 하나 있는데 어찌나 구성스럽고 지랄맞은지 주인이 말썽 부리는데 환장하겠대. 너 그놈 버릇 좀 고쳐줘야 쓰겠다. 그건 쉽죠. 어느정도나 극성스러운데 남을 시켜 버릇을 고쳐주라고 어느 정도인지 말해주랴 네 아무데나 똥눠 이겨 붙이고 앞발로 발광을 해서 새로 발라 놓은 벽지가 박박 긁어 죄 뜯어제끼고 커텐 물어 뜯어 찢거나 발기발기 찢어 벌려 놓고 커피 타 놓으면 들러 엎고 신발에 오줌싸 양말 적시고 음식보면 먼저 낼름 핥아 처 먹고 오줌받이로 신문 깔아주면 기계가 썰은 듯 찢어 발기고 왜 아무데나 분별없이 칠칠맞게 오줌싸냐 다그치면 난 본래 기형이라 꼬추가 삐뚫어져 똑바로 못눈다며 샐샐거리며 약올리고 영감 뒷짐지고 아장거리듯 어슬렁 거리며 주인 알길 개똥으로 안다는거야. 걱정말아요. 고놈의 새끼가 어디서 장을 처 내가 있는 한 해이한 개들의 기강은 내가 잡을테니까 아유 쥐만한게 그렇게 꼴통이라구 너 잘걸렸다. 치도구니 한번 맛을 보여줘야 찍소리없이 고분고분해지지. 이런 개판치는 얼띠기들 몇 마리가 우리 전체 체면을 개엉망으로 망신살을 준단 말이야. 아저씨 나 갑니다. 어딜가 먼저 요쥐새끼만한 놈부터 버릇고쳐 놓고 올테니 기다려요.

난 한번 한다면 누구의 사주든 합니다. 정의를 판가름하는 심판의 선구자가 될거란 말입니다. 병 나지 않을 만큼 적당히 주물러 고쳐라 디리 패지 말구.

아유 내가 누굽니까 빽꿈이 아닙니까?

고렁거 정도는 을르고 좆멕여 그 자리서 생똥을 질질 흘리게 만들테니께 헌데 가기전에 떠나기전에 뭐좀 든든히 먹을 것좀 읍나 싶어서 이거는 네미 애는 낳지도 않고 펴대기부터 장만한데 드니 아고 쥐새끼 만한놈 하나

투디려 잡기를 뭔 뱃때기가 두둑해야 허느니 으쩌느니 어기장을 놔 관둬 이새끼야 원 드러워서 아이 씨팔 괜히 고랑땡이만 먹었네.
뭬야 씨벌 요런 상년에 새낄봤나. 야이 시벌놈아 너 되질래 이뻐허니까 아주 날 개 얼랠래루 보냐 손주를 예뻐허니까 할애비 수염이 남아나지 않느다고 허드니 아 거참 승질머리 드러우시네. 너 시방 자꾸 깐족거릴래 아씨 깐족이고 나발이고 시방 가잖어요 으이씨 확

똥개의 전설

억겁의 세월과 함께 연분같은 집요한 만남으로 개와 사람의 관계는 오래전부터 이어져왔다. 이런 동병상련을 공생이라 하던가 그 공생의 공간에서 기쁨과 슬픔 아픔도 사람과 함께한 것도 개다. 모든 것이 지금은 풍요로운 세상이다.
먹거리가 지천이다. 떠돌이일망정 쓰레기를 뒤져 먹어도 골고루 잘 먹고 산다. 선조의 개들은 사람의 구린 똥을 먹고 살았다. 사람이 굶는데 개라고 예외일수는 없었다. 그렇게 불쌍한 세월을 살았다. 지금도 똥먹는 개가 있다고 아니 없다. 개 밥그릇에 하얀 쌀밥이 남아도는데 더럽고 구린 똥을 먹겠는가 5~60년전만 해도 아무데나 벌려놓는 애들의 똥은 개들에겐 특식이거나 간식거리였다. 월이나 애요 애요로 부르면 쪼르르 달려와 누가

뺏어나 먹을쎄라 허겁지겁 맛나게도 먹어주던 배곯았던 녀석들 물걸레로 닦은 듯 깨끗이 흔적도 없이 핥아주고 연신 아래위 주둥이를 긴혀로 맛사지하듯 벌름거리며 닦는 정갈함을 보여주던 개들 사람들은 영양이 부족해서 얼굴엔 버즘이 피었고 개들은 털이 듬성듬성 빠지는 비루를 먹었고 갈비뼈가 아른거렸다. 살찐 사람과 살 찐개 보기가 쉽지 않았던 시절이야기다. 똥개라는 별명은 여기에서 생겨난 세월 속 사정을 대변한 눈물어린 항변의 소리 일수도 있다.

이런 눈물겨운 연고로 만은 개들의 수난이 이시기이기도 했다. 굶주린 개 눈엔 똥만 뵌다고 허기진 놈들은 늘 먹을걸 찾아 헤맨다. 지금 나이가 5~60대는 잘 알고 있을 것이다. 먹거리가 부족하던 그때 왜 그리 쥐는 흔했던가. 전국적으로 쥐잡기 운동을 벌였다. 심지어 학교에서까지 쥐약을 나눠주고 쥐꼬리를 많이 가져오는 아이는 상품으로 노트나 연필을 선물했다. 쥐약 놓는 날을 몇월 며칠날로 정해서 일제히 쥐약을 놓는다. 밥에 쥐약을 놓는다. 밥에 쥐약을 뿌려 비벼 놓거나 옥수수 알갱이나 보리쌀에 약을 부어 불려서 쥐가 잘 다니는 통로에 놓는다. 개가 있는 집은 너도나도 개단속에 부산하다. 행여 쥐약먹은 쥐를 먹을까봐 걱정스러움에서다. 어쩌다 고리가 풀리거나 끊겨 달아난 놈들은 열이면 아홉은 죽은 쥐를 먹고 죽어야했다.

뱃속의 창자가 녹아 끓기는 개는 미친 듯이 헤집고 뛰다 거꾸러졌다. 대낮이건만 독이 난 개의 눈에서는 새파란 불빛이 이는듯했다. 그런 비극을 어린 눈으로 직접 목격하면서 얼마나 마음 졸이고 무서웠던지 지금의 내 개사랑이 그때도 그랬다면 밤을 새서라도 쥐가 먹기전에 내가 먼저 수거해서 치워 버렸으련만 우리 집의 개도 여러 마리가 늘 그 모양으로 제명을 다 하지 못했으니까 지금 생각하면 너무 가슴이 아프다. 새끼를 가져서 배가 불룩한 암캐도 그 독한 쥐약으로 그렇게 유명을 달리했다. 그날의 비극적인 모습들이 그림처럼 눈에 어린다. 아름다운 추억이었으면 좋았으련만 슬프고 가슴 저린 추억이라서 생각을 아니함만도 못하다. 영혼에 죄 지은 마음이다. 똥개 똥개 그 똥개를 좋아하는 킬러가 있다.

개 먹는 킬러 목구멍으로 넘겨 밥통만 채우는 킬러일 뿐 정작 살아있는 개는 싫어한다. 제 밥을 줘 기른 개를 제 손으로 목을 졸라 죽여서 거적대기로 덮어 불을 질러 개를 고슬르고 배를 갈라 간을 빼먹는 이건 큰 죄를 짓는 일이다. 아무리 개먹는 문화가 대대 손손이라지만 이젠 이러지 말자. 의식이 문제다. 사람과 동물이 함께 어울어져 사는게 이 지구다. 먹는 문화에서 벗어나 기르는 문화로 전환하자. 개는 털이 붉은개가 맛있고 살이 찐 듯 만 듯 중간쯤이 잘근잘근 씹히는 괴기맛이 일품이며 소주와 어우러져 무한정 땡기는 개 고기라네요. 개 학살범 얘기 좀 더 할까요?

어떤 방법으로 어떻게 잡아 죽이는지 말할까요? 글씨에 모자이크 처리 좀 해주세요. 우선 질긴 동아줄로 목을 길게 묶은 다음 담배를 꼬나물고 개를 질질 끌며 나무 밑으로 갑니다. 개는 이미 직감이 가는 터라 안 가려고 네 발을 뻣팅기는데 목줄을 확 낚아채면 개가 기급을 하며 놀랩니다. 꼬랑지는 사초리에 바싹 들러붙어 오금을 못 펴지요. 사정없이 잡아끕니다. 개는 이미 반은 죽어 갑니다. 오줌을 지리고 생동을 쌉니다. Y자 나뭇가지에 긴 줄을 척 걸치고 나서 잡아당깁니다. 개가 발내등을 치며 매달려 올라 갑니다. 살아나려고 네발로 나무를 얼싸 안습니다. 개는 혀를 내밀며 최후의 몸부림을 칩니다. 몽둥이를 집어 들고 사정없이 팹니다. 애닯은 슬픈 비명에 몸은 늘어지고 긴 혀를 내민채 나무에 매달려 늘어진 몸둥이가 바람에 흔들립니다. 피를 토하고 눈은 뜬 채 원수를 내려다보고 있습니다. 경악할 하이에나 같은 포악성 인간의 탈이 아까운 순간입니다. 생명을 똥친 막대기취급하듯 경시하는 이런 위인은 야스쿠니 일본 전범 위패가 모셔진 신사에 나란히 일렬로 세워 놓아야 하거늘 개 귀신은 안써줄려나 아베 대답해봐 안된다구 "왜" 일본개 다 잡아먹을까봐 설마 거기가서도 개 백정놈이 되겠냐 너희들은 너희끼리 논다구 아베야 그러지 말자. 백정하나 홍일점으로 끼면 확 빛이 날텐데 빛이구 나발이구 안된다면 안되는줄 알지 조선에서 유명하신분이 왜 그리 말귀를 못알아들어 아베야 너 시방 날 가지고 노냐 노는게 아니라 이치가 그렇치 않우 엇쭈리 이젠 반말꺼정 이런 웬 못된 구나방 코는 내 콧모양 이쁘질 못허구 이상허게 생겨 가지고 설람에 야 나막신 게다짝 짝짝 볼기짝 화들짝 자쭈꾸애 빙신 으바리 핼랠래 곤죽 지지리 깰꾸닥 벙벙이 얼간이 아 씨발 놀리지마요. 대꾸를 안허니까 놀리지 엇때 그렇키헐터 아 족같애 생각해 보구요. 만약에 되면 신사에 누가 참배와요. 여긴 갈사람 1명도 없다. 그리로 망명 갔으니 너희들끼리 절 해야지 조선사람이 미쳤냐 망명간 개 귀신에게 엎드려 절허게. 고노 야까시마 하니 이 몬 개 같은 경우야 조센징이노

개팔자 상팔자

눈부시게 강한 봄볕이 소나기처럼 쏟아지는 오후 할 일없는 개들이 여기저기 누워 오수를 즐긴다. 꿈을 꾸는 모양이다. 미세한 소리에도 짖어대고 끙끙거린다. 방안은 조용하다. 정적이 감돈다. 살랑이는 봄바람에 유리문이 덜컹거린다. 슬며시 일어나 한녀석이 삐척거리며 문지방을 넘는다. 에라 모르겠다는 듯 방금 넘은 문지방을 베고 스르르 잠이 든다. 참 개팔자 상팔자라더니 편해서 좋다. 시기가 났을까 나는 슬슬 장난기가 발동한다. 실오라기로 콧속을 간질여 재채기를 시켜볼거나 살금살금 잠자리 걸음으로 다가서지만 워낙 귀 밝은 녀석들이라 내 접근을 허락지 않는다.

작은 희망하나가 무너진 듯 아쉽다. 지금 머릿속은 온통 뭘 할까를 고민중이다. 이놈들을 골릴 저질스런 유머를 그게 좋겠다. 난 제놈들을 위해 뭘 해줄까를 고민중인데 태평성대가 왔다는 듯 자빠져 코를 골아. 돈좀 벌어와. 맨날 처먹구 잠만 퍼지르지 말구. 나는 뭐 네놈들의 봉이냐. 허리 부러지게 벌어서 네놈들 치다꺼리 할려구 새벽밥 먹는거 아니거든 이 쌍놈아. 안되겠어. 오늘부터 교육에 들어간다. 호르르르륵 날래날래 기상. 아웬 대낮에 호르래기를 불구 지랄이셔 옆집 개랑 신나게 연애중인데 깼잖어.아 쓰발 오늘 일진 개같구먼. 대구제구 너 이리나와 앞으로 나란히 바로 뒤로 돌어. 좌향앞으로 이 갓. 저저 저거봐라. 좌가 어딘지 우가 어딘지도 모르고 곧장 가는거 봐라 됐고 넌 오늘부터 부업으로 힘겨운 나를 도와야한다 해서 개법 제 1조 1항에 의거하야 개법에도 없는 쓱싹 쓰리 기술을 전수하야 좀더 오늘보다 나은 내일날 행복을 위해서 돈을 축적하기로 계획된바 서로 잘먹고 잘살기 위함이니 이유불문 불평불만 개소리 없기를 바란다. 알근냐 아그들아.

첫째 쓰리라는건 초 스피드가 관건이기 때문에 잽싼동작과 밝은 눈이 일등 쓰리꾼으로서의 자질을 의미하므로 오늘부터 뛰는 훈련과 눈 좋아지는 결명자 차를 상시복용토록 끓여댈 것이다. 디리 마셔서 부디 밝은 눈이 되도록 앞 자크 열어놓고 벌컥벌컥 마셔주길 바란다. 연신 오줌을 흘려감시롱 두 번째 교육은 호랑(주머니)에 손 넣기 상대가 알 듯 모를 듯 바람처럼 매끄럽게 집어넣어 낼름 꺼내내는 최신 기술인데 거 아무나 안가르쳐 주는 건데 각별히 너에게 전수하기로 소주를 장장 두병을 까면서 고민하다가 내린 결정인만큼 요만큼 가르쳐주면 저만큼 알 정도로 해골 정비에 중점을 둘 것이며 다음은 정확히 보는 관찰력이다. 저사람 지갑에 쩐이 얼마나 들어 있는지를 예상하는 직감 훈련 기왕이면 다홍치마라고 지지허게 천원짜리 몇장 들어있는 가난한 지갑보다는 그래도 시퍼런 배추잎파리가 잔뜩 든 지갑을 털어야 한번에 승부나는게 아니냐 고로 레이저 같은 쏘아보는 관찰력 알겠지 어째 대답이 동짓날 팥죽 잔뜩 먹은 놈 모양 푸허냐 어설프게 헐려면 아예 손떼고 제대로 하려거든 야물딱지게 달래들어 다음은 관심끌기다. 뭘 주워먹는척 슬슬 다가가서 꼬리를 살랑대며 반가워하는척 얼굴엔 미소를 띠고 빙빙돌면서 상대를 어지럽게 반쯤 죽여 놓은 다음 놓친 가방 물고 내 튀기 좋아 좋아 아주 좋아 감 잡았어 그리고 모든일은 끝맺음이 중요하다. 후안을 남겨서는 결코 아니될일 해서 똥누고 밑안 닦으면 껄쩍찌끈허딕끼 마무리가 중요한만큼 만약 걸렸을 경우 좆나게 나

한테 뛰어오들 말고 반대편으로 꽁지 빠지게 뛰어 현장감을 없애도록 결국 수사에 결점을 남겨서는 아니된다는 지능적인 수법을 알려주는거다. 됐냐 허 이거 안되는데 정직허게 살어야 하는데 안허면 안될까요 너 잘먹고 자빠져서 잘래 아니면 쪼르륵 소리나는 뱃때기를 움켜쥐고 쓰레기봉지 뒤질래?
기회는 단 한번 선택은 자유 실행은 내일 0시부터다. 성공을 위한 축배를 위하여 내가 오늘 마지막 만찬을 준비하겠다. 구두설사가 꾀지도록 먹자. 많이 먹어라. 살코기는 너희들이 먹고 뼈다귀는 우리 마누라 갖다 줄테니까 더러 살점 좀 남겨라. 빡빡 죄 뜯어 처먹지 말구 시방부터 내인생은 꽃이 핀 듯 화사할 것이다. 너희들 덕분에 원님덕에 나발분다 아니 하더냐. 나는 인자 나이롱 뺑이나 슬슬 치면서 젊은년이랑 남은 여생이나 즐기고 잡응게 덜덜들 말구 맡은바 임무에 충성을 더하여 합이 개판에 이르지 않도록 눈깔에 불을 키고 쓰리에 전념하길 바라며 끝으로 염원이라면 하늘이 내리는 행운과 신의 은총이 함께하야 잡혀서 꼴태꼴 가는 길이 없기를 건방지게 선언하노라. 이상 오늘은 자유다. 개답게 뛰어 놀아라 험험 객기

사람이 무서워요

우리를 바라보는 시선이 무서워요. 얼음처럼 차갑고 정적이 감돌아요. 우

리들은 저마다 이름이 없어요. 많은 무리의 숫자로 후일 사람들의 먹거리로 생을 마감해야 하는 일명 식용견으로 공통으로 불러지는 월이 월이가 저희들 이름이지요.
불결하고 더러운 철창안에 갇혀 때가 되면 쉰내나는 짬뽕과 사료를 얻어먹는 것이 유일한 낙으로 그나마 다행인 것은 앞이 트여 파란 하늘을 올려다 볼수 있는 것이 유일한 자유일뿐입니다. 성냥갑을 일렬로 세워 놓은듯한 수십미터 긴 행렬로 지어진 철장에 저마다 다르게 생긴 별의별 놈들이 다 살아가지요.
우리들 생명은 언제까지라는 보장이 없습니다. 시도 때도 없는 하루살이지요. 어느날 무작정 개집을 나서는 녀석의 운명은 조금후면 끝이 나지요. 철창을 나서는 순간 자유라는걸 느끼는 희망하나가 꼬리를 흔들게 하지만 그 자유 오랜만에 누리는 자유의 시간은 불과 몇분뿐이지요. 그리고는 고압전류로 외마디 비명하나 남긴채 그렇게 생을 마감합니다. 우리들은 너나 할 것 없이 모두 손님을 기다리는 상품이지요. 낯선사람이 들어오면 우리들은 바싹 긴장합니다. 반가움은 사라지고 두려움만 있습니다. 사극 폭군 연산에서 타락한 임금이 수많은 여인을 일렬로 세워놓고 술자리 여흥과 잠자리를 위해 마음에 드는 여인을 고르듯 낯선사람은 우리들을 일일이 훑어봅니다. 마음에 드는 놈을 고르는 종이지요. 기어이 한녀석이 그사람의 필에 꽂혔습니다. 곧바로 그놈두 자유가 되어 나섭니다. 몸을 후두둑 털며 여유가 있는 듯 말입니다. 그러나 문을 나서는 순간이 끝이라는걸 아는지 모르는지 뒤도 돌아보지 않고 졸래 졸래 따라 나섭니다. 천기가 뇌성을 할 일입니다. 사람들이 너무나 많은 죄를 저지르고 있어요. 일부 사람들은 깜찍하고 몸이 작은 녀석들만이 애완견이라는 편견을 가지고 있어요. 이 지구엔 다양한 인종들이 살아가듯 우리들도 그 종류가 매우 다양합니다. 누구든 어떤 종이든 다 좋게 보아주시면 당신의 충성스런 애완견이 될 수 있어요. 늘 한곳에 매여서 자유가 없이 수레바퀴 돌 듯 제자리에 맴을 돌아야 하는 눈물겨운 세상살이의 잡견들 영양가없는 값싼 사료를 얻어먹고 겨울 설한에도 한댓잠으로 몸을 떨어야 하는 불운은 고사하고 평생 주인의 손길로 시원하게 목욕한번 못해보고 하늘에서 소나기나 쏟아져야 그 빗물로 케케묵은 땟국물을 짜 낼 수 있는 유일한 목욕법 그게 다는 아니지요. 몸이 아프면 나 혼자 끙끙대며 앓아야합니다. 밥그릇은 사료가 그대로 눈치 빠른 주인이면 알겠지만 열에 아홉은 내남 보살이지요. 줬으니 먹었겠지하는 성의없는 무심한 생각하나가 우리들에겐 굴욕입니다.
제발 관심 좀 가져주세요. 깊은 사랑이 아니어도 자주 돌아봐 주세요. 아픈 개에게는 푹 삶은 북어가 최고라지요. 인간과 생리가 다른 우리들에게 있어 북어는 사람이 먹는 인삼같은 것인가 봅니다. 생각은 생각을 잉태합니다. 세상의 섭리를 긍정으로 받아들이면 사랑이 생겨나고 관심이 가져집니다.
살아가는 날까지 주인의 사랑속에 존재하고 싶은 것이 우리들의 작은 소망입니다. 우리들의 생명을 오래오래 지켜주세요. 주어진 삶에 안주하고 싶어요.
인간도 동물도 때가 되면 갑니다. 거부할수 없는 하늘의 이치이지요. 행복할 수 있는 권리를 인정해 주소서. 푹신한 털방석이 깔리지 않은 비새는 개집이 아니어도 좋고 깨끗한 정수에 고급사료가 아니어도 좋고 목줄에 매어 마음껏 달릴수 없어도 좋습니다. 그저 사랑으로만 일관해 주세요. 눈물로 호소합니다.

헤아려 주세요.

살아 있는것들의 유희 그것은 곧 사랑은 춤을 춘다는 의미일겁니다.
죽은 개를 끌어안고 몇 번을 울었습니다. 길거리에 사고로 죽은 개 고양이를 보면 묻어주고 싶어 안달이 납니다. 죽은 영혼을 기도해 주고 싶지요. 묻어줄수 없는 상황일땐 길옆 풀섶에 영혼을 잠재워 줍니다. 가슴이 짠하지요. 다시 태어날 땐 이런 비극은 두 번 다시 맞이 하지 말아달라고 당부의 말도 놓치지 않습니다.
여러분 세상의 님들이시여. 기억해 주세요.
이웃집 닥터라는 개가 저에게 속삭이데요. 자기를 건사하는 주인이야기인데 도대체 이해가 안된대요. 삼년째 같이 살아도 진심을 알수가 없다네요. 불평인즉 유통기한이 지나 곰팡이 핀 사료를 풀썩 쏟아 주고 뒤도 안 돌아 보고 돌아선대요. 사랑하는 것 같으면서도 관심없이 그럴때는 고개가 갸우뚱해진다는군요. 둘이 발맞춰 산책하다가 급하게 변을 볼 경우의 발로 툭 차거나 신경질을 낸다네요. 그러면서 목줄을 확 나꿔챈대요. 어쩌다 술이 거나하면 이뻐 죽을 모양으로 쓰다듬고 볼을 비비고 요변을 떨다

가도 술이 깨면 낮빛부터 달라진다네요. 그런 주인의 이중성에 매일 실망이 겹쳐 스트레스가 된다네요.

목욕할 때 잠시버리적 거린다고 물손으로 냅따 엉덩짝을 얻어맞기 일쑤고 붕붕대는 청소기 소리가 귀신보다 더 무서운데 어쩌나 보려고 찝쩍 찝쩍 나에게 들이대는 이유하며 넓적한 치마상추에 삼겹살 구워 소주 곁들이면서도 발그레미 침 삼키며 올려다 보는 날 보고도 서비스 한 점없는 인정머리 또한 없다네요. 그냥 느침만 질질 흘리다 만대요. 제일 신통한 건 몇시간씩 태양아래 날 일광욕 시키는 것 하나는 알아줄 만하다고 만족해 하던걸요. 아침에 헤어져서 저녁 늦게 들어와 반가워 길길이 뛰며 반가움을 표시하건만 돌아다 보지 않고 문 탁 닫고 들어갈땐 우와 배신자 서운함이 하늘 끝이라네요.

그러면서 깡다구 한판 부려야 쓰것는디 워찌허면 좋겠냐구 묻길래 야야 호강에 겨운 개짓말고 구구로 자빠져 있으라고 공박을 주었지요. 너보다 몇배 더한 밑바닥 견생도 군소리없이 견디는데 그 정도면 끝발 날리지 거기서 더 뭘 바래 욕심은 놀부 모냥 지성이면 감천이야. 주인 심성이 나쁘지만은 않구먼 있는 복 털지 말구 나 죽었네 허고 자빠져 있어. 소잔댕이에 올라 타 본 놈이 말타고 싶어하듯 호강에 겨워 빽을 쓰는구나. 빽을 써. 너 나만나 상의하길 잘했지 안그러구 네 뜻대로였다면 십중팔구 넌 완전히 노가리 신세 될뻔했어. 아유 으쩌. 생긴대로 노냐. 주제를 알아야지.

그러면 개소리 말구 찌그러져 있어야겠네. 그래 바로 그거야 뭘 알어야 면장을 허지. 에이 띨띨한 친구같으니.

제7장

얘들아 털깎자

나는 지금 거금 5만원 주고 산 이발기로 웃자란 털을 깎는 중입니다. 살찐 펑퍼짐한 엉덩이를 시작으로 배를 지나고 사타구니 겨드랑이를 거쳐 뾰죽한 호리병 같은 얼굴과 귀 털을 지나고 꼬리털을 깎아 낸 다음 깎기가 지랄같은 발고락 사이털을 공략 중입니다. 잘못하면 발고락 사이 살이 기계에 상할 수가 있어 조심하면서 마스크를 쓴 체 신경을 곤두 세우고 있지요. 특이하게 발바닥 신경이 예민한 개는 이때는 꼼지락대며 발광을 해서 시간을 소비하게 됩니다. 신경질이 날 때도 이때입니다. 털깎기 경력이 벌써 1년이건만 비리적거리고 방정을 떨땐 초보수준을 못면하지요. 보기는 쉬워도 직접 깎기다 보면 쉬운게 아닙니다. 이발 한번에 2만원이 결코 비싼 이유만은 아니라는걸 알게 됩니다. 아예 미용을 배워 직업으로 삼을까 하는 마음이 생겨 납니다.

내 솜씨라면 잘 할 수 있거든요. 지금 하고 있는 직업 짜증나고 힘이 드는 관계도 있고 여건상 탈출하고 싶은 충동이 불같습니다. 작년 봄 이런 생각을 했지요. 아예 이참에 차를 사서 각종 사료 애완용품 개들에 관한 만물상을 차려 출장이발까지 하면 어떨까 하고 말입니다. 그러나 생각과 실천은 이루어지지 않습니다. 그 원흉은 곧 돈이었으니까요.

가난은 꿈도 가로 막던걸요. 희망이 절벽입니다.

내 곁에 있는 여덟마리의 개를 다 털깎기를 해봐도 제일 점잖게 앉아 끝까지 말썽없이 인내 하는건 방울이 뿐이다. 굴리면 굴린대로 뉘면 뉜대로 그야말로 인형을 가지고 내맘대로 뒹굴리며 깎는 기분이다. 털을 깎을 때 제일 내 신경을 자극하는건 콩이다. 오도방정 그 자체다. 발을 빼고 도사리고 꿈틀대고 용을 쓴다. 좀체 여유를 주지않아 맞기도 하고 시간도 딴놈 두배다.

여덟놈 털깎기가 끝일땐 장장 몇시간이 소요되는 중노동이다. 허리는 끊어질듯 아프고 발이 저려 애를 먹는다. 삭발을 하고나면 갓 태어난 쥐새끼처럼 빨간 몸뚱가 추워보인다. 보일러 열을 올려주고 창문단속으로 보온을 신경쓴다.

행여 감기라도 걸리면 도로아미타불이 되기에 돈 안들이고 털깎은 수고가 박살이 나니까 두부한모 무게의 뭉치를 깍일땐 시간이 짧다. 작은 체구여서 미동이 없어서 수월하다. 그러던 그놈이 홍역으로 죽어 내가슴을 아프게 했다. 이제는 생각밖 꿈에서나 볼 수 있는 녀석이다. 약질에 병의 무게를 이기지 못해 그렇게 우리곁을 떠나갔다. 서글픈 앙금을 남긴체 개들은 전부 어리광쟁이다. 충성의 표시가 지나치리만큼 절절 매는 폼이란 차라리 가여울 정도다. 이놈들은 기계만 들면 저마다 숨을 곳을 찾느라 부산허다. 침대 밑으로 가구 틈새로 이불속으로 숨는 방법도 취향대로다. 묵은 여우 꾀듯 간식을 들고 유혹을 해야 겨우 못이기는 듯 고개를 내밀고 천천히 내 주위를 회유한다. 다가와 주는 제스쳐도 가지각색 여덟놈이기에 여덟 개의 몸짓이 장관이다. 나는 이런 놈들의 몸짓이 너무 좋다. 사랑이 샘처럼 솟는다. 매력의 힘이다. 나는 전생에 개였나보다.

희망을 노래하다

우리의 희망은 당신입니다.
이거 너무 지나치게 비행기 태우는거 아니냐 어느 하늘아래에 또 이런분이 계실까요?
언제나 헌신적이고 관대하십니다.
치즈 한 조각을 찢어 저마다 입에 넣어 주시는 사랑 넘칩니다.
우리들이 먹어서는 안 될 쵸코릿 이거나 포도 자극적인 양파 커피는 안 된다고 준엄하게 일러주십니다. 우리들 먹거리로는 불가한 독이 될 수 있는 것들이지요.
다만 삼겹살을 구울때는 비게는 되도록 뜯어내고 살사라도 날세라 조심스럽게 골고루 먹여 주십니다. 음식에는 궁합이 있듯 먹는거라고 다 몸이 받아들이는게 아니거든. 개개인 식성이 다르듯 자신에게 필요이상의 음식은 건강상 피하는 이유가 바로 아토피라는 괴로운 가려움병 그런 이유가 너희들에겐 없겠니? 그래서 음식이라고 다 마구 먹어대는 것이 아니란다. 오이와 당근을 함께 먹으면 두가지 영양가가 모두 파괴되어 먹으나 마나 한 섬유질에 불과하단다. 따로 따로 먹을 경우 비타민 C라든지 그 속에 들어 있는 성분이 우리몸에 이로운 물질로 고운 피부를 만들어 준단다. 내가 어찌 이런걸 알겠냐 다 귀동냥으로 얻어들은 깍두기정보지. 내가 사랑을 주므로써 나는 너희들에게 사랑을 받고 있는 것이고 가는게 있으면 오는게 있는게 세상이치이고 보면 긴말이 필요치 않다. 그런걸 사람들은 상부상조라고 말하더구나. 이리 깊은 뜻을 헤아리지 못하는 돌대가리 소치에 한없이 부끄럽사옵니다. 오늘 강의 명품이었습니다.
어라 방울이 코고네. 저건 아까부터 드르렁 거렸는데 뭐. 주인님 말씀을 낙동강 오리알로 아는갑네. 개자식 같으니 에라이 구정물에 꼬나박을 주댕이 뭉뚝한 종자야. 노냥 자면서 그샐 못참아 또 퍼질러자 저거 조상이 졸다만 조상아냐. 잠이 많으면 게으르다 했는데 저게 사고야. 야 너 아가리 쬐끔 잤기로서니 계속 빈정거릴겨 앙 하고 냅따 무는 수가 있어. 이제 그만들 내비둬라. 잠이 밉지 방울이가 밉냐 맨날 아무데나 찍찍거려 가둬뒀드니 지금 꼬장 부리는게야. 아 그거야 제 행실이 드러우니까 어쩔수 없이 가두는거지 그게 싫으면 그러질 말아야지. 틈만 나면 깔겨대니 가두어야만 했고 갇혀 있어야 했던 이유 다 그거 지가 칠칠치 못해 만든거지. 애당초 미워서 가두는건 아니잖아요? 그건 그렇치. 거봐 물 잘먹는 엠보싱 기저귀라도 채워줘야지. 원 드러워서 독한 냄새가 진동을 해. 그러니까 사람들이 놀러왔다가 코를 움켜쥐고 내빼지. 아유 조새끼조거. 정확히도 까질러 쌌네. 좀 덮어주면 등어리가 부러지냐 이자식아 촉새야 촉새 저걸 한집에서 평생을 보구 살아야 할테니 하이고오 내 팔자야. 네 팔자가 어때서 삼겹살 한점 못 얻어먹은게 그렇게 분헌감 엉 부려봤자 너만 손해야 개 밥에 도토리를 데려다 잘먹고 잘살게 만들었드니만 그새 뱃때기에 기름이 끼어 야비다릴 치는구먼. 야 이 시벌놈아 그만 해라이 여차하면 가는수가 있어. 또 지꺼렸다간 두발장구로 붕 날려서 콱 조동팩일 문질러 버릴 랑게. 아유 전라도 깽깽이.

잃어버려 마음 아픈 것들

엊그제 얼굴이 환하게 덮인 털을 예쁘게 잘라준 뚱이가 안보입니다. 서운하고 허전해 죽겠습니다. 왜 이런일이 자꾸만 생겨나는지 모릅니다. 내 정성으로 다 커버린 호랑이 무늬의 잘 생긴 수컷고양이 노란놈도 사흘째 보이지를 않습니다. 때가 되면 제일먼저 밥상머리에 얼씬대던 놈이었고 지게차 의자 방석에 잠자리를 마련하고 늘 공장안에서 은신하던 놈이었는데 불길한 생각이 듭니다. 정들자 이별이라는 생각도 해보지만 그게 아니라고 고개를 좌우로 저어봅니다.

밤이면 쥐찾아 사냥에 나서다 어떤 변고라도 있어 못오는건지 아니면 고양이들의 습성상 수컷이 다 크면 영역상 이유로 종족 보존을 위한 이동으로 새 영역권을 형성하여 왕으로 군림하고자 낳아 자란 이곳을 소리없이 떠났을까? 사람과의 친밀로 경계치 않고 가까이 하다가 누군가에 붙잡혀 목매어 미끄러져 매 있거나 함부로 던진 돌팔매에 잘못되어 못오나 만감이 교차하는 불안이 밀려온다.

긴 장마 끝에 아직도 더 남았던지 비는 질척거리고 이 허무한 마음일적에 또 이놈이 내 심사에 일획을 긋는구나. 동물의 세계에는 약육강식의 사회로 강한자만이 살아 남아서 수컷무리와의 우두머리가 되기 위한 끝없는 싸움에 서열상 밀려 추방당해 그 이유 하나가 이 허전함을 유발했는지 도대체 오리무중이다. 여기서 잠깐 우리는 동물의 세계를 보면서 사람이 사는 이 사회를 뒤돌아 볼 필요가 있다. 지도자의 자리는 단순하게 권력이나

돈으로 좌우하는 즉 재력만으로 되는 것만도 아님을 알아야 한다. 이 사회를 이끌어 나가는데는 지도자래도 한계가 있는 만큼 사회의 안녕과 질서 번영을 위한 지도자 나름대로의 솔선수범과 희생정신 그리고 사회 구성원간의 원활한 의사소통 통합의 구심점 역할을 바탕으로 서로 상부상조하는 구성원의 적극적인 동참이 있을때만이 가능함을 알 듯이 동물의 세계에도 협력과 동참 동지애가 필요한 중요성이 강조된다.

모자람을 채워주고 이기를 뒤로하고 함께 어울려 살아가는건 인간이나 동물이나 같다. 난 지금 없어져 소식이 묘연한 이놈에 관한 궁금증을 어떻게 이해하고 해석하며 내 편안한 마음을 가질 수 있을까 생각한다. 동물세계의 구성원으로 인한 필연적 사고에 의한 본능위주로 아름답게 떠났으리라는 해석이면 내 마음이 편할까 아니야 그게 아닐 거야 반신반의의 결점을 미련에 붙이고 숙제가 되어 마음 한 구석에 쓰레기처럼 남는다면 그건 웅어리요 어둠속 터널을 걷는 심정만큼이나 답답할 뿐이다. 세상을 속아서 살아온 나도 아니건만 이거다 할 수 있는 정의를 내릴수는 없는 미약한 내 마음이 야속하다. 기다리고 지켜보면서 내 자신이 스스로 지쳐 쓰러지는 날 까지 나는 인내하리라. 지금 이것이 내 대답이다.

희박한 기다림으로 뚱이도 노랑털의 고양이도 기다릴것이니 오너라 제발 내 앞에 나서서 내 자비와 사랑과 정성을 선물로 받으렴. 사랑의 이름으로 소리쳐 불러본다. 뚱아 그리고 노랑털 고양이야 언제나 함께 할 수 없다는 걸 알면서도 오늘도 너희들을 그리워 하는 마음하나.

네로 가족

멍멍이와 고양이는 서로 앙숙이란다. 원수지간인가 보다.
전생에 뭔일이 있었나는 몰라도 사람들 입에 오르내리는 말도 그렇고 실제 느끼고 보면서 실감한다. 할퀴고 쥐어뜯는 난투극을 가끔 보았으니 말이다.
만나면 서로 송곳니를 드러내며 으르렁거리고 크르륵 소리를 지르는 두 가지 양상을 볼 수 있다. 생김생김이 다르고 습성이 다른 이방동물 본능적 자기 방어이자 용기이고 최선임을 표현하는 것일게다. 그러면서 한 울타리 안에서 자주는 아니어도 가끔 간접적이나마 긴장된 경계 태세로 표독스러움을 드러내며 살벌함이 있지만 그래도 함께라는 어울림하나 때문에 양 극간에 저자세의 이면은 어쩔수가 없던지 평화로 일관하는 고양이와 강아지간의 교감을 체험하게 된다. 고양이는 개가 빤히 쳐다보는 앞에서 눈꼽을 떼고 앞발에 침을 묻혀 얼굴을 닦는다.
몸단장에 여유로움까지 보이도록 태평스럽다. 기세등등의 긴장도 푼채 황홀한 눈길로 바라다봐 주는 개의 모습이 순박하다. 적과의 동침이 시작된 이놈들은 가을이 익어가는 따끈따끈한 강렬한 햇빛을 피해 제 각각 오수를 즐긴다. 지금 막 단잠에서 깬놈은 앞발을 쭉 뻗어 몸을 늘려 기지개를 펴고 상대 고양이에 적극적이던 뚱이 녀석은 이제 영영 볼수 없는것일까
번개처럼 고양이를 쫓던 날쌘 그 모습 닭 쫓던개 지붕쳐다보는 그 모습도

이제는 볼수 없나보다. 가슴은 저리지만 이제는 잊어야 할 만큼 여러날이 갔으니 홀연히 사라져 버린 종문 소식의 뚱이 이젠 널 포기해야 할 것 같구나 내 이 냉정한 마음이 죄가 될까 싶다. 한번 감긴 녹음 테잎을 되돌려 보듯 또 원점에서 서성이고 그냥 잊을면 될 것을 그러나 그게 아니되니 이런 난 어쩌랴 내 천성이고 내 집착이고 습관적이고 마음인 것을 이런 나의 집착에 사람들은 수군거리겠지. 개에 미친 정신나간 녀석이라고 조소를 하기도 할것이고 그러나 내가 남들의 수런거림에 준억이 들어 내 개성적 이면을 소홀해 할 수는 없는 일 내 순수한 마음에 어느누구도 끼어들 수 없는 사생활의 일부로서 내일에 관심을 가져 주는 이 사람들이 오히려 밉다. 패 주고 싶은 마음도 생긴다. 외톨이가 된 효순이의 행동이 이상하다. 먹은 것은 조각조각 찢어 먹인 돼지고기 두어점 뿐인데 움직임조차 으줍고 오한으로 덜덜떨며 영 심상치가 않다.
그것도 퇴근무렵에 눈에 띄어 집에는 와야겠고 내일아침 자고나면 괜찮겠지하는 여유로운 생각을 하면서 퇴근을 할 수 밖에 없었던 밤 여덟시 집에 도착하는 시간내내 그놈 생각으로 걱정을 했어야했다.
몸과 마음을 지치게 했던 삼복도 가고 코스모스와 빨간 꼬리 잠자리가 가을을 알리건만 계절을 잊은 듯 여전히 이여름은 길고 덥기만하다. 축 늘어져 헛숨만 헐떡거릴 모습과 아주 죽어버린 불길한 생각으로 차에서 내리니 우렁차게 짖어대는 효순이의 목소리가 음악처럼 들리는 출근 아침이다. 살아나줘서 고마워.
중얼거리는 내 입가에 미소가 흐른다.
기분좋은 아침이다. 후다닥 작업복을 갈아입고 달려가 보니 빌빌거리던 어제의 효순이가 아닌 팔팔하고 기운찬 젊은 효순이가 되어 나를 반긴다. 내 자식의 머리를 쓰다듬듯 온 몸을 맛사지를 해 주고 갈퀴손으로 구석구석을 긁어준다. 사람도 더우니 개인들 아니 더울까 올 여름 내 손길로 더우면 더울세라 개집에 들어오는 햇빛을 가려주고 간간히 바닥에 물을 뿌려 시원함을 더해주고 톱밥먼지에 더러워진 밥그릇을 닦아주고 어수선하게 늘어 놓아 지저분한 개집 주위를 청소해 준다.

이런 내 정성을 이 놈이 알겠냐만 내가 좋아하는 일이니 하는것이고 나만의 사랑 방식이고 나만의 위안에서 하는일이다.

집안에서 새는 바가지 나가선들 아니샐까 내 분신같은 방울이를 비롯한 호두와 콩에 대한 사랑이 넘치다보니 효순이의 주인이 아니고 나그네일망정 내곁에 있는 놈이고 사랑스러우니 편견이 있을 수 없는 일이기에 사랑해주고 예뻐해 주는 것이다.

내 사전에 언제 세상을 재미있고 곰살궂게 살아왔던가 시달리며 살았고 겹치고 겹치는 지겹고 암울한 세월이었다고 하면 오 그렇구나 고개 끄덕여 줄이도 없고 늘 외로운 그늘속 삶에 활짝핀 꽃처럼 마음을 열고 살아오기는 이놈들을 접하며 갈등의 불꽃도 얽힌 철조망도 줄고 잊을 수 있는 내 새로운 인생을 열어준 고마운 놈들이기에 나는 신들려 미친 녀석이랄만큼 살아있는 것들에 대해 열정을 갖기 시작했던 것이다.

내 지금의 소원이라면 영원히 죽지않고 살아있는 것들과 내 삶을 나누며 살수만 있다면 하는것하나 사람들이 탐욕하는 부와 명예 더러운 돈 뭉치 시기와 질투 오명과 가증 악과 다를바 없는 절대불명의 모든 비인간적 행위는 나와는 거리가 먼것들이다. 하찮게 여기는 개로 하여금 깨달음을 얻었으니 보리수나무 밑에서 깨달음을 얻은 부처와 다를게 뭐냐.
되는 일은 하나도 없었고 늘 불행의 그림자가 뒤따라 될듯말듯 하다가 세월만 갉아먹고 끝내 늙어버린 내 인생에 낙이란 오로지 개 매력에 빠진것 하나.
이 세상 모든 개들의 대모가 되어주고 싶어 너희들이 할 수 없는 것들을 도와주고 같이 공유하며 세상 끝까지라면 내게 있어 이보다 더한 행복은 없겠네.
시무룩한 마음에 꽃은 피고
나흘만에 친정에 왔습니다.
네 왔습니다. 왔구나 왔어 배뱅이가 아닌 고양이가 왔어 드디어 기다리던 노랭이 녀석이 왔구요.
작년에 왔던 각설이가 되지지도 않고 또 왔네. 잘다녀 왔다고 인사를 하는지 먹을걸 내 놓으라는건지 문지방에 날름 올라 앉아 냥냥 댑니다.
굳었던 내 얼굴과 근심이 순간적 사라지는 번개같은 순간입니다. 행복한 마음이 생겨납니다. 가슴도 설레입니다. 냥냥대는 그 놈의 주둥이가 예쁩니다.
아직 밥때가 아니되었는데 냥냥대는건 아마도 제가 왔습니다하고 인사하는거 같습니다. 배가 고프기도 하구요. 그러면 그렇치 이 옘병헐놈아 어딜까질러 갔다가 이제사 꾀질러와 남의 애간장을 태우냐 씨벌새끼야 이 괭이놈아 네 수발든 내가슴을 난도질할래 너 돌아온 무법자가 아닌 돌아온 배신자 네 이놈 웬 못된 엿이나 바꿔 먹을놈.
가면 간 흔적 오면 온 흔적 남김이 있어야지 무대뽀 네멋대로 너 혼자 사냐 네 식솔이 자그마치 몇이냐 네 엄마까지 열이야 열. 일개분대 먹는 문제는 두 아저씨가 챙겨 해결해주지만 너는 이 집안의 제일 큰 장손으로서 네 어미를 비롯하여 형제와 동생들을 보살필 의무가 있지 않느냐. 그러니까 쉽게 이야기해서 여동생들의 새끼니까 넌 외삼촌이 되네 그랴. 총은 없지만 날카로운 발톱과 민첩한 날랜 몸과 칼같은 송곳니를 무기로 가족을 돌보지 않고 외박을 해싸.

너 바람났냐 네 동생들도 네가 다 따먹었지 근친은 안되는거야 발뿌리 손뿌리 X뿌리 셋은 늘 조심해야 하는거야. 인간들도 세뿌리 잘못놀려 패가망신하는게 부지기야. 아저씨의 한마디 한마디는 곧 성경같은 것이야. 알것냐 냐옹 대답은 아주 납죽 납죽 잘하네. 네가 어딜갔다 이제 왔냐하는 고문같은 질책은 하지 않겠다. 다만 이번일을 계기로 거울삼아 앞으로는 좀더 교양과 미덕을 갖춘 영국신사같은 이미지로 격과 품위가 있는 지역의 모범적 괭이가 되어 솔선과 수범을 앞세워 고양이세계의 선두주자 즉 선구자가 되어 쾌남이라는 숫괭이의 참신을 우글거리는 동료괭이들의 극찬적 기수가 되길 바란다.

더 나아가 고양이 세계의 대부로 통치자가 되어 새로운 괭이 왕국을 건설하여 인간에게 의지하지 않는 네 놈들의 힘 만으로 지구위에 살아남는 거룩의 꿈을 펼쳐야함은 물론이구 괭이의 왕으로 군림하였다하여 개구리가 올챙이적 생각못한다고 인간 인내 올바른 지침하나로 고양이 세계를 제패한 내말한마디 한마디로 무시하고 잊었을땐 널랑은 아주 죽여줘요. 요즘 가수박현빈이 노래가사몬양되는거 알지. 그리고 잘나가면 날 데려다가 고양이 왕국 궁궐 경비로 써라. 이일은 이제 나이도 있고 힘이 들어 못해

먹겠다.

벌어놓은건 쥐뿔도 없고 날씨는 우르르추워 오고 야단났다야 으떠냐 그때 나쓸래 글쎄요 늙어서 좀 그러네요.

덩치도 좁쌀만하구 덩어리가 좀 있어야 수문장은 제격인데 행여쓰면 순전히 내 빽으로 들어오는건데 조정에서 난리를피워 청문회장에 안불려 나갈려나. 그게 걱정인데 거참 곤란하네요. 이런이런 개같은 놈 아이 드러워 네놈까지 날 늙었다고 깔보는구나. 너 늙은놈 뽄때 맛좀 볼래냐. 아녀아녀 당최 그러지마서. 농담도 못허구 내 진짜 경비로 쓰고 월급도 밀리지 않고 바로바로 지금 다니는 회사몬양 기본 두달은 안넘길테니까 먹고 사는데는 지장이 없겠끄름 느긋허슈.

아울러 밤마다 궁안의 쥐를 잡아 튀겨주고 삶아주고 볶아주고 육회로 장복을 시킬테니 잘 먹는건 걱정마슈.

설사가 나도록 먹여줄테니 에이그 고마워라 그렇게만 해 주시면 누가 눈을 흘기겠습니까? 감지덕지 감격의 눈물이 이 늙은이의 두눈에서 폭포처럼 흐르겠지요.

내 오래 살다보니 괭이덕 보는날도 오는구려. 그게다 돌본 은덕이외다. 받았으니 줘야지.

푸르른 희망이 오는날들

오늘은 맑음 내일은 흐림 동쪽에서 오른 해는 서쪽으로 기울고 봄이 오면 다시 여름이 오고 끈끈한 여름이 가노라면 단풍드는 가을은 어김없이 오고 마지막 잎새를 떨구 던 날 으스스한 겨울이 찾아옵니다.

비 오고 개인 날 하늘은 높고 푸르러 싱그러움으로 대지가 가득합니다.

휘영청 걸린 보름달 아래 풍성한 가을은 깊어가고 길 잃은 나그네가 외로워지는 계절 모두가 희망이고 행복이 넘쳐나는 그런 것 들 뿐입니다. 풀밭의 여치도 부뚜막의 귀뚜라미도 이 가을을 축복하며 찬미합니다. 밤 뻐꾸기도 희망을 노래합니다.

더 이상 가을은 쓸쓸하지 않습니다.

가을의 속삭임이 사방에서 음악 되어 흐르고 저마다의 풀들도 나무도 이 가을의 축복을 위한 단장으로 색동저고리를 마련합니다. 오늘은 팔월 한가위 중추절입니다.

산장에 외로이 묻히신 두 부모님의 제를 올리고 명복을 비는 자식으로서의 슬픈 아침이기도 합니다. 또 하나의 가을 신화가 지나갑니다. 세상의 모든 이치가 이렇듯 살아 움직이는 모두에게는 평화가 있습니다.

행복이라는 두 단어도 있습니다.

사람들의 행복은 생각나름대로 여기에도 있고 저기에도 있을수 있는것이지만 동물들에겐 그렇치가 못합니다.

대 자연에서 야생으로 본능대로 살아가는 것은 지극히 당연한 이치이지요. 인간과 접하면 인간에 의해 살아갈 수 밖에 없는 동물들의 행복은 생각대로 쉽지가 않습니다. 고립된 우리안에서 모든 동물들이 갇혀 살아간다면 그건 불행이고 죄악입니다. 세상이 좋아져서 동물을 사랑해주는 이들이 많아서 동물들에게는 행복한 세상이 되어갑니다.

모든 동물이 인간과 영원히 함께한다면 얼마나 좋을까요? 사랑으로 함께하자는 추종자들이 점점 늘어난다는 사실에 눈물이 날 지경입니다.

이런 빅 뉴스는 곧 너희들의 천국이 온다는 징조이니 기뻐해야할 일이 아닐까? 행복한 반향이다. 유대와 공유 거리감과 편견이 사라지는날 그건 차라리 신화다. 가히 어려운 일이 아니다. 저마다 사람의 생각이 변하면 된다.

못할것이 없는 것이 인간의 능력이다. 다만 그 능력을 잃어버렸거나 방치한 이유이기도하다. 그래서 못하고 안하고 있는 것이다. 나를 빌어 세상사람들이 함께라는 마음이면 동물들의 행복은 그리 멀지 않았다.

소름이 끼칠만큼 행복한 마음이 바람처럼 일어난다.

응어리처럼 가슴에 박혔던 무언의 덩어리가 한 순간에 빠져 나가는 기분이다. 애들아 너희들의 낙원이 드디어 오는구나.

그대 꽃보다 아름다워

저 눈을 보세요. 키우던 개를 어떻게 버립니까? 당신의 그 말한마디는 명언이고 당신은 천사입니다. 강아지 엄마라고 별명이 붙은 익명의 조각가 그분의 말씀중 하나이지요.

강산이 한번 변하는 10년을 개의 보모가 되어 버려진 거리의 개를 내자식처럼 돌보는 사람 아홉 마리의 개중 다섯 마리가 버려진 개였다는 마음아픈 이야기.

아침 8시면 아홉녀석들의 밥을 챙겨주고 서둘러 먹을것과 물을 차에 실고 동네 어귀에 흩어져 사는 30~40마리의 견들을 만나러 가는 사람 배식을 나눠주고 나면 시간은 어느덧 11시가 된단다.

반색하며 뛰어오르는 그놈들이 좋아서 하루도 이일을 빼놓을 수가 없단다. 춥거나 비오는 날엔 떨고 있지나 않나 싫어 담요하나 더 챙겨 나간다는 한번쯤 만나 보고 싶은 사랑의 마음을 가진 그여자.

그녀는 경기도 의왕시 청계산 자락에 살고 있단다. 비단결같은 그리도 고운 마음 천지인들 외면하랴. 모든걸 잃은 개들에게 당신은 천사요 구원의 천사 바로 당신입니다.

동물에게 행복한 삶이란 권리인가 사치인가 동물론자들의 질문입니다. 세상 살아감이 좋아지면서 동물에 관심을 두기 시작한 것은 1876년경 영국이 동물학대방지법을 제정하면서부터 동물 권익보호의 효시가 시작됐다고 한다.

2000년대에 접어들어 동물 복지기준을 포함한 국제교역협안을 제안했다. 여기에 동물복지법 기준에 동조하고 준수하는 농가에 있어서는 별도의 보조금도 지급하자는 센스있는 의견도 있었다. 이와 함께 EU는 2009년부터는 모든 가축 수송차량에 위성추적 장치를 의무적으로 달도록 했다.
가축수송중에 충분한 휴식을 제공했느지의 여부를 알기 위해서란다.
실제 스위스의 경우는 가축을 도살할 때 극도의 스트레스를 유발한다는 이유로 전기봉의 사용을 최소화 하도록 법으로 금지하고 있는등 미국같은 경우는 당장 죽을 소이지만 도축장안에서 가축을 옮길 때 가축이 걷는 속도보다 빠르게 유도하는 것 까지도 위반의 대상일만큼 동물에 인간의 감정을 부여하고 있다. 우리나라는 91년 동물법을 제정한 예로 늦은감이 있으나 다행스런 일이 아닌가한다. 남은 과제가 있다면 비판론자들의 큰목소리 하나 사람의 복지도 챙기지 못하는 형편에 동물의 복지가 타당하냐는 불만의 목소리 하루 1달러 미만으로 생계를 유지하는 극빈층이 세계인구의 □임을 감안할 때 동물복지는 사치라고 말이다.
여기서 내가 생각하는 복지는 이런 것이다.
복지의 사전적 의미는 삶이다. 이런 개념을 동물에 적용한 말이 곧 동물의 복지라 말하고 싶다. 동물들의 기본적 삶의 욕구를 인간인 우리가 충족시켜줘야함을 경고하고 싶다. 동물의 복지란 간단한 필기 도구와도 같은 것이 아닐까 배고픔과 목마름에서의 자유, 불편함으로부터의 자유, 고통과 질병으로부터의 자유, 정상적 행동을 표현할 나름의 자유, 두려움으로부터의 자유 등 간단하고 기본적인 것이다.
잔인한 수법으로 인간들의 손에 도살되는 비합법적인 불쌍한 동물들의 보호는 우리인간들의 몫이다. 늦었으나 이제 부터라도 동물사랑에 눈을 돌려보자.
그 선한 눈망울속에 사랑의 감정이 가득 들어 있으니 그윽한 그 눈과 마주하며 사랑의 교감을 나눠보자. 인간은 생각만큼만 사랑을 주지만 동물은 하나도 남김없이 모두다 준다.
미련스럽게도 다 줘버리는 것이 우리들의 곁에 도사리고 앉아 주인의 얼굴을 빤히 올려다보는 사랑의 눈길 이놈이 바로 개다. 역사여 대변하라 개들의 유래를.

그놈의 환영

보지 않아도 될 아픈 것을 보았어요. 더군다나 이른 아침 여름 출근길에 눈부시게 하얀털은 검뎅이로 꼬질꼬질했고 길대로 길어진 털은 뭉치고 공처럼 매달려 덜렁거렸고 털로 덮어버린 얼굴은 땅만 쳐다볼수 있었습니다. 뒷다리는 절룩거렸고 똥마려운 강아지처럼 제자리에서 맴을 돕니다. 더운 여름 못먹고 허기져 돌아버린 듯 합니다. 일할 시간이 부득부득 다가오지만 나는 지금 일보다 이놈 걱정이 더 우선이었습니다.
구제할 방법이 없습니다. 공장에는 이미 두 마리의 개가 있고 무턱대고 남의 공장에 떠돌이개를 끌어들여 내 임의로 돌봐준다는 생각도 어부지리였습니다.

너무나 곤란한 순간입니다. 더구나 이놈이 공장까지 내려와 준다면 먹을 걸 챙겨주는건 어렵지 않으나 도통 그 위쪽에서만 뱅뱅 돌뿐 아래까지 내려오는 법이 없어 남의 공장에 매인 나로서 주체할 수 없는 큰 사건 같은 것이었습니다. 그놈의 환영을 잊었으면 좋으련만 그게 아닙니다.

일손이 잡히지 않습니다. 양 다리에 힘이 족 빠집니다. 살인적인 무더위에 땅이 갈라지고 물이 말라 붙었습니다. 얼마나 물이 먹고 싶을까를 생각하니 더 안달이나 견딜수가 없었습니다. 잠깐 시간적 여유가 나는 틈을 이용해 플라스틱병에 냉수를 담아가지고 시속 50Km로 달려갑니다. 뛰어온 보람도 없이 그놈이 보이자 않아 허탈했습니다. 아마도 물을 찾아 어데론가 갔던가 아니면 나무그늘에 주저앉아 누워버렸을지도 모를 두가지 생각이 또 나를 괴롭혀 왔습니다. 차라리 안된소리지만 차에라도 치여 죽었으면 싶은 놈이었습니다. 퇴근길에 그놈이 보였습니다. 좀 생기가 있어보입니다. 걷는 다리 모양새도 또박또박 경쾌한 걸음걸이 같았습니다. 조금은 안심이 되더군요. 살짝 입가에 미소가 지어집니다. 마음이 한결 부드러워 집니다.

집에 도착하기전 내내 그놈 환영이 빛처럼 어른거렸습니다. 길이 막혀 차 안에서 내다보는 저녁노을이 곱습니다. 금방내 날이 어두워 집니다. 자정이 가까워 오는 시각 이놈은 지금쯤 꿈나라에 갔겠지 생각하니 공연히 고마워 집니다.

뜨거운 한여름 땡볕이 그놈에게는 지옥의 불구덩이였을겁니다. 그래서 낮에 지친 몸을 지금 편안히 쉬는 중일겝니다.

그런데 지금 빗낮이 떨어집니다. 세찬 한줄기 소나기가 피부어 더러워진 몸을 깨끗이 씻어주었으면 싶었습니다.

마당이 넓은 집이라면 난 고민하지 않고 그놈을 데려왔을 겁니다. 병원부터 데려가 건강이상 여부를 알아볼 것이고 더러워진 누더기 털을 깎고 더운물에 목욕 재개시켜 향긋한 스킨을 발라주고 고기를 삶아 허기진 배를 채워 주었을 겁니다. 일상에서 벗어난 자유스러운 하루 일요일 이지만 즐거울 수가 없었습니다. 안보인다고 잊혀질 일이 아니었습니다.

월요일입니다. SBS 주소를 114에 물어 TV동물농장 담당자에게 두장 분량의 사연을 썼습니다. 이거는 편지가 아니라 긴급한 애원이고 진실한 외침이라고 서두를 시작으로 구구한 사연을 올렸다.

구해달라고 했다. 손길이 꼭 미쳐야 한다고 했다. 내 진실의 소리가 하늘끝까지 닿아 당신의 이름으로 하나의 생명을 꼭 거두어 달라고 당부의 언질을 늦추지 않았다. 그러나 내 이 애타는 고함을 그들은 듣지 못했던가 그놈은 여전히 그곳에 있었다. 쓰레기 봉투를 앞발로 지긋이 누르고 보이지 않는 주둥이로 비닐을 찢어내 뭔가를 할찌작거렸다. 저정도면 굶어 죽을리는 없다는 생각과 건강이 문제일꺼라는 우답이 먼저 뇌리를 스친다.

하다못해 돌아다니며 남의 집 개가 먹다 남은 사료라도 주워 먹겠지 하는 긍정적인 생각일 때 아렸던 마음이 조금은 누그러진다. 누군가 주인이 되어 그놈의 현실을 뒤바꿔 줄 수 있을거라는 기적적인 생각 희망으로 일관하니 한결 마음이 유동적이다. 남들처럼 모든 것에 깊이 관여치 아니하고 지나간 것은 금방 잊어버리는 건성적 성격이라면 좋을 것을 어느것 하나에도 긴장을 늦추지 않는 개입적 내 성격이 늘 나를 힘들게 한다. 그런 관계로 내가 내 신세를 콩볶듯 볶아댄다. 그래서 나는 늘 육체적이거나 정신적으로 힘들어한다.
믿을만한 사람들에게 나는 여러번 당했다. 못믿을건 사람이다. 그들은 날 이용해 돈을 탐했고 내 명예를 실추시켰다. 인두껍을 쓰고서 배곯음을 채우기 위하여 상대를 자신의 먹이감으로 인정할 때만이 속임수를 써서 덮치는 것이 동물들의 본능적 습성이다. 먹이 사슬외에 늘 정직한건 동물뿐이다. 속임수는 야비다. 동물에겐 본능일뿐이지 왈가왈부 그런 야비는 아니다. 이런 야비마저 없다면 이세상에 동물은 존재치 않을 것이다.
한동안 그놈이 보이질 않는다. 궁색한 상상이 별난 오만을 만들어낸다. 어느집 대문앞 더러운 밥그릇 옆 쇠줄에 묶여 도둑을 지키는 수문장이 되어 다소곳 앉아 있는 모습이 보인다. 엉키고 더럽고 퇴색한 잿빛 털은 눈부시게 하얗고 절뚝거리던 다리도 낳아 길게 기지개 켜는 여유로움이 행복해 보였다.
이제 이놈의 실체는 사라졌다. 통 볼 수가 없다. 동물협회로 구조되어 갔을까? 아니면 그사이 잘못되지는 않았을까? 생각이 기 싸움을 하듯 날 괴롭힌다. 치사하게 기웃거리지 않아도 밥을 줄 새 주인이 있고 아프면 약을 주고 치료해 줄 수 있는 주인이 있다고 말하고 싶어지는데 너의 행방을 알 길이 없으니 언제까지 수수께끼로 남겨 둘 참이냐.

아름다운 가족애를 보았습니다.
누가 이런 기이한 현실을 보았을까. 흥분하고 감동받은채 멍허니 바라보았다. 앙칼지고 냉엄한 들고양이의 희귀한 장면을 살기찬 고양이에게도 이런 가족애가 있다니 여름휴가가 있기 이틀전 궂은 비가 질척이던 그날 지금 새끼를 낳은 어미의 어미를 말한다. 그러니까 두놈의 새끼 고양이로서는 제 어미의 어미니까 할머니가 된다. 그 할머니 고양이가 손주 고양이를 껴안고 나무판자 위에서 오수를 즐기는 광경을 본 것이다.

쌀쌀맞기가 얼음처럼 차갑게만 생각되던 그 앙칼진 길 고양이에게도 이런 따뜻한 가족애가 형성되어 있구나 생각하니 경의롭기까지 했다. 사실이 인정되고 사진으로 남겼다면 그야말로 기네스에라도 등재될 장면이었다고 고양이의 일대기를 다시 수정 할 만큼 학자들의 관여가 필요한 경우였다. 사람눈에 띄어 새끼가 잘못될까 싶어 아비와 어미가 제새끼들을 물어날라 후미진 어두운 곳에 감추어 주는 모성애 또한 아니 짚고 넘어갈 수가 없다.

집단을 이루어 공생하는 이놈들의 은거는 순전히 내 공이다. 먹을것과 사료를 챙겨주니 자연적으로 식구가 늘어나 여섯 마리까지 출몰해 내 주위에서 떠나지 않고 있다. 서로 번갈아 새끼를 낳은 통에 결국 열다섯마리의 대가족이 이루어진다. 고모 이모 여보 당신 할머니 따지지도 않는지 서로는 잘도 어울려 살아간다. 새끼들이 모여 어울어져 장난질을 칠때 어미는 저만치서 배를 깔고 누워 걱정스런 눈으로 지켜보고 있다.

한놈 새끼가 안보이면 냐옹냐옹으로 소통해 불러들이고 얼른 다가가 털을 핥아 준다. 일천 팔백년을 살았다는 삼천갑자 동방삭이 나이만큼은 아니어도 그에 버금가는 오래오래 장수하며 내 주위에 머물러 주었으면 소망하고 싶다.

벌써 가을이다. 푸른 잎새들이 갈색 옷을 입었다. 단풍이 들어가는 징조다. 고물거리던 새끼고양이들은 이제 제법 커 늘씬해졌다. 넓은 마당을 뛰고 위험한 차길도 넘나들었다. 티없이 맑은 눈을 가진 고양이 네녀석이 며칠새 네놈이나 차도를 건너다 죽었다. 겁 없이 빨리 커버린게 화근이 되어버렸다. 엄마품이었던들 무사했으련만 살아가면서 늘 행복한것만은 아니라는것도 이놈들 삶에서 배울 수 있었다.

내가 소원하는 것들

언제까지만해도 우리몸에는 단백질이 풍부해야 건강상 이롭고 신진대사가 원활하다고 영양학자들은 말했다.

부족한 단백질을 보충하기 위해서는 육류와 식물성 콩류 두부 우유를 권장했다.

그러나 그 학설이 엊그제 TV속에서 반전이 됐다. 단백질 위주의 과다섭취는 오히려 건강을 해친다는 새로운 학술적 문헌이 나온 것이다. 철썩같이 믿고 단백질 위주의 식단을 선호하던 이들에게 어떤 학설이 적당 선인지 두가지 고민을 하게 된 셈이다.

풍요로운 식단으로 몸의 장기들이 진행형이 되어 새로운 물질을 요구하는 일대 혁명은 이렇듯 세상에 밝혀진 새로운 경종으로 하여금 육류를 덜 먹는 세상이 왔으면 싶다. 많은 동물들이 죽음에서 조금은 동떨어 질수 있는 계기가 될테니까 특히 정력식품으로 정평이 나 있는 허구적 개고기 문화에 이번일로 인해 그릇된 인식이 뒤바뀌어 많은 개들이 안심할 수 있었으면 합니다. 식탁이 풍성해져 우린 늘 좋은 것만 먹고 살아 갑니다. 굳이 먹을 필요가 있을까요? 식탐으로 마구잡이 먹성이 자신의 건강을 오히려 망가트린다는 사실을 사람들은 잘 모르고 사는 듯 합니다. 농작물에 비료를 너무 많이 주면 독한 비료성분이 뿌리를 태워 결국은 죽어 버립니다.
그렇거나 밀대처럼 키만 훌쩍 커 열매는 매달리지 않아 정작 기대하던 소득은 거둘수 없는 농사 필흉의 시름을 겪기도 합니다.
모든 것은 적당히 지나치면 화근이 됩니다. 균형잡힌 식단으로 제시간에 삼시세끼 소식하고 작당한 운동과 충분한 잠이면 건강은 받아놓은 밥상입니다. 많이 먹고 덜 사는거보다는 적게 먹고 오래 사는게 낫지 않겠습니까? 사는 날까지 건강하게 살고 싶은건 인류모두의 염원입니다. 자신의 몸은 자신이 알아야 합니다. 내가 좋아하는 것은 무엇이며 어떻게 먹어야하고 꼭 먹어야 하는지 어떤 음식이 내몸을 의롭게 하는가 하는 자신식단의 프로젝트가 필요하기도 하지요. 행여 그릇된 먹거리 상식이 자신의 건강을 해친다는 것에 대한 경각심으로 당신의 중독된 식성을 오늘 한번쯤 지금 바로 체크 해보심은 어떨른지요. 내가 내몸을 알면 건강해질 수 있습니다. 병든자에게 일확천금이 뭔 소용입니까? 너나 할 것 없이 알몸으로 가는 인생 사는동안 최대의 행복은 내가 지켜내는 건강입니다. 저자는 이 나이에도 여짓껏 병원신세를 지거나 건강상 이유로 약을 먹는다거나 보약따위와는 거리가 먼 건강체질이지요. 소식하고 운동하고 육류보다는 채식을 선호하고 아침형으로 일찍 일어나 하루를 시작하는 부지런한 성격으로 심신 단련은 물론 마음을 비우고 책을 가까이 합니다.

되도록 절제적 일상이 나에게 가져다 준 크나큰 선물이 아닌가 합니다.

정갈한 마음은 탐욕을 배척합니다. 거부하지요. 마음을 비우면 만사가 편안해집니다. 남이 가진 물질에 눈길을 주지 말아야 합니다. 인간은 본능상 야망으로 가득하고 여우처럼 음흉합니다. 그래서 남을 타 넘고 쓰러뜨립니다. 그래야만이 내가 살수 있다고 푼수짓을 합니다.

오늘도 물레방아는 돌아갑니다. 세상사 이치와 흐름은 같다는 뜻입니다.

이기적 분잡이 세상을 어둡게 합니다. 질곡의 늪에 허망해 갑니다. 그러나 실망은 금물입니다. 희망은 있습니다. 실망과 희망은 사람이 만들어 낸 것이기에 다시 만들고 가질수 있는 것입니다.

아주 미미한 작은것에 얽매여 헤어나지 못할때가 있습니다. 그건 관심밖이라서 그렇습니다. 무한한 능력을 가진 인간이 이따위 소소한 문제에 머리를 싸맨다면 체면이 서지 않지요. 아주 쉬워요. 간단하지요. 변하면 됩니다. 의식만 있으면 됩니다.

무얼 망설이십니까? 지금 시작하십시오. 내가 아니어도 남이 하겠지 이런 안일한 생각은 세월만 부를뿐입니다. 쉽지 않은 일이지만 변하면 생활이 달라 진다는 것 쯤은 잘 알고 계시지요.

희망이 사라진 이유

아침부터 찌는 더위는 숨을 막히게 했다. 절기상으로는 어제가 입추이건만 9월을 눈앞에 둔 마지막 더위도 심술을 부리는 듯 불볕이다. 해거름녘이 되어서야 겨우 견딜만했다. 전세계가 기상이변으로 몸살을 앓는 중이다. 한밤에도 열대야 현상은 잠을 못이루게 극성을 부렸다. 늦은밤 잠자리에 들어 제대로된 잠을 못자니 늘 피곤하고 어깨가 무거웠다. 모자라는 잠에 오후가 되면 잠이 쏟아져 일을 하면서도 눈이 감기는 이변을 연출한다. 피곤한 육신과 더위에 지쳐 심신이 파김치일 때 돌발사고가 생겼다. 신경을 써 돌봐주던 뚱이가 문을 열고 없어져 버렸다. 특히 뚱이가 사라진 오늘은 말복이다. 눈에 불을 켜고 찾아 보지만 헛수고다. 누군가 차에 실고 가버린 것 같다. 순둥이라 낯가림없이 아무에게나 안기는 녀석이다. 야단났다 싶어 가슴이 뛰고 조갈이 날 만큼 긴장감이 온다. 멀리 가지 않았으면 실컷 돌아다니다 들어오겠지 했으나 퇴근시간이 돼도 나타날 기미는 보이지 않는다. 지금 뚱이는 안질에 걸려 눈이 짓무르고 눈꼽이 끼어 치료중이다. 치료래야 항생제와 안약이 전지부만 그나마도 내가 아니면 생각지도 못할 일이다. 개장을 나서게 만든건 나다. 내가 단속이 느슨한 탓이기도 하지만 가끔 내 놓아도 잠깐 나갔다가 곧 돌아오곤 하던 녀석이 이지경이고 보면 이건 분명 지나가던 사람의 소행으로 손 탄 것이 분명하다. 몇날 며칠을 작업시간 전과 점심시간을 이용해 멀리까지 돌아봤으나 허사였다. 누군가 안보이는 곳에 잡아 매어 놓았으면 언젠가는 올테지 하는 길게 기다려 보겠다는 생각까지 할 만큼 많은 시간들이 흘렀으나 뚱이는 영영 보이지 않는다. 같은종 암수 한쌍으로 오누이처럼 지내던 뚱이가 사라져 혼자 남게 된 효순이의 외로움을 생각하니 마음이 서글퍼 진다.

나는 오늘은 행여나 하는 마음으로 오늘도 기다린다. 두주가 넘었다. 오리무중이다. 봤다는 사람도 없고 같이 찾아주는 사람도 없다. 나혼자 방방뛰는 중이다. 자그마치 십수년을 같이 동거동락했다는 자랑같던 그 소리가 거짓처럼 들렸다. 인정머리가 없는 것인지 일찌감치 포기를 한 것인지 말도 없고 묻고 싶지도 않았다. 저런 사람에게 개는 필요이상일뿐 소유할 자격마저 없는 사람이라고 치부해 버렸다. 너 지금 그 어디에 있는 것이냐. 너는 나를 찾을것이고 나는 지금 너를 찾고 있는 중이거든. 하루종일 먹지 않아도 배가 고프지 않아 널 기다리는 긴장감이 내 육신의 룰까지 지배해버린 지금 너와의 인연은 이제 여기 까지인가 보다. 오늘 해도 서산에 기울건만 와야할 너는 오지 않고 무심한 햇살은 어둠을 불러 오는구나.

두 개의 밥그릇에 물과 사료를 담아 효순이가 있는 개장밖에 놓아 둡니다. 밤중에라도 어데에선가 와서 먹을 수 있도록 그리고 퇴근 차량에 오릅니다. 다음날 출근길에 희망을 가져봅니다. 설레이는 마음으로 먼저 밥그릇부터 눈여겨 보지만 물도 사료도 그대로일 때 실망과 함께 온몸의 힘이 쏙 빠져 버립니다.

이제 나도 기다림에 지쳐갑니다.

기다림의 끈을 놓아야 할 것 같습니다.

효순이 이름처럼 얌전하기만 하던 녀석의 반란이 시작된다. 얼마나 기다렸을까 안절부절 발사슴을 치더니 괴성을 질러대며 발광이다. 뚱이를 찾는 절규이리라. 마지막 희망하나 걸어보고자 빨강 매직으로 백지위에 강아지를 찾습니다. 전화번호까지 적어 세군데 방을 붙였다. 필사적인 내 마지막 희망하나가 풀칠과 함께 벽에 들러 붙어 막차를 탄 듯 가슴 한켠이 휑하다.

마음편히 간 듯 하지만
마음 편함이 아니요
행복하고자 간듯하나
행복함이 아니니
그리워 울다 멎은 심장
허상의 그림자 됐네
갈수록 돌아올길은 먼데허깨비인들 찾아오면
어이 아니 반가우랴
내 기다림의 뜽

보신 살생부

장이 좋지 않아 설사를 자주하는 사람을 놀려 오리 창새기라고 한다.
오리창자는 곧은 창자라 먹으면 곧바로 싼단다. 직접 오리 창자를 확인해 본 바는 없기에 어불성설인지도 모를일이고 물똥을 자주 싸는 오리를 빗댄 우스개 소리일 것도 같다. 오리나 닭 가금류는 소화력이 대단하다. 사람의 옷에서 떨어진 단추를 집어 먹어도 거짓말처럼 녹여 버린단다. 닭과 오리의 위에는 두껍고 껄끄러운 노란 가죽같은 위벽과 굵은 모래가 잔뜩 들어있다. 이 모래가 소화기관을 돕는 역할을 한단다. 개와 사람의 위액은 강력치 못해 음식물이 그대로 배설되는걸 볼 수 있다.

수박씨이거나 참외씨 포도씨 종류 등은 씹어 넘기지 않으면 통째로 배설된다.

특히 개는 견과류이거나 귤은 소화를 못시킨다. 개 사랑에 빠지다보니 이 놈들의 일거수 일수족이 전부 관심의 대상이다. 한마디로 개똥철학이다.

한그릇에 만원하는 개장국은 사람이 먹어서는 안됩니다. 혐오식품이예요. 88올림픽때 민족적 위신을 세우고자 보신탕과 뱀 생사탕 가게를 철퇴시킨일이 잇지요. 유일하게 개를 먹는 문화는 일컬어 동양삼국인 우리나라와 중국 일본인데 서양인 의식엔 개먹는 문화가 야만적이라 보기 때문에 올림픽 기간만이라도 감춰 그들의 눈살에서 벗어 나 좋은 이미지를 주기 위한 행정력의 발상이 아니었나 싶다. 그러나 써붙인 스티커 이거나 간판은 내렸을망정 안에서는 할짓은 다했다. 맞습니다. 맞고요. 잔인한 국물 살인의 국물 비극의 국물 이 국물의 이름이 개장국입니다. 옛 궁중에서도 임금을 비롯하여 여러 대신들이 보신용으로 개고기를 먹어 온 실록이 있다. 명의 허준선생의 동의보감에도 개고기는 단백질이 풍부하여 허약체질에 보혈식으로 상용되었음을 기록했다. 개는 목을 매어 두들겨 패서 때려 잡아야 맛이 있고 돼지는 목을 따서 선혈을 쏟아내야 맛이 난다는 속설은 어떤 놈의 작품인지 내 이놈을 잡기만 하면 그냥 아유 살떨려 사지를 벌벌 떨다 곧바루 거꾸러질 녀석 같으니 그놈이 술이 곤약구가 돼가지구 내 발긴 소리를 진짜루 알어 듣구 그렇게 잔인하게 죽여줬구먼. 이거 보면 똑똑한 놈 하나 없다니까. 나만 빼놓구 죄다 소금에 절인 얼간이들뿐이니 나 이거야 원 계승이구 전설이구 이어나갈걸 이어나가야지.

아무거나 이어가면 되우. 오래된것두 안하면 되는 거지 망댕이나 케케묵었으면 다 보물이고 전통이야. 잘못된건 고치는게 당연한거 아냐. 열린 문화권에서 개화된 소위 현대인이 꼬장백이 문화를 고수한다. 교양머리허군. 요즈음 애들은 속설에 미지근해 일없다는 얘기지. 술이나 처먹고 연애질이나 헐줄알지 에 효효효효.

여봐라 게 아무도 없느냐 네 으입 상감마마 어인일로 부르시온지 황급히 대령이옵니다. 분부를 내리소서.

짐이 이르노니 조선의 백정을 다 모아라. 개백정 소백정 살생하는 백정은 누구나 다 긁어모으렷다. 그리하옵지요 전하. 여봐라 내관은 들으라 짐이 시방 속이 허한고로 몸통이 노근뻑짝 사지마저 뻑쩍하여 헛것이 자주 뵈는 등 영향 결핍인듯하니 짐의 혈에 보신이 될만한 먹거리가 뭔고 전하 신은 무식한 관계로 정확치는 않으나 전하의 심신에 보혈이 될만한 것이라면 신으로서는 우선 선혈이 낭자한 붉은 빛의 담백한 개괴기를 알려 드리오니 유념들 하시여 선택하시면 신이 직접 궁안의 개들중 가장 실한 놈으루 조옷나게 패서 잡아올릴까 하옵니다. 전하 오 그래 그래 짐을 생각하는 당상이 갸륵한지고 내 후히 상이라도 내려야겠구나. 아 아니옵니다. 전하 마땅히 신이 행해야할 도리일 뿐입니다. 아니다 아니다 겸손하기는 여봐라 김승지는 들어라 예 전하 하명하시옵소서 떨지마라. 오뉴월 개떨듯하는구나 수전증이 있더냐? 그냥 떨리옵니다 전하 내가 시방 어디꺼정 말했드라 너는 알고 있느냐 소인도 모르옵니다. 너도 몰라 하 이놈의 골통 쥐어 박으면 나오려나 따악 아야야야야 전하 대갈통을 그렇게 느닷없이 세게 쥐어 박으면 해골이 상하옵니다. 부디 유념하시오소서. 음마 짐이 인자 생각이 났노라. 엊그제 백두대간 정상에서 캔 인삼 서너뿌리와 필목 서너 필과 일본 쪽바리산 비로드 다섯마를 끊어 영의정 허서방에게 황금 1백량과 함께 하사하라 개 좋아하는 허서방이 짐의 마음에 쏙 드는구나. 암 들구말구. 아 뭣허구 자빠졌는가 냉큼 서두를 일이지. 아뢰옵기 황공하오나 전하의 의중에 매사 빵과 소금이 되는 영의정 허서방의 공 치하는 일백번 마땅하오나 방금 전하의 하사품이 너무 과한듯하여 어허 이런이런 궤변이 있는가 네 이놈 선군이 까라면 까야 할 일이지 웬 개소리가 그리 많은고 네 이놈 짐이 누구더냐 이나라를 호령하는 일개 주상이 아니더냐 헌데 감히 주상의 명령에 이의를 붙혀 능지처참에 삼족을 멸할놈 같으니 되질려고 환장을 했구나. 죽여주련 기냥 콱 아구구구 아야야야 어허 이런 죽일놈 짐이 널 팼더냐 엄살이 수준급이로구나 이놈이 신이 잠시 실언을 한 듯하옵니다. 신의 불충관대 하시고 노여움 푸시옵소서 그래 알면 됐다. 짐이 기가 약한 관계로 쉽게 흥분이 된 듯 하구나. 성군이 부끄럽구나. 대신과 맞서 얼굴을 붉히다니 다 지략이 부족하고 속이 허한 탓이니 망극하옵니다. 전하 허서방이 매우 흡족해 하옵니다. 특히 그의 마누라가 더 좋아서 방방뛰다가 못볼 것을 보아 신의 기분이 트더지옵니다. 못볼 것이라니 낄낄낄 흘러내린 빤스라도 본게냐 그러하옵니다. 한방에 맞추셨습니다. 천년에 한번 있을까 말까한 끝내주는 광경을 보았다니 거봐라 그것도 짐의 덕이 아니더냐 심부름한 본전은 뽑았구나. 기분은 어땠느냐 나이스였사옵니다. 시방도 신의 아랫도리가 건들거리옵니다. 전하 방금 정지간에서의 기별인즉 누런 황갈색 암캐로 겨우 두해를 자란 살이 야들야들한 어린놈으로 패동구려 갖은 신약초를 가미해 무쇠솥에 삶아 건져 올리겠다는 전갈이옵니다. 오 그러하더냐 벌써 입맛이 동허고 느침이 고이는게 먹기도 전에 힘이 솟는 듯 하구나. 전하 오 그래 개고기야 어서오너라 김이 무럭무럭 안개처럼 일렁이는 개고기가 옥쟁반에 얹혀 들어오는구나. 행복하도다 행복하도다 개는 살아서도 죽어서도 이렇게 사람을 행복하게 하는구나. 이건 또 뭐드냐 3년 숙성 맛난 된장에 고춧가루 깨소금 다진 풋고추에 마늘 파 양념이 어울어진 개고기 찍어먹는 스프이옵니다. 전하 오 때깔부터가 끝내는 것이 개 괴기와 궁합이 짝짝 볼기짝처럼 어우러져 짐의 미각을 돋굴지어다. 어서 이리 올리거라 짐의 목구멍에서 갈퀴질을 해 싸서 못 참겠구나. 으이 침 고여 전하 양념장을 듬뿍찍어 아가리가 미어지도록 집어넣고 우물거리소서 그리하오면 출중한 양념맛과 개고기 특유의 육즙이 합 원 플러스가 되어 환상의 맛이 살아날 것이옵니다. 오 그래 그래 맞어 바로 이맛이야. 그 옛날 소싯적 아바마마한테 땡깡부리다가 담배 빨주리로 대갈통을 얻어맞은 그 딱소리에 정신이 번쩍나듯 볼테기가 터지게 집어넣고 우걱거리니 정신이 다 맑아지는 듯 하구나. 궐내 상궁을 꼬셔서 노는것보다 더 쌈박하구나. 아무튼 밥본김에 제사지낸다고 기왕 입에 댄거 똥이 나오도록 잔뜩먹고 한숨 자빠져 자고 날테니 이따 야한밤에 남은 앞다리 한짝 뜨끈히 데워 야식으로 즐기게하라. 아니 왜 대답이 읍는고? 너는 안주고 나혼자 먹어 삐진 게냐 꼽냐 아니옵니다. 전하 아니긴 마 낯

짝에 그러하오이다 써붙혔는데 사길쳐 그런 눈치읍씨 임금허냐? 소신은 단지 모처럼 한꺼번에 잔뜩드시고 탈이라도 나시면 무명바지에 똥쌀까 무서워 해골이 교란스러워 그러하오이다. 야 이자식아 싸도 내가 싸지 네놈이 싸냐 너는 그냥 시키는대로만 그냥 해 웬 개소리야 조질나게 패 버릴까 부다.

그래도 시방 짐은 속으로 네공이 큰고로 생각하는바 널 내시에서 한등급 올려 줄까 했는데 핏대나게 부 허니 주댕일 내밀고 오만상을 찡그려 아유 이 호로. 하이고 드러 개고기 먹고 앙알거려 보기는 또 생전 처음일쎄그려. 얀마 이리와봐 꼬부라진 허리 더 꼬부리지 말구 허리 데꺽 피고 날봐 쫄기는 내가 널 을매나 이뻐허는데 맛나게 먹고 기분이 엉망이면 그게 살루 가냐 그러허니 오늘 만큼은 웃자.

자자 김치 그치 옳치 갈치 시금치 뒷끔치 꽁치 까치 그렇치 이히 웃끼지 나 이런 사람이야. 그러니께 임금허지. 전하 송구하옵니다. 불시급 노여움이 가셨다니 신 몸둘바를 모르겠나이당. 엇쭈구리 웃끼는데 숭구리당당 궁당당 내시가 웃었어 여봐라 개괴기 판을 벌려 풍악을 울리렸다 뱃때기도 든든허고 취기도 올라오니 짐은 잠시 눈 좀 부쳐 개꿈이나 꿀까 하노라 그리하소서 전하. 짐이 잠자는 동안 안본다고 디리 주책없이 처먹지들 말고 내일 정사를 위해서 얼근헐 정도로만 마시길 바라노라. 성은이 하해와 갈사옵니다 전하.

으 허허험 시방 기분이 굿 에이 뭔 임금이 저러냐 나이롱 같애. 개괴기 한 점 첫맛에 뿅 갔다니까.

야 벌써 곯아떨어졌다 음냐음냐 꿈을 꾸나 뭘 저렇게 꽁알거려 체신머리

읍씨 손목아지가 입으로 왔다 갔다 허는걸 보니까 먹는 꿈 꾸고 있구먼 보나마나 아마 이럴꺼다. 그야말로 환상의 맛이로다.

일찍이 짐이 먹어보지 못한 기한 맛이로다. 내 어찌 이맛에 소홀했던고. 허공의 공이 크도다. 전하 전하의 하혜에 신 몸둘바를 모르겠사옵니다. 칭찬을 거두시고 식기전에 더운 괴기를 드시오소서. 촉촉하고 누굴누굴한 지금이 제맛이옵니다. 어서 많이 드시옵고 귀하신 옥체 보전하시어 이나라 정세 오래오래 보살피오소서. 오 그래 그래야지 황누렁이 맛이 짐을 녹이는구나. 짐이 첫맛에 뿅가는구나.

내 이놈을 다 먹어주고 나면 밤이면 밤마다 궁녀들의 고달픈 밤이 될지어다 으흐흐흐. 짐의 상상이 하늘을 날 듯 나비되어 춤추는구나. 여봐라 짐이 개한마리 먹는 이밤을 위하여 풍악을 울리렸다. 띠디리디리띵띵 여봐라 네놈들이 개맛을 아느냐 모르옵니다. 전하 먹어봐야 맛을 알 듯 먹어본일 없으니 개맛을 알리 있겠사옵니까? 개는 사람과 친근하고 가까운 동물이라 먹는 이만 먹지 소인은 절대 아니 먹습니다. 개 먹는 입을 보면 끔찍하옵니다. 야만성에 난폭 힐난적 사고력이 이해되는 도덕적 해이가 필요한 반려동물로서 생각이 얕은 자만이 먹어주는 금단의 먹거리인줄 아옵니다.

아니 이런이런 쳐 죽일놈을 봤나 짐을 잔뜩 먹여 놓고 조롱하고 기만하다니 뽀뿌링이고 나발이고 다 압수다. 빨랑 도로 갔다놔. 네 이놈 네놈이 짐을 굶아버린 참외로 알고 디리 골렸도다. 의금부에 삐삐쳐서 저 잡놈을 오랄을 지어 당장 하옥하렸다.

요런요런 괘씸한 고랑말코 쥐새끼 같으니라구. 너 죽을줄 모르고 세치혀를 날름거려 감히 짐앞에서 넌 의금부에 끌려가면 반은 되졌어. 아마 아가리 쩍 벌리고 고래고래 살려달라고 소리를 지를텐데 애걸해 봤자 불쌍하긴허나 그게다 네가 자초한 조작의 일부이니 낸들 어쩌랴 개 패듯 패면 맞고 주리를 틀면 틀리고 당연히 아이고 소리가 궁궐밖으로 메아리질것이나 짐이 허용한 궁중법이니 어쩔수가 없구나. 똥방대가 터져 뻘건 짬뽕국물이 피바다를 이룰것이로다.

어허 잔소리 끓여붓다가 고기가 다 식었구나. 남은 놈 마저 다 뜯고 꺼억 트름한번 하고 이빨을 쑤시면서 네 죄를 고려해 보겠다. 일단은 가라 짐이 먹는 이개도 패서 잡았다며 너도 개맞듯 질탕허니 좀 맞아봐라. 맛이 어떤가 개는 이미 죽어 아픈줄 모르지만 넌 살려놓고 대강 뚜디려 패니까 네가 더 아플걸 오금이 떨리지 않느냐 의금부 형벌이 으떨거라는건 쪼매 알텐데 아마 개패듯 팰걸 그리고는 양 넓적다리 사이에 몽둥이 두 개를 걸어 밖으로 제껴버리는 주리는 틀지말라고 특별히 일렀다만 반쯤 죽이라고 일렀으니 그건 각오가 돼야 할것인즉 근데 왜 내가 이렇게 말이 중구난방이냐 개고기가 안맞나 헛 방구만 픽픽 나오고 전하 왜그리 오만상을 찡그리고 똥씹은 얼굴을 하고 계시온지요.

엇째 속이 그득헌 것이 느글거리고 메스껍고 구역질이 웅 으왜애액 울컥 울컥 촤아악 전하 체하신 듯 하오니 속히 의원을 부르심은 어떠하옵신지 의원이고 나발이고 네놈이 짐을 죽이려고 마음에도 없는 개고기를 권했구나 이런 이런 처 죽일놈을 봤나 아까 먹은거 다 쏟아 놨으니 이게 바로 도루묵이 아니냐 허나마나 먹으나마나 장님 잠자나 꼽추 인사허나마나 얘 궁녀야 호리병에 냉수 좀 떠오너라. 아가리 좀 부셔야 쓰것다. 예 있사옵

니다 전하

허 빠르네 벌컥벌컥 오그르르 뿌걱 뿌걱 카악 퇴 쩝쩝 에이... 야 시방 게워놓은거 다 네 책임이니까 네가 치워 아니면 빨어 먹든가 먹으려면 식기전에 먹어라 양념까지 잘 버무려 놨으니까 너무 게걸스럽게 먹지 말고 천천히 슬로우로 먹어라 급허게 먹고 또 게워서 다음 사람 주지 말고 알근냐 예의입 전하 하오나 신이 먹다가 너무 많아 못다 먹으면 어찌 하올는지요 거 무신 개 풀 뜯어 먹는 소리냐 대장이 까라면 까는거지 웬 잔말 그러고도 네가 내 밑에서 어른거려 요즈음 해고시대아니냐 껄떡허면 뗵깍 다 늙은 놈이 예서 모가지 당허면 너 뭐 먹고 살래 그리고 말그대로 네놈은 내시가 아니더냐 아랫도리 성해야 궁궐을 나가서 쐬푼이나 있는 과부하나 꼬셔서 살아야 할텐데 그럴 오입쟁이도 못헐꺼고 천상 저잣거리에서 거적때기 깔고 관상이나 봐서 먹고 살아야 하는데 뭘 알어야 면장을 한다고 평생 내시로 종종 걸음이나 치면서 뒷걸음질이나 쳤으니 남에 쌍통 들여다보고 아는 소리 지꺼릴 위인도 못되잖아 능력있으면 네 배짱 꼴리는 대로 허든가 됐고 앞으로는 개를 먹는자는 야만인 취급에 극형에 처할것인즉 장안의 모든 개들에게 사랑을 베풀어 행복하게 해 줄 것이며 이 시각부터 온 천하에 널려 있는 개장국집을 모조리 폐쇄하여 혐오감 없는 세상을 만들지어다. 앞으로 짐에게 개 으쩌고 저쩌고 허는 자는 즉시 개처럼 줄을 목에 감으리라.

사노라면

내 일상의 첫 기상은 새벽 5時 정각이다. 선잠에 눈 뜨기가 역겨워 5분~10분 뭉기적 대다가 벌떡 일어나 주섬주섬 대강 옷을 걸치고 밤새 배설치 못한 녀석들의 대소변을 뉘는 것으로 일과가 시작된다. 젊은날 나의 별명은 털보다. 얼굴에 구렛나루를 닮은 많은 털들 때문에 붙혀진 별명이다. 수십년을 족집게로 뽑고 뽑아도 밭고랑의 잡초처럼 질기게도 쏟아져 나와 아침면도는 필수다.

매일 똑같이 반복되는 면도질이 지겹다. 밤새 자라 늙어 지친 볼품없는 흰 수염을 절삭기로 삭발하고 고양이 세수와 시가 5만원짜리 로션으로 모양을 내고 한나절을 견딜 에너지를 위한 한술 밥을 물말아 삼키고 나면 시간은 대략 35분 경과. 소요된 이시간대면 심적으로 조급해 진다. 5시 50분이면 책이든 가방을 메고 마스크를 한 채 집을 나선다. 아무도 없는 뜸한 새벽길이 좋아서 텅빈 복잡치 않은 버스를 타기 위해서 그도 그럴것이지만 결론은 일찍 가서 날 기다려주는 개 때문에 서두르는 출근길 이기도 하지만 이유라면 넉넉한 시간을 할애한 책을 읽기위한 아이디어에서 나온 서두름이기도 하다.

목적은 6時 버스를 타기위해 서두르지 않으면 지각이다. 텅빈 버스에 오르고 나면 이내 눈을 감고 명상을 하듯 모자라는 잠을 청한다.

적당히 데워진 버스내 열기에 잠들고 싶은 생각이 굴뚝같다. 그러나 혼자의 희망 사항일뿐 털털거리고 덜그럭대고 정류장 안내방송 선전구호 승하차 신호 벨소리 새벽에 웬 전화질들은 그리 해대는지 도대체 소음에 짜증이나 그저 눈만 감고 앉아 있을 뿐이다. 40여분간 가는 내내 생각이 많아 어지럽고 털털거림에 머리가 띵하다. 원당사거리를 지나 종점 두어 정거장을 남겨둔 13번버스 정류장에 이르면 나는 늘 마지막 내리는 손님 승객 중 하나다. 흐트러진 옷 매무새를 고치고 불로동 고개를 넘는다.

세찬 겨울바람이 빈약한 내 몸을 때린다. 잔기침이 난다. 마스크를 몇 번이고 언 손으로 고쳐쓴다. 찬바람을 가르며 위협적으로 차들이 나를 스쳐간다.

불안한 고개를 넘는다. 저만큼 멀어져가는 차 뒷 꽁무니를 내려다보며 씨발새끼들 천천히 좀 가면 어데가 부러지나 순간 튀어나온 상소리가 새삼스럽다. 서서히 혈압이 오르는가 신세 한탄을 하는데 염병할 이나이에 새벽밥 먹고 대우도 엉망인 일터에 돈 벌러 간다니 팔자 한번 드럽네. 아침부터 심기가 흐려지는 순간이다. 일진이 불길한 하루가 될 성 싶어 돌아오고 싶어진다.

중간중간 비켜설 보행로가 없는 흰색 실선 갓을 공포로 걸어 내려가면 넉넉한 이면 도로에 발을 딛는 순간 움찔했던 마음이 한결 여유로워 진다.

패션 모델 워킹처럼 위험천만한 외길을 오고간지도 벌써 8개월여. 진눈개비라도 내리는 날이면 급히 지나가는 차량의 곤죽 물눈이 휘날려 금빛 꽃가루 세레머니처럼 내 전신에 뿌려져 새벽 요정이 되는 꼴 차량 보호 울타리가 처진 가변에서 더 이상 물러설 자리가 없는 곳에서는 손을 들어 하향으로 누르는 제스처로 저속을 신호한다.

그러나 차량마다 다 내 걱정스러운 서행 신호를 받아들이는건 아니었다. 신호응답으로 다행으로 조심스럽게 비켜가는 운전자가 있는가 하면 비웃기라도 하듯 무시한채 전력질주하는 못되먹은 놈도 있다. 매사가 부족해서 부덕의 소치가 이런 모멸의 아침을 맞는가 싶어 생각하는 초라한 내 처지에 실소가 터진다. 흙탕 오물로 칠갑을 한 고가의 오리털 점퍼가 아까워서가 아니다.

사람인 사람이 사람을 신뢰하지 못하는 이기적 사고방식은 제쳐놓고라도 일순간 자제정신이 망각된 잘못된 세상 사람들의 인식부족이 내게 끼얹어진 오물보다 불쾌하고 밉다. 새벽부터 잡친 이기분 어떤 배신감에 처절히 당한 듯 허탈한 마음이 한없이 공허하다.

왜 남의 처지를 그리 몰라주는 세상이 되었을까? 왜 남의 입장이 되어보지 못하는 것일까 내가 아닌 남이기에 아무렇게 대해도 된다는 발상 하나가 기분 더럽게 만든 아침 그래도 발길은 터벅터벅 제갈길을 간다. 이미 내 전신은 흙탕으로 엉망이다. 몸사릴 것도 걱정할 이유도 없다. 위기는 곧 극복이라했다. 오기가 발동한다. 오기는 곧 배짱이 되었다. 심술첨지가 되어보기로 했다. 죽기 아니면 까무라 치기다. 위태로운 깃길을 마다한 나는 백색라인을 성큼넘어섰다. 유유한척 한가로운 걸음걸이로 도로 중간 황색선을 밟는다. 눈 때문에 선은 보이지 않지만 한가운데니 중앙 아닌가 내 후질근한 모양을 보여 경각심을 주기위한 내 오기이자 화풀이인 셈이고 무언의 항변 피켓든 시위였다.

날보고 어쩌란 말이냐 이 새끼들아

개자식들 나는 지금 시위중이며 교통흐름을 방해하는 경범죄를 저지르고 있는중이다. 빵빵거리며 줄지어 나래비 선 차량 행렬이 길어진다.
내 지금의 행동이 지각없는 행동인줄 안다. 바쁜 출근길 더구나 미끄러운 길에 속도도 내지 못해 시간은 촉박해지는 지금에 나를 더렵혀 주고 사라져 버린 앞전의 괘씸한 차량을 볼모로 아무 이유도 없는 줄선 사람들에게 근질거리는 뒷통수 미안하지만 사람도 좀 다니자구요. 엄지를 곤두세워 내 옷꼬라지를 가르키며 군대식 거수경례로 미안함을 대신한다.
알았으니 어서 내려가라는 오케이 손가락 싸인으로 차량속 기사의 넉넉한 얼굴과 하얀이가 보인다.
이면 도로에 비켜서자 쭈볏거리며 게걸음이던 차량들이 줄줄이 밀물처럼 쏟아져 내려간다. 비켜선 날보고 빵빵거린다. 욕을 퍼대는 놈이 분명하다. 난 너그러히 미운 손을 흔들어 준다.
생전 안해본 오만한 나의 도덕적 가치를 예심해 본 졸속의 아침이 훤히 밝는다. 평소 걸린 시간의 두배를 소비한 눈길이 어서 신발은 젖어 질퍽거리고 손은 마비가 되다시피 얼어 감각이 무디다. 얼른가서 난로를 피워 언 몸을 녹이고 젖은 신발과 양말을 건조시켜야 했다.
천지가 옥양목을 펼쳐 널은 듯 온통 하얀백색이다. 누런 털을 가진 소유와 똘똘이의 모습이 하얀 눈위에 그모습이 더 또렷하다. 나를 마중나온 백구도 있다. 세놈은 삼총사다. 더러워진 내몸에 뛰어 올라 족적을 남긴다. 성난 미움과 긴장이 이내 풀려 버린다. 이녀석들 때문이다. 송곳처럼 날카롭던 좀전의 앙칼진 심사를 단번에 없애주다니 세상에 이리 신속한 처방약이 있을까.
늘 함께 붙어 있는 오누이 같은 사이의 세놈 의리로 뭉친 녀석들이다. 흙이 튀겨 얼룩이 된 내 어깨의 미니 가방속엔 이놈들이 먹을 모닝 간식이 들어있다.
어떤날은 생선머리와 가시가 어떤날은 통닭이 그리고 개껌과 찐고구마와 계란이 있다. 소세지와 햄버거 생라면 그리고 고등어 통조림 참치가 있다. 주로 주는 품목이다. 사료는 늘 넉넉하게 여유가 있어 이놈들이 먹고사는 문제는 이유가 있을리 없다.
매일 똑같은 시간에 도착하는 나를 눈이 오나 비가오나 꼭 그 자리에서 기다려주는 박빙의 아침마중 나는 이놈들의 입에 맛있는걸 먹여주니 좋고 이놈들은 받아먹어 나를 좋아하고 그래서 늘 아침이 이놈들 때문에 행복하다.
매일 매일 이어지는 지나친 반가움에 성가실때도 있지만 그게 뭔 대수랴. 난 그래도 좋다. 사람이 매일 보는 상대를 이렇게 표가 나게 좋아할리 있겠는가? 집에서 먼 거리의 낯선곳에서 낯설게 만나 정을 키우고 유일하게 맞는 친구가 있다는 것은 적어도 나에겐 하나의 축복이다. 이세상 살아있는 모든 생명들이 너희들 지금처럼 다 행복하면 얼마나 좋을까 하는 지극한 내 사랑처럼 두배 세배 너희들 행복이 컸으면 하는 마음에 오늘도 먹을거리를 담아오지. 미운놈이 없어서 똑같이 1순위 그래서 먹을 것도 똑같이 주는 보편화된 개사랑의 평등정신 내 마음대로 할수 없는 것이라면 저마다 타고난 성격만큼은 공유할 수 없다는 것 다혈질의 똘똘이와는 반대로 느긋하고 여유있는 백구의 성격 암컷인 똘똘이에게 매우 관대함과 양보가 필수인 젊잖풍의 늙은 백구 이제 갓 돌이 되는 1년생 젊은 숫컷 소유 참을성이 없는 천방지축 덩치에 걸맞지 않은 멍텅구리 같은 녀석 그래도

정은 유별나다.
장난끼도 다분하고 잘생긴 누런털이 인상적인 녀석이다. 시도 때도 없이 일하는 나를 쫓아다니며 장갑을 물어 뜯고 바지가랭이를 슬쩍 잡아당기며 놀자고 얼러대는 철부지 녀석 특유의 장난끼가 내 혼을 빼앗는다. 넉살이 분에 넘쳐 더 행복하게 해주고 싶은 녀석 백구. 내가 붙여준 이름 병이 들어 비실비실 다 죽어가던 녀석이 내 정성으로 살아난 녀석이 백구다. 도대체 네 본가는 어디이며 네 주인은 누구더냐. 저 위쪽 공장 개라는데 이름은 모노라고 누가 일러주더라. 늘 내곁에만 머물러 있으니 내가 주인이고 내가 돌봐줄 수밖에 없는 녀석이다.
오랫동안 곁에 있으면서도 오라면 경계를 하던 녀석이 언제부턴가 마음을 열어 내품에 안기기도 한다. 그간 내사랑이 미친 녀석들의 숫자가 근 20여마리 정도 그 많은 숫자가 한때는 내 주위의 사랑스런 잣대였다. 먹거리의 유일한 힘이 모난 성깔도 눈녹듯 가라 앉혀주어 먹는것의 소중함을 다시 생각해본적도 있다.
그간 여러놈들이 개장수에게 팔려갔다. 이런 비보를 접할때마다 나는 모든 것이 허물어진 듯 낙담하고 실망하며 주인을 원망하고 싶어진다.
정과 사랑은 돈독하지만 나는 주인이 아니라서 그놈들을 구제할 방법이 없어 안타까움은 더해가고 그저 가슴앓이만 할 뿐이다. 작은 체구에 날씬한 암캐내가 먹을 걸 주면서 부르던 이뿐이 그녀석이 하루한번은빼놓지 않고 나를 찾아와 한입 물고 가는데 얼마전부터 보이지 않아 가슴한곳이 구멍난 듯 멍하다. 이뿐이 소식이 묘연하니 좀이 쑤실 지경이다. 도대체 무슨 일일까? 이유와 정황이 궁금하다.

재작년 지독한 폭양의 한여름 한동안 보이지 않던 백구가 어느날 오후쯤 나타났다. 바싹 마른 몸 비실거리는 걸음걸이 곧 쓰러져 죽을 것 같은 형상이다. 나를 향해 다가서다가 털썩 주저 앉아 버린다. 기력이 없음이다. 눈은 온통 고름같은 눈꼽으로 덕지덕지 흘러 내렸고 눈도 게슴츠레 뜬다. 큰병이 나 그간 어데 구석에서 며칠을 혼자 앓아 누워있다 나타난 꼴이다. 물과 고등어를 준다. 그녀석 몫으로 비축해 둔 고등어다. 상당히 배가 곯았을 터다. 통조림 반을 먹는다. 그 지경에도 나를 반기려는 속내와 나에게 가면 먹을것이 있다는 생각이 났던 모양이다.
생기가 난 듯 힘없이 늘어진 꼬리털이 살랑거린다. 고마워요. 사랑해요 라는 반김의 표현이다. 감사의 세레머니다. 눈꼽을 닦아주고 어루만져 준다. 제법 눈엔 생기가 돌고 자꾸 먹으려 드는 눈치다. 매일 치유의 약을 먹이고 소고기 통조림 밥에 참치를 비벼 몸 회복에 열정을 드리니 나날이 병세가 호전돼간다.
도대체 네 주인놈은 어떤 놈이기에 널 그모양이 되도록 방치했는지 생각하니 부화가 치밀어 날 흥분시킨다.
분명히 이웃 공장개는 분명한데 주인이 누구인지는 밝히지 못했다. 아직까지도...
거지같은 악덕 주인 잘못 만나 재수 더럽게 없는 녀석이로구나 핀잔으로 일갈 돌봐준 인연이 지금까지 왔다.
별의별 의심을 다 받은 녀석 백구다.
집을 나와 떠돌다가 개가 많은 이곳에 정착한 떠돌이개가 아닐까 하는 마음.

신경 안쓰는 주인보다 시간맞춰 별난 맛을 주는 내가 좋아서 내곁을 떠나지 않는가 외로운 자각임을 암시하듯 혼자일땐 산에 누워 있거나 길섶 풀밭에 누워 있는걸 보노라면 노숙개가 아닐까 하는 의구심을 갖어보기도 했다.

마음 같아선 집에 데려올 형편이면 데려다 큰 사랑을 주고 싶지만 그럴수 없는 형편에 마음만 아프고 더구나 머지 않아 개발될 철거 지역이 여기라서 내 일터가 이주를 하면 이 녀석의 신세를 어찌해냐 좋을까 하는 큰 고민이 나를 고민스럽게 하는 요즈음이다.

주인이 있건 없건을 떠나서 백구의 앞날이 불투명한걸 생각하면 또 한번 가슴이 미어진다. 딴 곳으로 일자리가 이주할 때 데려가고 싶다.

내 보살핌이 필요한 녀석이다. 짊시 생활에 익숙해 밖으로 겉도는 녀석이라고 마음대로 데려갔다가 뜻하지 않은 몽독으로 팔자에 없는 개 도둑으로 오인 받을 수 있는 형편이 될 수도 있는 것이다. 백구야 널 보살펴 줄 수 있는 기적같은 이변이 생겨나길 나는 소원하지. 네 애인이고 짝패인 똘똘이는 남쪽으로 가는길 오산으로 이사간다드라. 똘똘이가 없으면 외로워 어쩔래 나마저 훌쩍 떠나면 너 혼자 외로워 어쩔래 2013년 4월 11일 아침 똘똘이가 여덟마리 새끼를 낳았단다.

새끼사랑에 빠져 집에서 잘 안나와 너와 놀아 줄 처지도 아니고 요즘 엄청 외롭지 향여 제 새끼 어쩌랴 싶어 얼씬도 못하게 으르렁거리고 감시체제 경계 1호 발령시 기지. 그래서 너는 지금 외톨이가 됐어 너와 뒹굴고 어르던 소유는 지난 4월 7일 도로 교통사고로 비극적인 최후로 저 세상의 넋이 되어 차가운 땅속에서 잠에 빠져 있어. 다시는 영영 볼 수 없는 불행이 찾아온거야. 소유를 묻으며 억장이 무너졌지. 슬펐어. 두리번거리며 소유를 찾는 기다리는 네 눈빛에 슬픔이 가득했어. 나는 보았다. 네 기억속에 그림자만 남겨 놓고 유명을 달리한 소유는 제쳐 놓고라도 네가 그리워 해야할 똘똘이 서로가 그리워 해야할 그 지독한 고통을 우리함께 나누자.
삐익 긴 내 휘파람 소리 한번이면 보이지 않던 모습들이 순식간에 나타나는 거짓말같은 숙련된 익숙함도 이제 타고 난 재처럼 날아가 흔적마저 소멸될 그런날은 온다. 백구가 불쌍해서 어쩌니 소유는 없어도 아직 백구 너와 똘똘이는 내곁에 있어. 행복한 나날이지만 정작 서로를 못보게 될 그날이 오면 그 미어질 가슴을 무엇으로 틀어 막을까?

4월의 비극

적진을 향하여 진군하라. 군별을 호령하며 창을 곤두세워 말을 달리는 성난 장수의 용맹처럼 나를 향하여 말처럼 달려 뛰어든다. 나를 향한 세놈 맹신이다. 매일 아침 틀에 박힌 늘상의 제스쳐다. 털 담요를 두른 듯 두껍고 투박한 털옷을 입은 소유 덩치만 컸지 아직은 돌이 됐을까 말까한 어린 애송이지만 꽤 늠름하고 믿음직했던 점잖은 녀석 그놈은 아예 내 앞에서 대골대골 구르며 야단이다. 사람이 알수 없는 개들만의 대화가 어떤것이 었기에 날이 갈수록 이웃개들이 하나둘 내 주위에 모여든다.

당연히 먹을걸 주는 사람이라고 저희들끼리 소문을 내고 다닌 듯이 말이다. 이젠 식구가 늘었지만 그 어떤것도 쪼개고 쪼개서 나누어야 하는 푼수같은 사이가 됐다. 남의 개에 정을 주고 빠져 체신머리 없이 개에 빠져 짝패가 되다니 내가 지금 몇이지 철이 덜들은 푼수같은 생각을 해보지만 그저 생각했을뿐 문제에 이의는 없다. 좋으니까 좋은게 아닌가 사랑에 나이와 체통이 무슨 상관인가

겨울이 깊어간다. 콘크리트 찬바닥에 아무렇게 누워 잠든 것을 생각하니 이 겨울이 걱정스럽기만 하다. 바닥의 냉기를 막아주기 위해 골판지위에 부드러운 비닐을 두껍게 깔아 주지만 유별나게 까닭을 부리는 성격에 깔아준 비닐은 날마다 치워져 정성은 늘 무산된다.

왜 내마음과 같지 않을까하는 언짢은 기분은 즐거워야 할 퇴근길 마음을 흐려 놓는다. 비록 내 소유의 개들은 아니지만 적어도 이놈들 때문에 주인의 심사에 개에 대한 나쁜 편견이라도 생겨날까봐 노심초사하는건 나였고 이놈들에 대한 이물질이거나 배설물에 신속한 대응으로 처리하여 적어도 기분은 상하지 않게 단속하는 것은 내 하루 일상중 또 하나의 과제였다.

날이 저물면 추울세라 노심초사하던 설한의 찬겨울이 가는가 싶더니 어느덧 춘삼월을 지나 등줄기 따가운 초여름이다.

출근도장을 개 발바닥 족적으로 찍어야 할 월요일이다. 애교덩어리 소유가 없다. 똘똘이와 백구 뿐이다. 또 다른 놈들도 다 있건만 내마음 한구석을 차지한 그놈이 없다. 한나절이 되어도 이녀석의 모습은 없다. 걱정은 불안으로 이어져 간다.

다급하고 불안한 마음에 점심은 컵 라면으로 때우고 한길로 나서 찾아 보

기로 했다. 제발 아무일 없길 바라는 마음으로 모퉁이를 돌때 인도에 누워 있는 소유가 저만치 보인다. 그옆에는 낯모르는 개가 넙죽 엎드려 있다. 설마 죽어있으리라고는 생각지 않았다. 소유 소유야 몇 번을 불러도 누운 채다. 소유 뭐해 엉덩일 툭 쳤지만 기척이 없다. 아뿔사 이게 웬일인가.
살아있는 듯 눈을 뜬채 입에는 피투성이인채 죽어있지 않은가
덥석 안아 일으키는 순간 내 오장육보중 간 하나가 툭 떨어진다.
머리통이 텅빈 빈 깡통처럼 하얘진다. 뻣뻣이 굳어버린 사지를 그러모아 번쩍 안아 들었다. 경악에 몸이 떨린다.
소유를 죽게한 알 수 없는 그놈에게 나는 악담을 퍼 붓는다. 비탈진 양지에 소유를 묻었다. 다음세대에는 개로 환생치 말라고 울먹임으로 마지막 사랑을 인사로 대신했다. 피딱지가 엉겨 붙은 머리통부터 흙을 끌어 모아 덮었다.
빗물이라도 새들어 갈까 꼭꼭 다지듯 흙을 밟았다. 울적한 마음으로 돌아서는 뒷꼭지가 서운함으로 가득하다.
기다림은 끝내 좌절과 안타까움으로 끝이 났고 내 가슴엔 허망하나만이 덩그런히 남았을 뿐이다. 다친 마음의 상처는 꽤 오래도록 치유되지 않았다. 그나마 백구와 똘똘이가 있어 다소 위안이 되어주었다. 작업복을 갈아입을땐 내 옆에 다소곳이 앉아 그 까만 눈망울로 빤히 날 올려다 보며 기다려준 녀석 성가실 정도로 날 괴롭히던 녀석.
감촉 부드러운 네 발바닥 놀아달라고 장갑낀 손등을 지그시 물어 잡아 당기던 녀석 이젠 귀찮치 않아 좋구나.
다시 태어나 또다시 아저씨의 사랑을 받는 개가 되겠다고 암 그래야지.

가물 가물 네 아픈 기억이 지워질 그런 세월이 언제일까 이제 네 흔적을 지우고 싶다. 그리고 가끔씩만 기억해 볼까해. 너와 한배 새끼인 미호 여우처럼 생겼다 해서 구미호라 했지. 구자는 빼기로 했다. 미호로 호칭됐지. 장염으로 하늘나라에 갔지. 주인이 포기해 내가 있는 곳에서 길러진 너와 미호 겨우 한해 살이로 생을 마감하고 내 가슴에 슬픔 멍 자욱하나 남긴 슬픈 이별 하나로.

이별이 오는 시간들

얘들아 세상살이에는 너희들이 모르는 이별이라는 아픈 덩어리가 있단다. 그 이별이란 것에는 사연도 많지. 몇날 며칠이 되어도 끝내 보이지 않을 때 기다림에 지쳐 갈 즈음이면 아 이것이 이별이라는 거구나. 그렇게만 알면돼. 주인을 따라 살던곳에서 이사를 했거나 불행히도 개장수에 팔려 보이지 않는 것도 이별축에 속하지 어떤 이별이던 이별이라는건 슬프고 야속한 것이지.
눈물이 있고 절규도 있단다. 그러나 이별이라고 다 나쁘거나 슬픈건 아니야. 행복한 이별도 있단다. 가령 늘 함께하다 잠시 좋은일로 여행을 한다거나 더 낳은 삶을 위해서 떨어져야 하는 이별들은 행복한 이별이지. 설레임의 이별이고 가슴 찡한 이별이야.

함께 있는 동안 최대한 잘해주고 싶어 지금 고개 마루를 넘는 내 어깨위에는 고칼로리의 사료가 걸메어져있다.
내 주위에 머무는 모든 녀석들의 일용할 양식인 셈이다. 5월의 새벽공기는 아직도 선선한데 등짝이 후질근하다. 내가 지금 이거 뭔짓이람 결리는 허리를 비틀며 하는 푸념이다. 백구가 탐스러운 꼬리로 내 다리를 후두둑 후두둑 내둘러 친다. 무엇을 말하고 있는 것이다. 그러나 알 수 없는 부딪힘이다. 백구를 살려낸 어느날부터 유난히 정을 붙이려 내 주위를 서성거렸다. 같이 나란히 걸을땐 내 보폭에 발도 맞춰주었다. 내가 정원이 있는 단독주택에 산다면 백구를 데려다 내 곁에 두고 싶다. 그러나 그럴수 없는 형편이다. 묘안이 없다. 이미 공장에서 데려온 방울이의 첫 입성엔 마누라의 방울이에 대한 구박이 심했다. 구박에 신물이 났던가 이제는 아니지만 한때 널 2층 옥상에 데려다 놓는다면 어떨까하는 생각도 했으나 보이는건 하늘 뿐 자유와 존엄을 침해한 못할일 같아 고민을 했지. 내가 없는 무료한 한낮에 컹컹 외로워 짖어나 대면 신고좋아하는 이들이 그 짖음을 이해할 리 없어 그래서 안되고 아 어쩌란 말이냐 이노릇을 당당히 똘똘이는 제 주인이 있어 걱정없지만 아무도 없는 빈 철거 지역에 혼자 남는다면 잠은 아무대서 잔다해도 배고픈 해결은 어쩌냐구 진정 네 주인은 없는거냐

똘똘이

영리해서 날렵해서 똘똘이라 이름지었나 보다. 다산에 새끼 잘기르고 모성애 강한 똘똘이 어데가서 살든 늘 행복해야 한다. 네 친구이자 단짝인 백구도 잊어야돼. 얼른 잊어버려야해. 두고두고 생각하면 마음이 많이 아프거든.

2011년 9월15일 아침 녘 처음본날이야. 산밑 울타리 안에서 너와 또 한녀석 흰둥이가 무섭게 날 노려보며 마구 짖어댔지. 처음보는 이방인이었으니 그럴만도 하지. 첫만남이지만 너희 둘의 짖음을 저지하기위해 인사겸 손을 흔들어주었지. 며칠후 너와 한우리에 있던 흰둥이가 새끼를 낳았단다. 네 마리였어. 이놈들이 자라 분양이 된 다음 흰둥이는 눈병이 걸린채 개장수에게 팔려갔지. 네 주인이 얼마나 밉던지 혼자가 된 외로운 너는 넓은 우리안을 왔다갔다 웬지 불안해 하더구나. 너마저 흰둥이 꼴이 될까 두려움에서였나봐.

어느날 너는 그 우리안에서 해방이 되어 밖으로 나오더라. 이름을 알 수 없었기에 누렁아 이리와 하며 불렀지. 꼬리를 사타구니에 끼고 슬금슬금 피하던걸 며칠후 그새 낯이 익었든가. 짖는 일은 없어졌지. 먹을걸 보이면서 유혹을 했다할까 슬며시 다가오더라. 기분 100%였어. 이렇게 너와 나의 인연은 시작된거야. 내가 널 만나는 동안 두 번의 새끼를 낳아 길렀지. 일곱 마리. 한번은 여덟마리를 낳았어. 이번 출산은 내가 직접 보았지. 막 낳고 있는 중이였어. 이미 한 녀석이 나와 몸에 묻은 분비물을 핥아 주고 있었지. 영리한 꾀쟁이 마루가 기거하던 좁은 개장에 출산을 했으니 덩치가 있는 네가 누워 편히 새끼에게 젖물릴수 있는 공간이 아니어서 부홍이가 있던 큰 집으로 새끼를 옮겨 주었지. 바닥 보온재를 새로 깔아준 다음 네식구를 옮긴거야. 망서림도 없이 불쑥 들어가 벌러덩 누워 세끼에게 젖을 물리더구나. 신통방통 모성애 하나 끝내주더구나. 행복해 보였어. 대견했고 성견다웠어. 그래서 똘똘이였을까.

너에게 별 관심없는 주인도 새끼난 너에게 산모 대접을 하느라 미역국에 밥 말아서 주는걸 보았다. 평소에도 너에 대한 애착이 지금 같으면 얼마나 좋을까하는 아쉬움이 남는다. 어쩌면 앞뒷집 개주인들이 쌤쌤인지 이거야 원.

이런 무관심한 사람들이 남의 개에 정성을 쏟는 날 보고 뭐라고 할까

어느날 잿빛 강아지 여덟마리의 네새끼들은 몽땅 개장사가 몰아가고 졸지에 없어진 새끼에 환장이 된 너는 부산하게 구석구석을 다니며 냄새를 맡고 새끼를 찾아 헤매였지. 가슴이 쥐어짜듯 아파왔어. 그 행동은 여러날 반복되었어. 늘어진 불어터진 젖이 말라 붙을때까지 그랬으니까 퉁퉁 불은 젖은 건드리기만 해도 벌컥벌컥 나왔어.

말못하는 동물이라고 이런식이면 절대 안되지 인간은 너무나 많은 죄를 짓고 있어. 돌아다니다 지쳐 그래도 의지가 되고 싶었던게 나였는지 내게로 오면 두손으로 얼굴을 감싸 더듬어 주고 목덜미를 맛사지를 해주며 말없이 널 위로하지. 하루에도 몇 번씩 눈 맞추기를 하고 잘 익어가는 가을날 사과처럼 맛있는 교감을 나누며 정이 익어가지. 똘똘아 가장 야멸찬 것이 정이라 하더라. 안보면 은근슬쩍 잊혀지는 것이 정이라하더라. 너와 헤

어질 이별의 날이 언제인가는 몰라도 추억하나 남기고자 카메라에 네 모습을 담아 두어야할 것 같아 오래오래 볼수 있도록 하루하루 고된 일터에 너희들은 내 친구였고 에너지였으며 나는 너에 대한 은혜였으니 너희들과의 한때는 지울수 없을 거야. 숱한 날들을 그리워 할테지.

도태

슬픈 아침이다. 귀신이라도 나올 것 같은 어수선하고 더러운 환경 나무가 쌓여진 틈새에서 태어났다. 사람의 손길이 두려워 모성의 본능으로 새끼를 이리저리 옮겨가며 커온 녀석이다. 5월의 눈부신 태양아래 세상구경을 나왔으나 이 얼룩백이 들고양이는 겨우 한달을 넘기고 생을 마감했다. 아무렇게나 버려져 썩어 없어져야 할 내 작은 몸둥이를 숨떨어지기를 기다려 묻어준 아저씨의 고마움을 어찌 영혼인들 잊겠습니까 비탈진 공장 뒤뜰이지만 양지바르고 아늑한 곳에 묻혔습니다. 나는 아마도 한이 많았던가 봅니다. 눈을 뜬채 숨지고 말았지요. 그 뜬눈에 흙이라도 들어갈까봐 아저씨는 커다란 호박잎을 따서 내 얼굴을 덮고 나를 묻었습니다. 나는 슬픈 운명으로 태어난 고양이 그 슬픔을 알기도 전에 무엇이 그리도 급했던가 나를 낳고 나를 버린 엄마고양이 왜 그랬어요. 배가 곯아요. 젖이 먹고 싶어요. 목이 말라 죽겠어요. 목이 터져라 엄마를 부르건만 엄마는 나에게 눈길조차 외면한채 젖도 주지 않았어요.
울고 보채는 내 울음소리에 아저씨가 다가왔지만 나를 살려 낼 수는 없었어요. 너무 탈진해서 아무것도 보이지 않았어요. 우리 엄마는 여러 형제 중 왜 나만 미워했을까요 아저씨는 내 가냘픈 숨이 끊어지길 기다리며 내가 묻힐 작은 구덩이를 파고 있었지요. 웅장한 마지막 팡파레가 들려옵니다. 목탁소리도 들려옵니다.
아저씨의 슬픈 이별의 노래 소리도 들립니다. 냉정한 엄마의 커다란 눈속에 눈물이 그렁 그렁 맺혀 출렁입니다. 한날 한시에 태어난 형제들이 아무 표정도 없이 나를 내려다 봅니다. 너무 어려서 이별의 손도 흔들줄 모릅니다. 내가 죽어 가는 지도 모르는가 봅니다. 모두 바보처럼 덤덤하게 웅크리고 앉아 있을 뿐입니다. 혼미의 정신을 다 해서 나는 형제들에게 마지막 이별의 손을 흔듭니다. 서서히 내몸이 식어 갑니다. 엄마 낳아 주셔서 고마워요. 그러나 너무 슬퍼요. 엄마 울엄마 아프지 말고 행복하세요. 세상이 어두워집니다. 천사들의 날개짓이 저만치 보입니다. 아저씨의 눈시울이 붉어집니다. 바닥이 차가워요. 진한 흙냄새가 향기로워요.

비장한 결심

고양이에게 쫓기던 쥐가 막다른 골목에 이르러 더 이상 빠져나갈 구멍이 없다고 판단되면 죽기살기로 사생결단이라는 최후의 보루를 이용 오히려 달려들어 뒤쫓던 고양이를 물 수도 있다. 박빙의 삶앞에는 힘과 용기 그리고 지혜가 생겨난다. 또하나 순발력 또한 강조된다.

개발이라는 미명하에 머지않아 없어질 철거지역 개들과 3년여 정이 들은 나 졸지에 헤어져 가슴 아파할 그날을 생각하면 아려오는 가슴에 정신이 없다.

주인이 돌보지 않는 두녀석 숫캇에 대한 애착은 오만가지 생각을 불러오지만 구제할 방법이 없다. 불보듯 뻔한 내일날 두놈의 환영이 보인다. 떠돌이가 되어 거리를 헤매이며 쓰레기 봉투를 뒤질 것이다.
차라리 이렇게 서러운 세상을 사느니 죽는다면 그것이 후일 고행의 삶보다는 더 바람직한 일이 아닌가 무서운 생각까지 한다. 안락사로 양지바른 곳에 편안한 영면의 자리를 만들어 줄까라는 생각이 불꽃처럼 인다.
아직 시간이 있어 결정은 아니지만 만일에 대비한 최후를 대비한 예비책 묘안이기도 하다. 안보고 나몰라라 훌쩍 떠나면 그만인 것을 그러나 나는 그럴수 없다. 인정 사정 없는 절대적 이유쯤은 만들고 싶지 않다.
말못하는 짐승이어서 더욱 그렇다.

세상을 편리한대로만 살수는 없다.

사람이고 싶다.

후기

정확히 2개월 16일만에 본권 내용을 써냈다. 집필에 몰두하다보니 하루의 피곤도 잊은채 시간 개념도 잊고 손가락이 마비가 올 정도로 극성을 부렸다. 공쟁이인 나로서는 글을 쓸수 있는 시간은 토요일 오후와 일요일 밖엔 쓸수가 없다. 매일매일 밤 8시까지 이어지는 잔업으로 파김치가 되어 집에 오면 밤 9시. 샤워와 신문을 보고 일기를 쓰고 자정이 가까워오는 시간을 쪼개 또 정신없이 쓴다. 내 기본의 취침시간은 늘 새벽 1시반에서 2시사이여서 늘 잠이 부족해 일을 하다가도 조는일이 다반사다.

동물로 인하여 사랑과 행복한 마음을 얻었으니 내가 돌려줄 것은 사람인 나의 심정을 고백해주는 것 하나 개 때문에 울어보고 개 때문에 행복해 보고 개 때문에 신명이 났던 나. 이것이 주고 받는 동물과 인간의 나눔이자 교감이라 깨달았으니 남들이 해낼수 없는 큰일을 해낸 듯 내자신이 위대하기까지 하다.

차에 치여 목숨을 잃은 복돌이와 불이나 타서 죽은 붉은 털을 가진 쫑녀석 흔적도 없이 내눈에서 사라진 두검둥이와 뚱이 안타까운 이놈들의 안부가 애닳아지는 나. 수많은 관중의 시선을 한몸에 받으며 무대에서 실수한

배우의 처참한 심정만큼이나 쇳소리가 나면서 띵해오는 머리 개의 매력에 빠져버린 내자신을 되돌아보며 나는 또다른 무언가를 찾아야 할는지 의문을 담으며 서운한 마음으로 끝맺음의 글을 마친다. 변변치 않은 내용의 글을 끝까지 읽어준 독자제위께 감사드린다.

외세에 고하는 내 삶의 정점

작가 생각만 해도 설레이는 이름이다. 깊은 통찰력 현실참여와 해학 불의의 자각 사회 악습. 역사통찰 사물을 예리하게 꿰뚫어오는 초인적인 능력 긴장과 재미에 혼신을 불어넣어 실낱과 비난 슬픔과 비애를 교차하며 오는이들의 감성을 울리는 작금의 마술사 이 특별함이 작가가 아닐까 그러면서 때로는 자신의 역량에 한계를 들어내는 열등에 지독한 고민에 빠지기도 한다.

읽고 쓰고 고치고 다듬어도 생각의 깊이가 마음에 와 닫지 않으면 찢고 구기며 외로운 독방에서 자신과의 전쟁을 불사한다. 인내를 한계로 생각과 시간 사이 속에서 혼자라는 고독한자의 이름이 작가라 생각한다. 그렇다면 정녕 그대는 왜 남들이 외면하는 외로운 한계를 고집하는가 글쎄올시다. 그건 아마도 사랑의 열병에 빠진 젊은 날 연애 감정같은 것은 아닐까요. 지독한 중독 말입니다. 오늘도 씁니다.

밤을 낮 삼아 시간을 접고 생각의 논리 정년을 그려 냅니다. 장시간 책상머리에 머물고나면 허리 통증도오고 목뼈도 몹시 아프지만 그래도 이시간이 행복합니다. 외로운 초승달이 등마루에 걸릴 시각이면 늦은 잠자리에 들어 늘 피곤하지만 또 하루를 밝히는 햇살을 보노라면 새로운 영감과 열정이 플러스 됩니다. 우연이고 필연이고 팔자인 것 같습니다. 남모르게 마음속에 묻어두고 혼자 가슴앓이를 해야했던 많은 이유들 잊혀지고 사라져 없어진다는 것은 정말 서글픈 일이지요 먹을줄 모르는 소주를 마시고 빈 하늘을 올려다보며 서럽게 울었습니다. 감성이 최고조에 이른 스무살 남짓 순금의 나이에 가슴이 무너지고 억장이 내려 앉는다는 말만듣던 그 소리를 그 나이에 실감했으니 말입니다.

그때 그 가슴앓이의 후유증이 아직도 남았는가 잘못이루고 뒤척이는 밤이면 지금도 간간히 생각이 납니다.

내 여린 가슴에 비수로 꽂혔던 비릿한 그날을 이제 기억에서 지우자고 했습니다. 그렇다. 세월이 많이 흘렀다. 못내 아쉬운 감정에 얽매여 보채는 막내는 되지말자 푸르고 행복했던 그런 날만을 기억하자. 이제 두 번째 세상에 나오는 책이지만 첫 처녀작을 내면서 설렘보다는 궁색의 여지가 없지 않았다. 짧은 식견으로 옹색한 미완의 글을 써내기는 쉽지 않았다.

출판사에 원고를 디밀고 기다리는 시간은 그야말로 긴장과 조바심으로 날 힘들게 했다. 행복한 고민이었을텐데 말이다. 이제 시작이다. 평생 이 길을 갈것이고 독자와 가까워지는 맛깔나는 글쟁이가 되고싶다.

내가 태어나서 행복하다. 기쁘고 좋은날 보다는 불안과 공포 괴로운 날들이 내 인생에 절반이었던 어제 그래도 나는 행복하다. 책을 읽고 생각에 잠기고 그 까닭을 쓰니 그 어떤 또 다른 행복을 바라랴 일찍이 성경에 욕심이 잉태하면 죄를 낳고 그 죄가 잉태하면 사망을 낳는다 아니하던가

O형의 피 조용한 성격 고독 형이다 되도록 은둔형이다. 일상적 생활속에 책을 가까이 하는게 나의 취미와 읽는 즐거움 그것은 그 안에 배움이 있는

까닭이고 쓰는 즐거움은 운명처럼 받아들이는 독자가 있어 행복한 까닭이다. 그대는 가방끈이 짧다. 머리또한 빠가다. 고장나 먹통이 된 전화통이거나 썩어 푸석한 빈 깡통이다. 어수룩 하기가 반 영구다. 나설줄 모르는 갓 시집온 각시다. 단신에 어데한군데 멋이라고는 눈씻고 볼래야 볼 수 없는 그냥 시골구석에서 밭고랑 타고 앉아 잡 풀이나 잡아뽑아야 제격일텐데 그래도 뭔 놈에 자존심일까 뭘좀 튀어 보겠다고 꺼덕대는 꼬락서니를 보면 못나도 사내는 사내인가보다 남의 전화번호 하나 외우지 못하는 아둔하기가 오밤중이다 무식이 한량인데 그래도 해보자하는 일념하나는 A급 다음 가라면 서럽다.

산 목숨이기에 악다구니를 친다. 근면은 내 신조다. 개뿔도 없으니 오늘을 살아야 하는 내 삶의 까닭이다. 형 만한 아우없듯 극 터듬어온 삶의 연륜에 절치부심 삶에 이골이 난 3차원으로 내 닫고 싶지만 팔자에 없는 일은 만들지 않기로 했다. 굼뱅이도 구르는 재주가 있듯 달리는 차안에서 길을 걸으면서 글에 대한 뼈대를 찾고 메모하며 책한권의 열방에 만들어진 몇권 분량의 원고가 먼지를 뒤집어 쓰고 있다. 지성이면 감천이라는 명언을 가슴에 새긴지 오래다.

숨쉬기가 거북스러운 분진날리는 열악한 목재 가공업체에서 일하다 고령이라는 이유로 실직해 반년이라는 공백기 백수 생활은 나자신과의 고투였다. 피폐해진 몸과 마음 다스림이 겨웠던 그 시간에도 난 읽고 또 썼다. 운명처럼 받아들이고 팔자처럼 썼다. 고개들어 올린 코브라처럼 독이 난 마누라의 빽라이트는 책상에 엎드린 내 등줄기를 향해 빛을 밝혔고 스피커 소리는 높았다. 그때 맞은 강렬한 저주의 눈빛 레이저 후유증인가 가끔 뒤통수가 근질 근질 하다고 물가시대에 일당 7만원 짜리 노동자 그 흔한 짜장면 한그릇 선뜻 사 먹을 수 없는 박봉에 그럭 저럭 이라는 안일 무사로 오늘은 맑음이니 이것 또한 행복이 아닌가 밥풀떼기 마누라 성화는 경력 13년 예전 주방장이 어떠냐고 아이 보채듯 성화지만 능력이 한계이니 열방망이 치미는 잡소리에 진주라 천리길을 내 어이 왔던가

머리가 혼미해 진다. 1980년대 중동 붐이 한창일 때 요리사로 가기위해 한식 조리사 자격을을 땄으나 엉뚱하게 중식을 하게돼 13년 이라는 세월을 주방에서 물려 살았다. 극장 쇼 무대에서 무명으로 노래하다가 하루아침에 내려버린 결단이었다. 유머쉽이 풍부한 부친의 영향이 있었던가 나의 코믹기질은 가히 수준급이다. 세상의 줄을 잘못서서 궤도를 이탈한 육중한 기차 바퀴다.

방송을 탔으면 아마도 유명 코미디언이 되었을거다. 애진작 사춘기에는 성우가 꿈이었었다. 미국의 작은 거인 찰리 채플린을 동경했다. 나에게 있는 하나의 획 과부가 홀아비 사정알고 홀아비과부 사정알 듯 궁색한 삶에 이골이 난 지금도 일상은 IMF지만 고단하고 그늘진 곳에서 배고픔으로 고통받는 이들은 천만분의 일이라도 고통을 나누기위한 아프리카 어린이 돕기에 월 3만원 기부를 벌써 6년째이고, 새로운 계획이 세워졌다.

3만원을 세배로 늘려 한 아이를 선택해 월 10만원을 보내 부자를 만들어 줄 계획이다. 어머 꿈도 야무지셔 저도 못살면서 "흥" 정신차려 허서방 이 보시게 허서방 냉수부터 한탕기 들이키시게 얘는 누가뭐래면 가만히 자빠져 있어 촐싹거리기는 내 처지를 10만원의 기부가 과분하기는 하지만 쪼개고 나눠 한사람이 소생할수 있는 삶이라면 1,000만원이 아니면 어떤가

나눔은 극복이고 극복은 미덕이 아닌가 그릇이 적어 가슴이 미어질일이오 습관이 면역을 만들어내듯 쪼들림에 이골이 나다보니 대장부 살림살이 불편한 것 하나 없습니다. 우리집은 항상 우글 우글 합니다. 뭔고허니 사람보다 강아지가 더 많아요. 여덟마리의 마르티스가 가족이걸랑요. 어머나 그럼 밥그릇도 여덟 개에 한상에서 그냥 다같이 에이 그건아니지 사람은 사람대로 개는 개대로 먹지 예끼 이사람 무식하다고 규율도 없이 사는줄 아남 우리집안이 어떤집안인데 알지두 못허구 설랑에 에이그 어떤 집안은 무슨 집안 개 집안이구먼 그래 놀려 먹어라 노인네 희롱죄는 500년 징역인거 네놈이 알기나허구 지껄이남 거리를 떠도는 유기견 그늘에 가려 학대받는 동물을 모아 사람으로 돌보는 모든 개들의 대부가 되고 싶은게 일방적 희망이다. 오늘따라 부자가 부럽다.

얘 언늠아 안적 실망은 금물이다. 누가아냐 (사랑할 수밖에 없는 이유)가 어림잡아 수천만권 이상 팔린다면 개 애비 되는거 시간문제 아니냐 그런가 오늘 기분 북북 트더지누만 그랴.

이보시게 아자씨 멍멍탕 좋아허시지. 거 참. 먹성도 개 같으우. 아니 그래 먹을게 그렇게 읎수 하필 개를 밥 말아 먹게 나 참 별일다봐 왈왈왈.

저거 개가 욕허는거봐

이리하여 오늘도 허서방은 사랑할 수밖에 없는 이유를 보다가 책상에 엎드린채 잠이 들어 꿈속에서 애인과 연애질을 하고 있었다.